《대일본연해여지전도》 교토·오사카 일대(중지도, 1821년,
도쿄대 대학원 이학(理学)도서관 소장)

《대일본연해여지전도》규슈 북서부 (중지도, 1821년, 도쿄대 대학원 이학(理学)도서관 소장)

《대일본연해여지전도》, 가이·쓰루가 부분(대지도, 1873년 복제), 국립국회도서관 소장. (출처: 일본대백과전서)

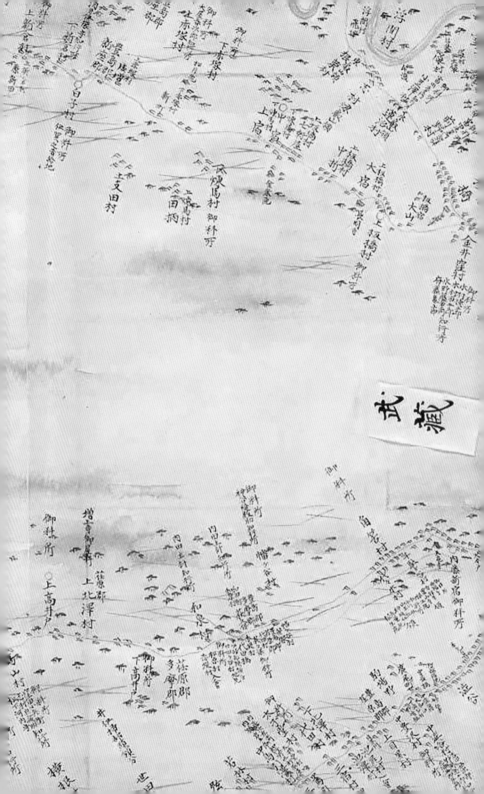

《대일본연해여지전도》, 무사시·시모우사 부분(대지도, 1873년 복제), 국립국회도서관 소장.(출처: 일본대백과전서)

《대일본연해여지전도》214장을 붙여서 만든 지도(복제품)를
감상 중인 사람들.(출처: 위키피디아)

일본을 측량한 사나이

이노 다다타카 伊能忠敬

일본을 측량한 사나이

이노 다다타카 伊能忠敬

도몬 후유지 지음

이용화 옮김

차례

*일러두기

▪ 일본어를 비롯한 외국어는 현행 '외래어 표기법'을 따랐다.

▪ 역주는 본문에서 각주로 처리하였다.

▪ 역주의 내용은 위키피디아 등에 게재된 내용을 인용하였다.

▪ 원서에는 부호 ' ', " ", 〈 〉, 「 」, 『 』 등이 불규칙적으로 쓰였는데 한국어로
옮기면서 강조일 경우에는 ' '로, 인용구나 문장은 " "로, 독백 등은 〈 〉로,
단독의 저서 등은 《 》로 통일하였다.

1장 : 북풍을 마주하다

고난의 소년 시절

이노 다다타카伊能忠敬는 1745년 1월 11일에 가즈사노쿠니上総国 야마베군山辺郡 고세키 마을小関村[1]에서 태어났다. 고세키 마을은 구주쿠리하마九十九里浜에 가까운 어촌이다. 그의 집안은 선주船主를 가업으로 삼으면서 지역의 촌장인 나누시名主[2]를 맡고 있었다. 다다타카의 아버지 리에몬利右衛門은 고세키 씨 집안이 아니라 무사군武射郡 온즈미 마을小提村[3]의 진보神保 씨 집안 출신이었다. 진보 씨 집안도 마을의 쇼야庄屋, 촌장[4]를 맡고 있었다. 그런 집안 배경이 있었던 까닭에 리에몬은 고세키 씨 집안의 데릴사위로 들어갈 수 있었다.

다다타카가 태어났을 때는 이미 두 명의 형이 있었다. 다다타카는 셋째 아들이었다. 그런 까닭에 어렸을 때는 산지로三次郎라 불렸다. 일곱 살 되던 해에 그의 어머니가 죽었다. 그러자 갈등이 벌어졌다. 리에몬의 입장이 애매했던 탓이다. 리에몬은 그다지 좋은 사위가 아니었다. 요즘으로 치면 연구자 타입으로 육체노동을 싫어

---

1 지금의 지바현(千葉県) 산부군(山武郡) 구쥬구리마치(九十九里町) 고세키(小関)다.

2 에도시대에 마을의 민정을 담당하던 촌락의 장으로 신분은 상인·농민이다.

3 지금의 지바현 산부군 요코시바히카리마치(横芝光町) 온즈미(小堤)다.

4 마을의 납세와 사무를 맡아 보던 촌락의 장이다.

했다.

그로 인해 아버지는 죽은 어머니의 남편이기는 했지만, 그렇다고 호주의 위치에 있는 것은 아니었다. 머지않아 호주가 될 것이라는 약속이 있었는지는 모르겠지만, 그것은 어디까지나 어머니가 살아있다는 전제 하에서의 이야기다. 리에몬에게 당장 호주의 자리를 넘겨주기에는 어딘지 고세키 씨 집안 쪽에서 내키지 않은 점이 있었던 것 같다. 어머니가 죽은 이후로 아버지 리에몬의 입장이 매우 불안정해졌다. 매일같이 분쟁이 이어졌다. 리에몬은 당연한 권리로서,

"아내가 죽더라도 호주가 되는 것을 조건으로 데릴사위로 들어온 것이므로 호주의 자리를 넘겨받고 싶다."

고 주장했다. 그러나 고세키 씨 집안에서는 좀처럼 수긍하지 않았다. 리에몬의 성격과 능력에 주저하게 하는 바가 있었기 때문이다. 좋은 데릴사위는 아니었다. 때문에 고세키 씨 집안에서는 딸이 죽자마자 기회는 이때라는 듯이 리에몬을 내쫓을 궁리를 하기 시작했다.

이러한 분쟁을 소년 산지로는 가만히 지켜보고 있었다. 어른들의 싸움은 어린 소년의 마음에 결코 좋은 기억으로 남을리 없다. 봄의 해빙 때까지 결코 녹지 않는 눈처럼 평생 지워지지 않는 상처로 남는다. 산지로는 이처럼 쓰라린 경험을 맛봤다.

그러나 북풍을 견뎌낸 나무가 뿌리를 힘차게 뻗듯이 사람도 역경을 견뎌낸 만큼 단련된다.

리에몬은 당시 42세였으나, 분쟁 끝에 결국 고세키 씨 집안을 나왔다. 이때 위의 아들 둘은 데리고 나갔지만 어쩐 일인지 산지로만

남게 되었다.

"저도 데리고 가주세요."

산지로는 아버지의 소맷자락에 매달리며 애원했다. 그러나 아버지는 고개를 내저으며,

"너만은 이 집에 남아야 한다."

며 뿌리쳤다. 이 또한 산지로의 마음에 어두운 상처를 남겼다. 그 후, 산지로는 고세키 씨 집안에서 그들의 가업인 어업을 돕는 심부름을 해야 했다. 그런 산지로의 생활을 풍문으로 들은 아버지 리에몬은 가슴 아파했다. 산지로가 11세가 되었을 때,

"집으로 가자꾸나."

라며 데리러 왔다. 산지로는 기뻐서 아버지의 뒤를 종종걸음으로 따라나섰다.

그런데 온즈미 마을의 진보 씨 집으로 돌아와 보니, 아버지는 이미 새어머니와 함께 살고 있었다. 복잡한 처지를 경험해 온 산지로를 새어머니는 그다지 다정한 얼굴로 대해주지 않았다. 참다못한 산지로는 진보 씨 집안을 뛰쳐나와 친척 집을 전전하며 떠돌아 다녔다. 소년 산지로는 그렇게 정처 없이 부평초나 다름없는 생활을 하기 시작했다.

지바현千葉県은 그 옛날 가즈사上総, 시모우사下総, 아와安房의 세 지방으로 이루어져 있었다. 최근까지도 도쿄東京에 인접해 있으면서 '가깝고도 먼 지방'이라 일컬어졌다. 교통망이 정비되지 않은 탓에 왕래하는 데 시간이 꽤 걸렸기 때문이다. 지금은 매립지 개발이 진척되어 후나바시船橋에서 마쿠하리幕張까지 눈부신 발전을 이루어 인구 50만이 넘는 도시가 되었다.

이노 다다타카

마찬가지로 도쿄에 인접한 사이타마 현은 한때 '다사이타마'라[5]
고 놀림을 받았다. '다사이(촌스럽다)'라는 말은 개발이 늦다는 의미
일 것이다. 다시 말해, 세련되지 못하다, 때를 벗지 못했다는 뜻이다.

그러나 그것은 틀린 말이다. '촌스럽다'는 것은 그만큼 물이 깨
끗하고 공기가 맑으며 녹음이 우거졌다는 것을 의미한다. 요컨대 풍
요로운 자연이 존재하는 곳이 촌스러움의 기본조건이다.

촌스러운 곳은 없애자는 움직임이 일부에 있지만, 그런 일에는
되도록 힘을 들이지 않는 편이 좋다. 아름다운 자연은 마지막까지 지
켜야 한다. '촌스러움을 잃는다'는 것은 그만큼 개발을 서두르고 자
연을 파괴한다는 의미이기도 하다.

그것은 별개로 하고 에도江戸 시대, 무사시노쿠니武蔵国라 불린 사
이타마 현에 흥미로운 현상이 있다. 그것은 도쿠가와 막부의 두뇌[6]
집단이 된 다이묘大名, 각 지방을 다스리는 영주들이 대부분 이곳 사이타마 현
에 배치되어 있었다는 사실이다. 특히 오시忍, 지금의 교다 시(行田市), 이와
쓰키岩槻, 가와고에川越의 세 군데 성城에는 후다이다이묘譜代大名 중에[7]
서도 머리가 좋은 정책입안자들이 배치되었다. '이즈伊豆의 지혜'라
불린 마쓰다이라 노부쓰나松平信綱, 가스가노 쓰보네春日局의 손자인
홋다 마사모리堀田正盛, 아베 다다아키阿部忠秋, 9대에 걸친 아키모토
秋元 씨 가문, 또 야나기사와 요시야스柳沢吉保 등이 있었다. 그야말로
에도시대의 사이타마 현은,

---

5 촌스럽다는 의미의 다사이(ダサい)와 사이타마 현을 합성한 조어다.
6 무가시대에 쇼군이 정무를 집행하던 곳.
7 도쿠가와 이에야스(德川家康)가 천하를 장악하기 이전부터 대대로 도쿠가와 집안을
  섬겨 온 다이묘.

"도쿠가와 막부의 지혜 주머니"
였다. 이에 대해 에도시대의 지바 현은,

"학자 양성지"
였다고 해도 좋다. 훗날 이름을 드높인 아라이 하쿠세키新井白石, 오규 소라이荻生徂徠, 아오키 곤요青木昆陽, 오하라 유가쿠大原幽学 그리고 이노 다다타카 등은 모두 지바 현에서 자란 학자다.

아라이 하쿠세키는 당시 구루리久留里라는 기미쓰 시君津市에 십수 년 살았고, 오규 소라이는 모바라 시茂原市에 있었다. 아오키 곤요는 제8대 쇼군인 도쿠가와 요시무네德天吉宗 때 에도 시정市政에 힘을 쏟은 종교행정 관청의 뛰어난 부교奉行, 행정 사무를 담당한 장관 오오카 타다스케大綱忠相가 추천하여 요시무네를 섬긴 학자다. 그는,

"쌀 이외의 식량을 생산하라."
는 명령을 받고, 고구마 재배에 몰두했다. 그 시험재배지가 고세키 마을이었다. 말하자면 이노 다다타카가 소년 시절을 보낸 지역에서 아오키 곤요는 고구마의 시험재배를 한 것이다. 또 오하라 유가쿠가 사설 공부방을 열고 일본 최초의 농업협동조합을 만든 지역도 고세키 마을에서 그다지 멀지 않다.

지바 현은 에도시대의 학자들에게 대단히 살기 좋은 곳이었을지도 모른다. 이러한 지역의 특성은 영구히 보전하고 싶다. 지금 전국의 지자체가 '마을 만들기'와 '마을 살리기' 혹은 '지역 활성화'로,

'지역의 특성'
을 표방하고 있지만, 그 핵심에 당연히 역사는 물론 그 지역이 키워낸 인물도 포함된다. 사이타마 현은,

"우리 지역은 도쿠가와 정치의 지혜 주머니였다."

고 자부하고 지바 현은,

"우리는 에도시대의 저명한 학자를 많이 배출했다."

고 뽐내도 된다.

그건 그렇고, 친척집을 전전하면서 떠돌던 산지로에게 이 무렵부터 몇몇 전설적인 일화가 시작된다.

그 하나는 지내기 거북한 진보 씨 집안에 살고 있었을 때, 이따금 막부에서 파견된 관리가 집에 머물렀다. 진보 씨 집안이 쇼야를 맡고 있었기 때문에 연공年貢, 해마다 세금으로 내는 곡물의 과세 업무를 보기 위해 항상 관리들이 드나들었다. 당시의 연공은 농민 개개인이 납세하는 것이 아니라 마을 단위로 납부하고 있었다. 올해는 얼마를 납부할 것인지 관리와 쇼야가 상담하여 정하고, 그 다음에 어떻게 할 것인가를 관리끼리 협의한다. 그때 주판을 사용한다.

소년 산지로는 관리들의 그런 계산 광경을 보는 걸 좋아했다. 옆에서 꼼짝 않고 관리들이 손가락으로 팅기는 주판알을 뚫어지게 바라보았다. 산출한 액수를 종이에 기록하는 모습을 질리지도 않은지 한참 동안 지켜보았다. 그런 일이 거듭되자 어느 날 관리 한 명이,

"꼬마야, 어때? 계산 방법을 가르쳐 줄까?"

소년 산지로는,

"네. 꼭 배우고 싶어요."

라며 눈을 반짝거렸다. 관리가 장난삼아 계산 방법을 가르쳐주자, 산지로는 곧바로 이해하고 외워버렸다. 관리들은 서로 얼굴을 마주 보며 깜짝 놀랐다.

"꼬마야, 너는 계산을 잘 하는구나. 우리들은 주판을 튕기는 것밖에 할 줄 모르지만, 너는 좀 더 학문을 익히면 크게 될 것 같다. 히다치노쿠니常陸國, 지금의 이바라키 현(茨城県) 쓰치우라土浦의 절에 수학을 잘하는 스님이 계시단다. 한번 찾아가 보면 어떻겠니?"

이 말이 산지로의 마음을 사로잡았다.

그리하여 그는 어느 날 문득 관리가 알려준 대로 쓰치우라의 절에 찾아갔다. 절의 주지는 확실히 수학에 밝았는데, 조금 색다른 데가 있었다. 옷차림이 그다지 말끔하지 않은, 마치 부랑아처럼 보이는 소년이 찾아왔으므로 이 소년이 얼마나 열심히 수학을 배울 생각인지 짐작이 가지 않았다. 그래서 시험 삼아,

"이 문제를 풀어 보거라."

하며 문제를 내주었다. 마침 점심 때여서 산지로는 가지고 간 주먹밥을 먹으면서 문제를 노려보았다. 그러나 간단한 문제였으므로 바로 풀 수 있었다. 주먹밥을 다 먹었을 무렵 스님이 다가왔다.

"문제는 다 풀었느냐?"

"네. 풀었습니다."

산지로는 자신이 푼 답을 내보였다. 주지는 깜짝 놀라 눈이 휘둥그레졌다. 산지로의 답이 정확했기 때문이다. 스님은 산지로를 뚫어지게 쳐다보았다.

"과연, 나를 찾아올만 하구나. 큰 인물이 되겠다. 잠시 내 곁에서 공부하거라."

그 후 산지로는 스님에게 수학을 배웠다. 반년이 지나자 그의 실력은 스님을 뛰어넘어버렸다. 스님은,

"너는 두뇌가 명석하고 수학에 소질이 있다. 이제 더 이상 가르

이노 다다타카

칠 것이 없으니 더 훌륭한 스승을 찾아보아라.”

산지로는 다시 고향으로 돌아왔다.

산지로가 아버지에 대해 어느 정도 애정을 갖고 있었는지는 자세히 알 수 없다. 어쨌든 자신을 두고 외갓집에서 도망 나오거나, 혹은 이미 후처를 맞이해놓고 자기를 불러들인 인물이기에, 산지로의 가슴 속에 깊은 상처를 줄지언정, 애정 어린 따듯함은 주지 않았을 것 같다.

그의 아버지는 바둑을 대단히 잘 두어 동네에서도 유명했다. 산지로에게 이것은 아버지에 대한 재발견이었다. 그래서 어느 날 아버지에게 말했다.

“저도 바둑을 배우고 싶어요.”

아버지는 비웃었다.

“너 따위가 무슨 바둑을 둘 수 있겠느냐!”

이렇게 말한 것으로 봐서는 아버지가 산지로의 수학 등의 능력을 별로 인정하지 않았던 것인지도 모른다. 혹은 알고 있었으면서도 무시하려 한 것이었을 수도 있다. 고세키 씨 집안에 남겨두고 가버린 것에 대한 죄책감의 다른 표현일 것이다.

〈그 분풀이로 집안일을 뒤로하고, 하고 싶은 것만 하겠다고 이리저리 어슬렁거리며 싸돌아다니는 것이려니.〉

그렇게 생각하고 있었을 것이다. 데릴사위로 다른 집안에 갔다가 본가에 돌아와서도 좌불안석인 아버지로서는 친척집을 이곳저곳 돌아다니며 부랑아처럼 지내는 산지로의 존재가 아버지의 입장을 더욱 난처하게 만든다고 생각하고 있었는지도 모른다. 아버지가 산지로를 대하는 태도는 몹시 냉정했다.

여기에서 문득, 시가 나오야志賀直哉의 《암야행로暗夜行路》[8]가 떠오른다. 이 소설의 주인공은 도키토 겐사쿠다. 그의 아버지는,

〈겐사쿠는 아내가 불륜을 저질러 생긴 아이가 아닐까?〉

라는 의심을 품고 있었다. 그 때문에 어딘지 모르게 겐사쿠를 대하는 태도가 어색하고 냉정하다. 겐사쿠는 아버지의 그런 태도를 느끼고 있었지만, 도대체 그 이유가 무엇인지 몰랐다. 그런데 어느 날 아버지가,

"이봐, 겐사쿠! 씨름이나 한판 할까?"

라며 말을 건넨다. 오랜만의 일이었으므로 겐사쿠는 너무 좋아 아버지에게 덤벼들었다. 아버지는 조금도 봐주지 않고 몇 번씩이나 겐사쿠를 내던졌다. 그런데도 겐사쿠로서는 아버지가 오랜만에 자신과 놀아주는 것이라 여기고 기뻐서 어쩔 줄 몰랐다. 기쁨을 온몸으로 발산하면서 덤벼들었다. 그렇지만 마지막에 아버지는 겐사쿠를 진짜로 내던졌다. 놀란 겐사쿠가 뒤돌아보니, 아버지는 뼛속까지 얼어붙을 것 같은 차가운 눈초리로 겐사쿠를 꼼짝도 하지 않고 노려보고 있었다. 분명히 아버지가 아닌 타인의 시선이었다. 겐사쿠를 싫어하고 업신여기는 표정이었다.

겐사쿠는 그 이유를 나중에 알았지만 그때는 전혀 몰랐다. 왜, 자신이 이렇게 아버지에게 냉대를 받는 것인지 짐작이 가지 않았기 때

---

8   시가 나오야의 장편소설이다. 주인공인 도키토 겐사쿠(時任謙作)는, 자신이 어머니와 할아버지의 불륜으로 태어났다는 출생의 비밀을 알고 깊이 고뇌한다. 결혼을 통해 이런 생각에서 벗어나려 하지만, 자신의 여행 중에 아내가 사촌 형과 또 불륜을 저지르게 된다. 이런 막다른 암야행로를 거쳐, 겐사쿠는 심경의 안정을 되찾는 여행을 떠나고 마침내 고뇌 끝에 겨우 모든 것을 용서할 수 있는 심경에 도달한다는 내용이다.

이노 다다타카

문이다.

산지로가 아버지에게 바둑을 가르쳐 달라고 부탁했지만 거절당했을 때도 이러한 감정을 느꼈던 것은 아닐까. 아버지의 말투가 마치 산지로를 바보 취급하고 있는 것 같았다.

"너처럼 머리 나쁜 놈이 바둑을 둘 수 있을 것 같으냐?"

라는 의미로 다가왔다. 산지로는 억울했다. 그리하여,

〈다른 사람에게 바둑을 배워 아버지를 이기고 말거야.〉

라고 결심했다. 바둑을 배우기 시작하자, 바둑을 가르치던 아저씨가 이 일을 아버지에게 알렸다.

"자네 아들이 나에게 바둑을 배우러 온다네."

아버지는 산지로를 다시 불러들였다. 아버지는 누구보다도 자존심이 강한 사람이어서 이런 일은 그냥 놔둘 수 없었다.

"네놈이 남의 집에 바둑을 배우러 다니고 있다던데? 만약 진심으로 나를 이기려는 마음이 있다면 바둑을 가르쳐 주마."

"자신 있어요. 저는 아버지보다 더 잘 둘 수 있어요."

"그래?"

아버지가 코웃음을 쳤다. 그러나 바둑을 가르치기 시작하자, 그 숙달 정도가 괄목할만하다. 실력이 쑥쑥 늘었다. 아버지는 깜짝 놀랐다. 그리고 다시,

〈산지로는 이런 아이였구나!〉

라고 깨달았다. 생각해 보면, 위의 아들 둘만 데리고 진보 씨 집으로 되돌아왔을 때에는 어린 산지로의 존재를 그다지 의식하지 않았다. 솔직히 말하면 어찌 되든 상관없었다. 그런 이유로 처갓집에 두고 온 것이다. 그 후의 생활이 너무도 가여워 데리고는 왔지만, 그렇다고

산지로의 잠재능력을 높이 평가한 것은 아니다. 현재도 별반 다르지 않지만,

  * 부모가 자식에게 가지고 있는 인식
  * 자식이 자기 자신에게 느끼고 있는 인식

에는 커다란 차이가 있다. 부모 자식 간의 문제는 어렵다.

여기까지가 몇 개 없는 이노 다다타카의 소년 시절 일화다. 그러나 그와 관련된 사람들과의 소년 시절이 일맥상통하는 데가 있으므로 이야기로서는 시기적으로 조금 이르지만 비슷한 일화를 여기에 정리해두고 싶다.

생애의 스승들

이노 다다타카가 은퇴 이후에 공부하려고 뜻을 둔 분야는 역학曆學이다. 그리고 그가 스승으로 선택한 인물은 때마침 그 무렵 막부의 천문방天文方, 에도막부가 설치한 천체운행 및 역법 연구기관에 채용된 다카하시 요시토키高橋至時, 통칭 사쿠자에몬(作左衛門)였다. 다카하시 요시토키는 오사카의 학자 아사다 고류麻田剛立의 제자다.[9] 그는 오사카성大阪城의 하급관리였다. 막부는 아사다 고류에게,

"이번에 막부에서 달력을 새롭게 만들기로 했으니 그 일을 맡아 줬으면 하네."

라고 전했다. 그러나 아사다는,

"저는 나이가 들어 도저히 그런 일을 해낼 수 없습니다. 우수한 문하생 두 사람이 있사오니 그들을 추천합니다."

아사다가 추천한 인물은 다카하시 요시토키와 하자마 시게토미間重富였다. 하자마 시게토미는 오사카의 유복한 상인이었다. 그는 도중에 사퇴했다.

---

9   분고 기쓰키 번(豊後·杵築藩)의 의사(藩医)였지만 1769에 탈번하여, 성을 아사다로 바꾸고 의사로 생계를 유지하며 성력(星曆, 전체 운행이 표시된 달력)을 연구했다. 한역서를 통해 서양천문학을 배우고, 관측기를 고안하여 케플러의 제3법칙(행성 운동의 세 법칙)을 생각해냈다.

"다카하시 씨가 적임자입니다. 저는 다카하시 씨를 보좌하겠습니다."

이런 과정을 거쳐 다카하시 요시토키는 에도로 가서 천문방의 관리가 되었다. 당시 천문방은 아사쿠사浅草에 있었다.

이노 다다타카는 이 이야기를 듣고 곧바로 다카하시 요시토키에게로 달려갔다.

"제자로 삼아 주십시오."

이노 다다타카가 다카하시 요시토키를 찾아갔을 때 그의 나이는 51세였다. 다카하시 요시토키는 아직 32세였다. 대략 스무 살의 나이 차가 났지만, 다다타카에게 그런 것은 아무런 문제가 되지 않았다. 이를테면,

"아무리 젊어도, 자신이 원하는 학문을 익힌 사람은 스승이다. 또, 아무리 나이를 먹었어도 그 일에 관해 아는 것이 없다면 제자다."

라고 단호하게 말했다. 이 점은 다다타카만의 독특한 합리적 정신이다.

다다타카가 선택한 다카하시 요시토키와 그의 스승이었던 아사다 고류에 관해서도 이런 이야기가 남아 있다.

아사다 고류는 분고노쿠니豊後國, 지금의 오이타 현(大分県) 기스키杵築 마을의 유학자이고, 아야베 야스마사綾部安正의 4남으로 태어났다. 어릴 때부터 '신동'이라는 소문이 자자했다. 그리고 그는 별을 매우 좋아했다. 어렸을 때 하인의 등에 업혀 밖에 나가면 깜깜해질 때까지 집으로 돌아가려 하지 않았다.

"어째서 우리 도련님이 집에 가기 싫어하실까요?"

업고 있는 하인이 그렇게 물어보면 어린 아사다 고류는,

"별님이 보고 싶으니까."

라고 대답했다. 밤하늘에 별이 반짝거리기 시작하면, 아사다 고류는 그 빛나는 별을 자신의 눈에 담으려고 깜박거리지도 않았다. 그리고 등에 업힌 채 하인을 졸라,

"저 별은 무슨 별이야?"

"저쪽의 별은 이름이 뭐야?"

라며 열심히 별의 이름을 물었다. 하인이 무엇 무엇이라 가르쳐주면 만족스럽게 고개를 끄덕였다. 그리고 한번 들은 이름은 절대로 잊지 않았다. 기억력도 놀라우리만큼 좋았다.

일곱 살이 되었을 무렵, 걸핏하면 손톱으로 툇마루 바닥에 상처를 내고 있었다. 하인이,

"뭐 하고 있는 거예요?"

라고 묻자,

"해님의 움직임을 조사하고 있어."

라고 대답했다. 하인들은 얼굴을 마주 보며 눈으로 말했다.

"우리 도련님은 남다른 데가 있어."

소년 아사다 고류는 햇빛이 들어오는 툇마루에 앉아 햇볕 끝을 손톱으로 표시해두고 있었던 것이다. 그는 그 손톱자국을 가리키며,

"해님은 계절에 따라 움직이고 있어."

라고 말했다. 모두 깜짝 놀랐다. 소년 고류는,

"해님은 겨울부터 여름에 걸쳐서는 북으로 움직이고, 가을부터 겨울에는 다시 남으로 되돌아오는 거야."

라고 말했다. 하인들은 물론 이웃 사람들도 놀랐다.

어느 날, 아사다 고류가 천연두에 걸렸다. 옛날에는 종두種痘가[10] 없었기 때문에 그저 누워있는 것 말고는 별다른 치료법이 없었다. 고류는 별을 보지 못해 견딜 수 없었다. 가까운 성에서 저녁때를 알리는 북소리가 들려오면, 간병 중인 하인에게 애원했다.

"뒤뜰로 나가 하늘에 커다란 별이 나왔는지 보고 와줘."

"별 따위야 아무 상관 없잖아요? 그보다도 빨리 병을 고쳐야요."

"나을 테니깐 제발 뒤뜰로 나가서 별이 있나 보고 와줘."
하도 애원하는 바람에 하는 수 없이 뒤뜰로 가 하늘을 올려다보고 아사다 고류가 말한 별을 확인하고 돌아왔다. 고류는 기다렸다는 듯이,

"그 커다란 별은 나와 있어?"

"나와 있어요."

"다행이다."

아사다 고류는 안심하고 잠들었다. 이러한 일이 반복되는 사이에 하인도 별을 관찰하는 일이 큰 즐거움이 되어 버렸다. 어느 날 하인은 이렇게 말했다.

"고류 도련님, 때를 알리는 성의 북소리가 오늘은 울리는 시간이 다르네요."

"왜?"

"언제나 성의 북소리가 울리면 뒤뜰로 나가 별을 보는데, 오늘은 그 커다란 별이 훨씬 서쪽으로 이동해 있었어요."

---

10 우두(牛痘)를 인체에 접종시켜, 천연두에 대한 면역성이 생기게 하여 그 감염을 막는 예방접종.

이노 다다타카

그렇게 말하자, 아사다 고류는 빙그레 웃으며 이렇게 말했다.

"그 커다란 별은 언제나 같은 위치에 있지 않아. 조금씩 움직이고 있어."

"뭐? 별이 움직인다고!"

하인은 말도 안 된다는 표정을 지었다. 그러나 고류는 자신의 생각을 차근차근 설명했다. 별은 결코 한 장소에 있는 것이 아니라 스스로의 힘으로 움직인다고 말했다. 하인은 눈이 휘둥그레졌다. 그 큰 별이란 북극성을 말한다. 아사다 고류는,

"움직이지 않는다고 알고 있는 북극성도 하룻밤에 기와 1장만큼씩 움직이고 있어."

북극성의 '부동설'이 틀렸다는 사실을 알려주었다. 하인은,

"정말? 별이 스스로 움직인다고!"

라며 믿을 수 없다는 표정을 지었다.

평소의 이런 아사다 고류의 습관에 난감해하던 부모는,

"별만 보고 있어 봐야 아무 쓸모가 없으니 의사가 되거라."

아사다 고류는 23세 때, 번주의 주치의가 되었다.

그러나 천문관측에 비상한 열정을 가지고 있던 그는 자신의 직업에 만족하지 않았다. 태양의 흑점 관측을 시작했다. 망원경에 숯검정을 칠한 유리를 사용해 스스로 천체망원경을 만들었다. 그리고 매일 정해진 시간에 태양 흑점의 모양 및 크기와 개수 등을 기록했다. 관측을 계속한 결과, 마침내 흑점의 주기와 태양 자전의 원칙을 발견했다. 천체관측에 푹 빠진 그는,

"번의 의사만 하고 있다가는 진짜 내가 하고 싶은 일을 할 수가

없다."

그는 결국 25세 때 탈번脫藩, 봉건 영지인 번을 떠나 낭인이 되는 것 했다. 그리고 오사카로 도망가서 아사다 고류麻田剛立로 개명하고, 천문성력학天文星曆學 아사다 유파麻田流를 창시했다. 그것만으로는 생활을 유지할 수 없었기 때문에, 배우고 익힌 의술로 생활비를 벌었다. 그는 의술에서도 실증을 중시했다. 개와 고양이를 해부하여 세상을 놀라게 했다. 마침내 그는,

"일본의 달력은 잘 맞지 않는다."

고 생각하여, 정확한 달력 제작에 뜻을 두었다. 1769년에는 유명한 '지동설'을 주장했다. 그는 수학을 잘 해 이미 평방근제곱근과 입방근세제곱근의 계산법까지 알고 있었다. 아직 코페르니쿠스의 이론이 일본에 전해지지 않은 시대였다. 아사다 고류는 목성의 위성 움직임, 토성 고리의 변화, 달 표면의 변화도 주의깊게 관찰했다.

이노 다다타카가 스승으로 선택한 다카하시 요시토키는 이 합리적·과학적·실증적인 아사다 고류의 가르침을 받았다. 결국 이노 다다타카도 나이는 들었지만 그의 정신은 합리적·과학적·실증적이었다.

여담이지만,

"일본의 달력은 엉터리다."

라고 말한 사람은 도쿠가와 이에야스德川家康[11]였다고 한다. 1605년 8

---

[11] 일본 에도 막부의 초대 쇼군(장군)이다. 도요토미 히데요시가 사망한 후 세키가하라 전투를 통해 전국의 패권을 쥐었으며, 에도 막부를 열었다. 이후 오사카성 전투를 통해 히데요시 가문을 멸망시켰고, 이로부터 메이지 유신까지 약 260여 년에 걸쳐 평화로운 시대가 이어졌다.

월 15일, 그 무렵에 사용하던 일본 달력에,

"이날은 월식이 있다."

라고 표기되어 있었다. 모두 솔깃해 월식을 보려고 기다리고 있었지만, 끝내 월식은 일어나지 않았다. 도쿠가와 이에야스는 화를 냈다.

"이런 엉터리 달력으로는 국민의 생활이 흐트러진다. 정확한 달력을 만들라."

이것이 도쿠가와 막부가 정확한 달력을 만들려고 한 발단이라 전해진다. 그러나 달력을 새로 만드는 일은 쉽지 않았다. 하나는 시스템 문제다. 달력은 중요한 것이므로 특허제로 되어 있었다. 게다가 천황의 칙령에 의해 쓰치미카도土御門家, 천문도와 음양도로 조정을 섬긴 가문라는 구게公家, 조정에서 봉직하는 문신 귀족가 만들도록 되어 있었다. 아무리 이에야스가,

"올바른 달력을 만들라."

라고 말해도, 천황과 쓰지미카도 집안의 허가가 없으면 함부로 만들 수 없었다. 그 때문에 꽤 시간이 걸렸다.

또 다른 하나는 무엇을 기초로 하여 새로운 달력을 만들 것인가 하는 문제다. 일본의 달력은 862년 세이와 천황清和天皇 제56대 천황 때 중국에서 들여온 '선명력宣明曆'이라는 달력을 사용하고 있었다. 이 달력은 중국의 당唐나라 시대에 완성된 것이다. 그것이 전해지고 이미 800여 년이나 계속 사용되고 있었다. 당연히 오차가 생겼다. 일부 지식인들은 알고 있었다.

---

12 당나라의 서앙(徐昻)이 만든 태음력이다. 1년을 365.2446일, 1개월을 29.53059일로 정하였다.

"당의 선명력보다도 그 후 원나라 때 만들어진 수시력授時歷과 명나라 때 만들어진 대통력大統曆이 더 정확하다."

그러나 앞에도 썼듯이 시스템을 파괴하고 이처럼 새로운 달력을 도입하기란 상당히 어려운 일이었다.

이노 다다타카

때마침, 교토京都 요조四条에서 태어난 시부카와 슌카이渋川春海라는
사람이 있었다. 집안은 명문인 아시카가足利, 군사 귀족 가문과 이어져
있다. 옛날에는 유소쿠有職, 조정이나 공가의 의식·행사·관직 등의 지식에 밝은 사람로
이름이 높았지만, 슌카이가 살던 무렵에는 바둑의 종가로 생활하고
있었다.

쓰지미카도음양사가 달력을 담당한 것처럼, 교토의 구게는 다양
한 특허권을 가지고 있었다. 와카和歌, 일본의 전통적인 정형시를 비롯해
차茶라든가, 꽃, 바둑 등의 여러 예능에 대해서도 각각의 종가가 있
어서 제멋대로 사람들에게 가르칠 수 없었다. 지금의 이에모토家
元, 한 유파의 정통예능을 계승하는 집 제도다. 교토의 구게는 한 사람 한 사람
이 어떤 이에모토였다. 이것은 도쿠가와 이에야스가 무사 정권을
확립했을 때,

"천황과 구게는 이제부터 정치에는 관여하지 말고, 일본의 옛
문화 보전에 힘쓰기 바란다."
라는 내용을 법률로 정하고 교토에 있는 조정朝廷에게서 정치의 권한

---

13 무로마치(室町)시대와 센코쿠(戰國)시대에 일본을 지배한 세이타이쇼군(征夷大將
軍) 가문이다.

을 빼앗아 버린 일도 크게 영향을 미쳤다. 천황과 구게들은 결국 일본의 전통문화 보전에 전념하는 것 말고는 생존의 방식이 없어져 버렸다.

시부카와 슌카이는 신도神道[14]와 유학을 배우기도 하고, 혹은 예로부터 내려오는 일본의 점술에도 조예가 깊었다. 그는 신도를 배워가는 과정에서,

"인간 생활에 달력만큼 중요한 것이 없다."

라고 생각하게 되었다. 일본에서 사용하는 선명력에 자주 오류가 발생하는 것을 발견하고 일부 지식인들이 주장하던 원의 수시력과 명의 대통력에 관심을 갖고 있었다. 이로 인해

"가능하면 선명력의 오류를 증명하고, 수시력 혹은 대통력에 기초를 둔 새로운 달력을 작성해야만 한다."

라는 뜻을 두고서 지금 사용 중인 달력의 일식과 월식이 실제로 그날 그 시간에 일어나는지의 여부를 확인하는 것이 지름길이라 여기고 자주 논쟁을 벌였다.

그러나 옛 전통에 연연해하는 쓰지미카도를 비롯한 달력 작성권을 가진 귀족계급은 시부카와의 말을 귀담아들으려 하지 않았다.

"당치도 않다."

라는 태도였다.

이 시부카와 슌카이도 소년 시절의 일화가 있다. 그는 어느 날 아

---

14 일본 고유의 민족종교로 농경, 수렵, 어로 등의 생활과 관련하여 다양한 형태를 이루었다. 벼농사의 전래를 계기로 정치적인 통일이 진행됨에 따라 수전 재배의 농경의례를 중심으로 수많은 신을 받든 현세주의적인 종교가 형성되었다.

버지에게 말했다.

"사람들은 북극성이 움직이지 않는다고 하지만, 하룻밤 사이에도 조금씩 움직이고 있어요."

아버지는 깜짝 놀랐다. 아버지도 그 방면에 조예가 깊었지만, 역시 예부터 전해 내려오는 대로 북극성은 움직이지 않는다고 믿고 있었다. 그러나 슌카이가 어릴 때부터 천문에 관심을 가지고 깊이 연구해 온 것을 알고 있던 터라,

"너는 어째서 북극성이 움직인다고 생각하는 것이냐?"
라고 물었다. 슌카이는 아버지를 집 뒤에 있는 대나무 숲으로 안내했다. 우뚝 솟은 두 그루의 대나무 사이에서 하늘을 가리켰다.

"지금 북극성은 이 두 그루의 대나무 사이에 있어요. 조금 후에 다시 보러 오시지요."

그렇게 말하고 대나무 숲에서 나왔다가 1~2시간 후에 대나무 숲으로 다시 갔다. 그리고 좀 전의 두 그루 대나무 사이를 가리켰다. 아버지는 깜짝 놀랐다. 북극성은 대나무 사이에 없었다. 북극성은 이동해 있었다.

"아니!!"

슌카이는 싱글벙글했다.

"보세요. 정말로 북극성이 움직이죠."
라고 말했다.

이 이야기는 형태를 바꾸어 옛 초등학교 교과서에 실렸다. 하늘에서 구름이 격하게 움직이며 달 앞을 스쳐 지나간다. 그러나 아래에서 보는 사람들 중에는,

"달이 움직인다."

고 주장하는 이가 있었다. 그런데 어느 소년이,

"아니에요. 움직이는 건 구름이에요."

라고 말했다. 어른들은,

"어떻게 구름이 움직인다는 걸 알 수 있지?"

라고 물었다. 소년은 공중에 걸려있는 두 줄의 전선을 가리켰다.

"저 전선 사이를 보세요. 달은 가만히 있고, 구름이 움직인다는 것을 알 수 있어요."

역시 그랬다. 두 줄의 전선 사이로 보면 달은 거의 움직이지 않는다. 그러나 구름은 계속 이동해 간다. 어른들은 이 소년의 지혜에 감탄했다.

아마 이 이야기를 쓴 사람은 시부카와 슌카이의 소년 시절 일화에서 예를 들었을 것이다.

도쿠가와 이에야스가,

"달력에 오늘은 월식이 있다고 적혀 있건만, 전혀 그럴 조짐이 보이지 않는다."

는 문제를 제기한 지 한참이 지났는데도 좀처럼 새로운 달력은 만들어지지 않았다. 시부카와 슌카이가 여러 장벽을 뚫고 '야마토력大和曆/貞享曆'[15]이라는 달력을 만든 것은 1677貞享2년의 일이다. 이에야스가 명을 내린 이후, 거의 72년이 걸렸다. 그 정도로 달력 개정이라는 작업은 엄청난 것이었다.

그러나 교토에 있는 조정이나 에도 막부는 좀처럼 이 달력을 채

---

15 중국의 수시력(授時曆)을 기초로 일본과 중국과의 경도차(経度差)를 가미해서 일본 독자의 역법을 완성시켜, 야마토력이라 명명했다. 태양 태음력의 역법으로 날짜는 음력으로 표시. 1685년 12월 30일~1755년 2월 10일까지 70년간 사용되었다.

이노 다다타카

용하지 않았다. 다만, 선명력에 오차가 많다는 것만은 차츰 알게 되었으므로, 1684년 3월에 가까스로 명明의 대통력을 채용하려는 분위기로 바뀌게 되었다. 시부카와 슌카이는 분노했다.

"대통력은 중국 대륙의 달력이므로, 일본에서 사용할 때에는 또 여러 오차가 생깁니다. 제가 만든 정확한 달력을 채용해 주십시오."
라고 버텼다. 그 결과 칙령이 내려져 시부카와 슌카이의 야마토력을 채용하기로 했다.

그러나 야마토력을 채용한다고 해도 그 정확성이 증명되어야 한다. 1685년 5월 월식에서 이 책력의 정확성 여부를 확인하기로 했다. 그리고 당일 월식이 시작되자 시부카와 슌카이가 만든 달력의 정확성이 증명되었다. 기세를 얻은 슌카이는,

"중국에 문서를 보내 잘못된 달력을 바로 잡읍시다."
라고 단단히 별렀지만, 하야시林 대학장쇼헤이자카 학문소(昌平坂學問所)의 장관이,

"그런 짓을 했다가는 중국의 감정을 해쳐 국제문제로 번질 수 있다."
라며 반대하여 항의를 단념시켰다.

야마토력의 정확성이 증명되었기 때문에 도쿠가와 막부는 시부카와 슌카이를 불러 천문방에 임명했다. 슌카이는 에도로 상경하여 아자부麻布에 살았다. 그의 나이 48세였다고 한다.

그가 만든 야마토력은 그것이 채용된 연호를 따서 조쿄력貞享曆이라 불렸다. 그 후 1754宝曆4년에 구게公家 쓰지미카도 야스쿠니土御門泰邦, 학자 니시카와 마사야스西川正休, 시부카와 로쿠죠渋川六藏에 의해

개정되었다. 이것이 '호랴쿠력宝曆曆[16]'이다. 이노 다다타카가 살던 무렵에는 이 호랴쿠력을 사용하고 있었다.

그러나 이 호랴쿠력에도 벌써 오차가 생겨나고 있는 것이 전문가들 사이에 문제가 되고 있었다.

---

16 1755년 2월 11일~1798년 2월 16일까지 43년간 사용되었다.

큰 뜻을 여물린 감나무 한 그루

다카하시 요시토키高橋至時는 오사카의 죠반定番, 경비를 서는 직책 도신同心, 하급관리 집에서 태어났다. 15세 때에 아버지의 대를 이었지만, 생활은 아주 가난했다. 학문을 좋아한 요시토키는 어릴 때부터 천문학과 수학에 깊은 관심을 갖고 있었다. 이 무렵 그는 이미 π파이(원주율) 값을 구하는 방법도 소수점 이하 30자리 수까지 계산할 수 있었다고 한다. 요시토키의 소년 시절에 관한 이야기는 별로 없지만, 아사다 고류의 제자가 되고 나서부터 다음과 같은 일화가 전한다.

요시토키의 집에는 멋진 감나무가 있었다. 가을이 되면 열매가 열렸다. 그의 집에서는 감을 팔아서 생활비에 보태고 있었다.

요시토키는 아사다 고류의 공부방에서 공부하고 있었다. 그러나 제일 좋아하는 밤하늘 천체관측 시간이 되어도 좌불안석이다. 마음이 콩밭에 있었다. 스승 아사다 고류가 이를 단번에 알아차렸다.

"다카하시, 어떻게 된 것이냐? 천체관측을 건성으로 하고 있구나."

"죄송합니다."

라고 말하고 관측에 전념하지만, 아무래도 모습이 수상하다.

〈뭔가 까닭이 있군.〉

사실, 저녁 때가 되면 요시토키에게는 걱정거리가 있었다. 그것은 집에 열린 감을 근처에 사는 개구쟁이들이 서리하러 오기 때문이다. 솔직히 말하면 이 시각은 원래 집에서 자신이 망을 보다가 개구쟁이들을 쫓아내야 한다. 그러나 아사다 고류의 교육방법은 황혼 때부터 밤 사이가 천체관측에서 제일 중요한 시간이다. 요시토키는 천체관측을 하면서도,

〈감은 괜찮을까?〉

그런 생각이 머릿속에서 떠나지 않았다. 그렇기 때문에 관측이 끝나면 부리나케 집으로 달려가 감이 무사한지 살펴봐야 안심이 됐다.

그러던 어느 날 밤, 요시토키가 집에 들어서자마자 앗! 하고 소리를 질렀다. 감나무가 없어졌다. 어둠 속에서 자세히 보니 밑둥까지 베어져 쓰러져 있었다. 깜짝 놀라서 아내에게,

"감나무는 어떻게 된 거요?"

"내가 일꾼에게 베게 했어요."

라고 아내는 대답했다.

"뭐라고!"

눈을 부라리고 화를 냈더니,

"저 감나무가 있으면 당신은 차분한 마음으로 아사다 선생님의 공부방에서 마음 편히 공부할 수 없잖아요. 마음이 뒤숭숭해서 천체관측에 집중할 수 없다고 했잖아요. 그래서 공부에 방해가 되는 감나무를 베어버린 거예요.

감나무에서 얻는 이익만큼의 돈은 내가 어떻게든 만들어 볼게요. 걱정하지 말고 아사다 선생님의 공부방에서 학업에 전념해주세요."

아내는 이렇게 말했다. 요시토키는 아내의 말에 감격했다. 다음

이노 다다타카

날, 아사다 고류의 공부방에 갔더니 스승이,

　"어이, 다카하시, 얼굴이 몰라보게 밝아졌군."

이라며 농을 섞어 말한다. 스승은 다시,

　"감나무가 없어지니까 마음이 개운하지!"

라고 말하자, 깜짝 놀란 요시토키가,

　"네?"

스승의 얼굴을 올려다보았다.

　"내가 감나무를 베게 했네. 부인의 책임이 아니야. 나중에라도 혼내지는 말게나."

　요시토키는 놀랐다. 그리고 금세 짐작이 갔다. 아내는 그렇게 과감한 일을 하지 못한다.

　〈감나무를 자르라고 말씀하신 분은 선생님이셨구나.〉

　요시토키는 새삼스레 스승과 아내가 협력해 준 것이 고마웠다.

　그러나 요시토키의 가난은 여전히 계속됐다. 스승 아사다 고류 공부방의 다른 문하생들은 월사금 다달이 내는 수업료을 내지만, 요시토키는 도저히 낼 능력이 없었다. 몇 번이나 스승에게,

　"다음 달에는 꼭 가져오겠습니다. 이번 달은 용서해 주십시오."

라고 사과했다. 고류는 그때마다 손을 내저으며,

　"자네는 따로 월사금을 걱정하지 않아도 되네."

라고 문제 삼지 않았다. 고류는 재미있는 사람이었다. 과거에는 곧잘 월사금이라는 말 대신 멋스럽게 '사카나료 肴料, 술안주값'라고 봉투에 적어 내밀었다. 월사금이 들어오면 고류는 진짜로 생선 魚, '사카나'라고 발음을 사 와서,

　"어이, 모두 함께 먹자."

라고 했다.

다카하시의 아들은 다카하시 가게야스^{高橋景保}다.[17] 아버지의 대를 이어 막부의 천문방이 되지만, 나중에 유명한 지볼트 사건을 일으킨다.[18] 지볼트로부터 외국의 지도와 과학서를 넘겨받는 대신에 이노 다다타카가 만든 일본 지도를 건네주게 된다. 이를 다다타카의 친구이자 막부의 측량사 마미야 린조^{間宮林蔵}가 고발했다는 설이 있다.[19]

"일본의 비밀을 외국으로 유출했다."

는 죄를 물어 옥사하고 말았다. 그러나 이 사건에 관해서는 나중에 쓸 기회가 있을 것이므로 여기서는 자세하게 다루지 않겠다.

아사다 고류의 제자로 다카하시 요시토키의 보좌역을 자처한 하자마 시게토미^{間重富}는 오사카의 유복한 상인 집안에서 태어났다. 가업은 전당포다. 창고가 11동^棟이나 있었던 까닭에 가게 이름을 쥬이치야^{十一屋}라 불렀다. 마침내 창고가 15동으로 늘었고 시게토미는 세련되게 '쥬고로^{十五楼} 주인'이라 불렸다.

어릴 때부터 그는 수학을 좋아하고 천문에도 깊은 관심을 갖고 있었다. 돈이 많아서 필요한 책과 기계를 척척 사들였다. 그가 나가사

---

17 1804년에 에도 막부 천문방이 되었다. 이노 다다타카의 전국 측량사업을 전면적으로 지원했다. 다다타카가 죽은 후 《대일본연해여지전도(大日本沿海輿地全図)》를 완성한다.

18 1828년 네덜란드 상관(商館)의 의사인 지볼트(Philipp Franz von Siebold)가 당시 국외 반출이 금지된 일본 지도를 갖고 귀국하려다 발각된 사건.

19 1803년 서사할린, 1808년에는 북사할린 동해안을 탐험하고 헤이룽강(黒龍江)을 거슬러 올라가 사할린이 섬임을 실증하였다.

키長崎, 데지마(出島)[20]를 통해 사들인 서적과 기계는 아사다 고류와 다카하시 요시토키에게 많은 도움이 되었다. 특히 당시의 천문학에 관심을 가진 학자들에게 《역상고성曆象考成》[21]이라는 책은 군침을 돌게 하는 존재였다. 하자마 시게토미는 거금을 투자해 그 책을 구입했다. 그리고 스승과 동문인 문하생들과 열심히 연구했다.

상당한 발명광인 그는 자오선子午線을 측정하는 기계와 망원경을 짜 맞추기도 했다. 이노 다다타카가 일본 전국을 걸어다니며 사용한 측량기계도 대부분 하자마 시게토미가 고안하고 설계한 것들이다. 일본 전기학電氣學의 시조라 일컬어지는 하시모토 소키치橋本宗吉를 발굴해 그에게 난학을 배우게 한 인물도 하자마 시게토미다.

서민의 생활에도 관심을 갖고서 긴키近畿, 교토와 오사카를 중심으로 하는 지방의 오랜 사찰과 신사에 남겨져 있던 옛날 도량되·저울 등도 조사했다. 이것은 그가,

"일본 달력은 부정확하다. 바르게 해야 한다."

는 각오를 더욱 발전시켜,

"일본의 도량형은 엉터리다. 좀 더 정확하게 통일해야 한다."

고 생각하기에 이른다. 대체로 성실한 학자인데 다른 과학자들처럼 색다른 일화는 없다. 그러나 하자마 시게토미의 재력과 왕성한 연구심이 있었기에 아사다 고류와 그의 문하생의 이름이 더욱 높아졌다

---

20 1636년 에도 막부가 쇄국 정책의 일환으로 나가사키에 건설한 인공섬으로 서양과의 교류를 상징하는 장소다.

21 중국어로 번역된 유럽 천문학의 총서. 명나라 말기 중국에 온 예수회 선교사 아담 샬(Johann Adam Schall von Bell)과 중국인 고위관리 서광계(徐光啓) 등의 노력으로 유럽의 천문학 성과에 대한 한역이 이루어져 1634년에 완성되었다.

고 말할 수 있다. 도쿠가와 막부조차,

　　"오사카의 쵸닌町人, 상인 학자가 막부의 정규 천문방 관리보다도 훨씬 학문적으로 우수하다."

라는 인식을 갖게 된 것은 전부 하자마 시게토미 덕분이라 해도 좋다. 이노 다다타카는 이 하자마 시게토미에게도 배우게 된다.

　　하자마 시게토미의 제자이고 훗날 이노 다다타카와 깊이 관련 된 인물이 한 사람 있다. 구메 미치카타久米通賢라는 사람이다. 사누키讚岐, 香川県 태생으로 제9대 다카마쓰高松 번주 마쓰다이라 요리히로松平頼恕에게 중용되었다. 그는 '사카이데阪出 염전 개척'으로 큰 공을 세웠다. '사누키 염전의 아버지'라 일컬어지고 현재도 그 업적은 높이 평가받고 있다.

　　이 구메 미치카타는 하자마 시게토미의 제자로 오사카에서 공부했다. 그러나 공부하던 중에 아버지가 사망했다. 미치카타는 가업을 이어야만 했다. 꽤 많이 고민했던 것 같다. 그는 천문학과 측량학에도 조예가 깊어 급속도로 두각을 나타냈다. 하자마 시게토미도,

　　"구메 미치카타야말로 나의 대를 이을 가장 유력한 제자다."

라고 생각했다. 그러나 구메 미치카타는 아버지가 죽고 나서 깊은 고민 끝에 결국 고향으로 돌아가 가업을 이었다. 그러나 천문학과 측량에 관한 관심은 잃지 않고 가업을 운영하면서 한편으로 그 일을 계속했다. 얼마 지나지 않아 다카마쓰 번주에게 미토水戸 가문에서 마쓰다이라 요리히로가 양자로 왔다. 마쓰다이라 요리히로가 번주가 되었을 때, 다카마쓰 번은 재정난으로 시달리고 있었다. 이 것을 본 구메 미치카타는 마쓰다이라 요리히로에게 '의견서'를 제출했다.

"이렇게 하면 다카마쓰 번은 꼭 재정을 재건할 수 있습니다."
라고 몇 개의 방안을 제시했다. 그중에는 설탕의 환전제도와 사카이데 염전 개척 등이 있었다. 마쓰다이라 요리히로는 이 의견서를 수용하고 구메 미치카타에게 사카이데 염전 개척을 명했다. 이것이 성공으로 이어진다.

그 무렵, 도쿠가와 막부는 연이어 외국선박의 왕래로 '국방' 문제를 중시했다. 새롭게 일본 전국지도 작성 계획을 세우고 있었다. 막부의 사업을 명받은 인물은 이노 다다타카다.

다카마쓰 번에서는 이미 구메 미치카타에게 명하여 영지 안의 지도를 만들어냈다. 이노 다다타카가 찾아갔을 때, 구메 미치카타가 자신이 만든 지도를 다다타카에게 보여주었다. 다다타카는 한눈에 보고 놀랐다. 구메 미치카타가 만든 지도가 너무나도 정확했기 때문이었다. 특히 구메 미치카타는 그 무렵에 진귀한 '삼각측량법'을 구사하고 있었다. 삼각측량법이란 실제로 강을 건너지 않고 강폭을 측량하고, 또 산을 오르지 않고도 산의 높이를 계산하는 방법이다. 구메 미치카타는 이 기술을 갖고 있었다.

이노 다다타카는 구메 미치카타와 서로 마음을 터놓고 지냈다. 특히 구메 미치카타가 자신이 스승으로 모시고 있는 다카하시 요리토키와 동문인 하자마 시게토미가 그의 스승이라는 말을 듣고 더욱 친밀감을 느꼈다.

그러나 이것은 아직 훨씬 훗날의 이야기다.

2장 : 자기의 사명에 「본분」을 다하다

'평생 실전'의 삶

이노 다다타카는 시와라佐原 이노 씨 집안의 데릴사위가 된 후 가업에 전념했다.[1] 그 무렵 가세가 꽤 기울어 있던 이노 씨 집안의 재정 정비에 매진하여 이에 성공한다. 가업을 재정비한 후에 처음으로 그는,

"은퇴하여 진짜 하고 싶은 일을 해야겠다."

고 결심한다.

그런 일을 실행한 이노 다다타카라는 인물의 강인한 정신 밑바닥에는 과연 어떤 힘이 감추어져 있었을까?

지금까지 살펴본 것처럼 그의 유년 시절, 소년 시절, 청년 시절은 결코 행복했다고 할 수 없다.

아버지도 역시 데릴사위였다. 구주쿠리하마에서 어업을 경영하며 나누시를 맡고 있는 고세키 씨 집안에 들어갔지만, 아내가 죽자 거의 절연당한 모양새로 본가인 진보 씨 집안으로 되돌아왔다. 따라서 다다타카인 소년 산지로도 고세키 산지로小関三次郎에서 진보 산지로神保三次郎로 성姓을 바꾸게 됐다.

---

1 술 및 간장의 양조, 대금업(사채업)을 운영하고 있었고 그밖에 도네가와 강의 수로운송에도 관여하고 있었다.

진보 산지로는 마침내 이노 씨 집안의 데릴사위가 된다.

다다타카가 데릴사위가 되고 나서 얼마 후에 친척 중 한 사람이 다다타카의 성격에 관해 이렇게 말했다.

"기 하나는 쎄 가지고⋯⋯"

이노 다다타카에 관한 인간론은, 이 말 이외에는 그다지 찾을 수 없다. '기 하나는 쎄 가지고'라는 말은 어떤 의미일까?

＊ 기만 쎈 것이 아니라 자신이 하고 싶은 말만 한다.
＊ 이는 남이 하는 말을 잘 듣지 않는 것을 의미하는 것으로 주위 와의 조화를 깨트리고 만다. 즉 인간관계에 모가 나서 주위로 부터 호감을 얻지 못함을 의미한다.
＊ 기는 쎄지만, 그것은 표면적인 것이며 근본은 온순하다. 때문 에 기탄없이 마구 이야기해도 주위에서는 별로 개의치 않고, 저 사람은 좋은 사람이라는 인상을 갖는다.
＊ 기가 쎄기는 해도, 그것을 겉으로 드러내지 않는다. 온순하지 도, 괴팍하지도 않은 객관적인 태도를 취한다. 얼핏 시원시원 하지만, 때로는 냉정하게 보일 수도 있다.

이렇게 다양한 사례를 추론할 수 있다. 다다타카는 과연 어떤 사 람이었을까?

"기 하나는 쎄 가지고⋯⋯"

라는 말 말고는, 그 뒤에 다른 평판은 없다. 이것은 곧 다다타카가 남 들의 입에 오를만한 일은 하지 않았음을 의미한다. 때문에,

"기가 쎈데다 타인에게 말하기 거북한 이야기를 서슴없이 해대

는" 짓은 하지 않았을 것 같다. 나아가 그의 과학자 정신에 비춰보면, 역시 세상일과는 한 발짝 거리를 두고 바라보는 객관성이 있었을 것 같다. 그렇다면 맨 마지막 태도를 계속 유지하고 있었을 것이다. 이런 사람이라면 조금은 가까이 하기 거북하고 사귀기 어렵다. 허심탄회하게 선술집에서 함께 술을 마시고 싶은 생각이 들지 않을 것 같다.

실제로 이노 다다타카에 관해서 그다지 많은 이야기는 남아있지 않다.

또 하나, 태어났을 때부터 고생을 한 사람은 자칫하면 그것을 이유로 들어 사회에 대한 대항 조건으로 삼는다.

* 세상에 대해 원망하는 마음을 가지고, 기회가 생기면 자신이 경험한 불우했던 과거를 한순간에 되찾고자 한다. 그것은 사회에 대한 보복이라는 형태가 되어 드러난다.
* 사회에 대한 보복이라 해도 특별히 도쿠가와 막부나 다이묘 가문, 하타모토 씨 가문의 제도를 뒤집으려는 시도는 아니다.
* 보복은 다른 사람을 대상으로 하여 이루어진다.

즉,

"자신은 어릴 때 이만큼의 고생을 했으므로 어른이 되면 무슨 일이 있어도 꼭 만회하고 싶다. 그 때문에 어렸을 때의 원망을 세상에 풀고 싶다."

라는 사고방식이다. 대부분 급속하게 입신출세하여 성공한 이들의 경우에 두드러진다. 그것도 어렸을 때 상가商家에 고용살이를 하러

가서 장사 경험을 쌓고, 한 세대에 자수성가한 경우와,

"내가 훌륭해지려면 역시 학문을 익히는 것이 중요하다."

라며 학업의 길을 가는 사람이 있다. 혹은,

"요즘 세상에서 필요한 것은 학력學力, 학문의 실력보다는 학력學歷, 공부한 이력이 최고다. 자신에게 관록이 붙도록 하는 것이 중요하다."

라고 생각하고 표면적으로 겉만 번지르르하게 꾸미는 것에 열중하는 이도 있다. 어렸을 때의 고생을 보상받으려는 자세에는 다양한 모습이 있다.

이노 다다타카에게는 이들 중 어느 것도 없다. 전혀 없다고 해도 좋다. 그의 경우는,

* 자신이 경험한 유소년 시절의 고생은 타인과 전혀 관련이 없다. 자신이 겪은 경험으로 정리할 문제다.
* 따라서 자신이 어렸을 때부터 고생했다고 해서, 그것을 세상을 향한 보복으로 되갚으려는 것은 그릇된 생각이다.
* 만약 그런 원한이 있다면, 그것은 자기 향상을 위한 계기와 에너지로 삼아야 한다.
* 자신이 고생을 했다면, 다른 사람이 그런 고생을 하지 않아도 되는 사회를 만들어갈 필요가 있다.
* 그렇게 하기 위해서 본인은 이런저런 고생을 해왔다는 것을 조용히 가슴 속에 묻고, 오히려 다른 사람에게 미소를 지으며 사회에 공헌할 수 있는 일에 노력하는 것이 중요하다.

그는 이렇게 생각하고 있었다. 그렇기 때문에 은퇴 후에,

"내가 진짜 하고 싶은 일을 해야겠다."

고 생각하고 선택한 일은 취미나 풍류의 길이 아니었다. '천문학'과 '측량'이라는 실제로 사회에 도움이 될 만한 일이었다. 그의 뜻은,

"지금까지는 사와라佐原의 명가라는 이유로 충분히 활동할 수 없었다. 행동하는 데 꽤 많은 제약을 받았다. 지금부터는 은퇴자로서 순수하게 세상에 도움될 만한 일을 하고 싶다."

는 것이었다. 요즘 말로 하면, 그의 정신은 '생애 현역'이고, '평생 실전'이었다. '청춘은 나이가 아니다. 호기심과 정열이다'고 이야기한 사무엘 울만의 '청춘의 시[2]'를 그대로 실천했다.

진보 산지로가 이노 씨 집안에 데릴사위로 들어간 무렵, 이노 씨 집안은 불행의 연속으로 가세가 상당히 기울어 있었다. 산지로가 구주쿠리하마의 고세키 마을에서 태어나기 3년 전에, 이노 씨 집안의 호주였던 나가요시長由가 37세의 젊은 나이에 죽었다. 유족으로는 아내 다미와 갓난아기 미치라는 어린 딸이 있었다. 하는 수 없이 이미 은퇴하여 에도에 살고 있던 나가요시의 형 마사오昌雄가,

"갓난아기 미치를 이노 집안의 후계자로 삼겠소. 성인이 되면 데릴사위를 들이겠소. 그때까지는 내가 에도와 사와라를 오가면서 집안을 돌보겠소."

라고 말했다. 그러나 이 마사오도, 그렇게 결정한 이듬해에 사망했다. 하는 수 없이 다미는 어린 딸 미치를 데리고 난츄 마을南中村에 있는 친정으로 돌아갔다.

---

2 인생의 지혜와 삶의 기쁨이 녹아있는 시집. 그 중의 〈청춘〉은 삶이 있는 한 한결같이 싱그럽게 살고 싶다는 인생에 대한 강한 의지가 담겨있는 시다.

친정은 히라야마平山 집안으로 호주는 도우에몬藤右衛門이었다. 다미의 오라버니에 해당한다. 그리고 마사오가 정한,

"미치를 이노 집안의 호주로 한다."

는 결정은 전과 다름없이 유효했다. 미치가 14살이 되었을 때, 다미는 다시 미치를 데리고 이노 씨 집안으로 돌아왔다. 그리고 일족 중에서 가게시게景茂라는 젊은이를 골라 미치의 신랑으로 삼았다.

그러나 나쁜 일은 연이어 일어나는 것인지, 이 가게시게도 이내 사망했다. 남겨진 미치는 임신 중이었다. 가게시게가 죽고 나서 얼마 되지 않아 남자 아기가 태어났다. 쥬코忠孝라는 이름을 지어줬다. 그러나 사내아이라 해도 갓난아기는 집안일을 돌볼 수 없기 때문에 친척들이 모여 머리를 맞대고 의논했다.

"하는 수 없다. 한 번 더 미치의 신랑을 새로 맞이하자."

"어디 좋은 사람이 없을까?"

모두가 신랑감을 물색하고 있는 사이에 분가한 이노 시치로우에몬七朗右衛門이 말했다.

"진보 씨 집안의 산지로는 어떻습니까?"

그러나 산지로를 알고 있는 친척이,

"그 사내는 안 돼. 마땅한 일자리도 없이 어슬렁거리며 별만 보고 있다던데."

라며 반대했다. 그러나 그때까지 오가는 이야기를 듣고 있던 하라야마 도우에몬平山藤右衛門은,

"아니야. 그것은 산지로가 어렸을 때부터 고생한 탓에 안정을 찾지 못해서 그런 걸세. 산지로의 아버지는 변변치 못해 데릴사위로 간 고세키 씨 집안을 나와 본가로 돌아와서도 자기 몫을 못하고 있지.

그런 부모를 보고 있자면 산지로가 여기저기 떠돌아다니는 것도 무리가 아니네. 근본이 올곧고 일도 꽤 잘하는 청년이라네. 산지로에 관해서는 내가 책임을 지겠네."

라고 보증했다.

"도우에몬 씨가 그 정도까지 말씀하신다면야."

드디어 진보 산지로를 미치의 신랑감으로 결정했다. 진보 씨 집안에서도 승낙했다.

나중에 다다타카가 되는 산지로가 어떤 반응을 보였는지는 알 수 없다. 그러나 결과적으로 그가 이노 씨 집안으로 들어간 것을 보면 그다지 싫지는 않았던 것 같다. 이 무렵 다다타카는 아직 18살이었다.

이노 씨 집안은 나가사와永沢 씨 집안과 나란히 사와라의 '양가兩家'라 불리는 명문가여서, 격식이 매우 엄격하여 사위로 맞이한다 해도 조건이 까다로웠다. 그런 까닭에 히라야마 도우에몬은 산지로를 일단 자신의 양자로 삼았다. 그런데도 아직 이노 씨 집안에서 이러쿵저러쿵 말이 많아 하라야마 도우에몬은 히라야마 산지로가 된 다다타카를 데리고 에도로 갔다. 그리고 전부터 친분이 있는 막부의 유학자이자 쇼헤이자카 학문소昌平坂學問所의 대학장 하야시 호우코쿠林鳳谷에게 부탁하여 '다다타카忠敬'라는 이름을 받았다. 이렇게까지 하고 나서야 간신히 이노 씨 집안 쪽에서 다다타카를 사위로 맞이하기로 결정했다.

1762년 12월 8일, 다다타카는 히라야마 도우에몬에게 이끌려 사와라의 이노 씨 집안으로 들어갔다. 이노 씨 집안에서는 친척이 모두 모여 기다리고 있었다. 다다타카가 도착하자마자 곧바로 미치와의 혼례가 거행되었다.

미치로서는 2번째로 맞이하는 남편이다. 게다가 전남편의 유복자 '쥬코'라는 3살짜리 사내아이도 있다. 여러 가지로 복잡한 심정이었을 것이다. 그녀로서는 집안을 계승해야만 하는 운명적인 입장이었으므로 새신랑이 마음에 든다 안 든다고 할 그런 처지는 아니었다. 다다타카에 대해 어떤 감정이었는지는 알 수 없지만, 미치는 다다타카와 혼례를 올렸다.

시골의 관습으로 이런 행사의 향응은 대단하다. 며칠씩이나 피로연을 연다. 3일간 지속된 축하연 뒤에, 이번에는 분가한 이노 시치로우에몬에게 이끌려 친척 집으로 인사하러 다녔다.

사와라의 '양가'라 일컬어지던 한쪽 집안인 나가사와 지로우에몬治朗右衛門 댁으로도 인사를 갔다. 옛날에는 나가사와 씨 집안과 이노 씨 집안은 경제력에서 그다지 차이가 나지 않았지만, 호주의 경영수완 차이도 있어 그 무렵에는 나가사와 씨 집안이 눈에 띄게 발전하여 이노 씨 집안과 격차가 많이 벌어졌다.

다다타카는 처음에는 겐로크源六라는 이름을 사용했지만, 곧 이노 씨 집안의 호주에 한해 사용할 수 있는 사부로우에몬三郎右衛門으로 이름을 바꾸었다.

아내 미치는 21살이다. 연상의 아내다. 또 미치 쪽이 이노 씨 집안의 상속자였으므로 다다타카를 맞이한 미치의 태도에 대해 좋지 않은 이야기가 남아있다. 그것은 미치가 호주로서의 긍지가 너무 강한 나머지 예를 들어, 식사를 할 때도 다다타카에게,

"당신은 호주의 거처에서 함께 식사할 수 없습니다. 부엌에 가서 일꾼과 함께 식사하세요."

라고 했다고 한다. 다다타카는 묵묵히 이에 따랐다는 이야기가 남아
있다. 그러나 다른 사람의 견해는,

"미치는 새로 맞이한 신랑 다다타카를 잘 모시는 정숙한 아내
였다."

는 이야기도 있다.

다급한 상황에서 진보 씨 집안의 다다타카를 맞이할 정도였으므
로 미치로서도 그런 불손한 태도는 취하지 않았을 것 같다. 다만 히
라야마 도우에몬을 제외한 다른 사람들은 진보 산지로에 관해 꽤 여
러 소문을 퍼뜨리고 있었으므로 미치는 그녀 나름의 불안한 마음을
가지고 있었음은 확실하다.

에도의 공동주택인 나가야長屋, 칸을 막아 여러 가구가 살 수 있도록 길게 만든 집
에서도 월세 집에 세 든 사람 입장에서 집주인은,

"부모 같은 존재"

로 불렸다. 시골에서도 이와 다르지 않다. 나누시라는 직책은 단순
한 명예직이 아니다. 항상 주민들의 동향을 알고 있어야 하며, 무슨
일이 있으면 급히 가서 보살펴주어야 한다. 본래는 영주가 해야 할
일이지만 부하가 분담하는 것이다.

특히 흉작 기근이 든 경우에는 자진하여 빈민 구제를 위해 합력해
야 한다. 합력이란 쌀과 돈을 모으는 것을 말한다.

이를 위해서는 평소에 자신의 씀씀이를 절약하거나 혹은 가업을
확대해 상당한 보유금을 준비해 둘 필요가 있다.

종종 실시되는 빈민 구제를 위한 합력은 '양가'에 무시할 수 없는
것이었다. 그러나 앞에서도 적었듯이, 경영 수완의 차이로 나가사
와 씨 집안에서는 합력을 많이 해도 꿈쩍도 하지 않았지만, 이노 씨

집안은 엄청난 타격을 입었다. 그 때문에 가세가 몹시 기울어 에도에 있는 점포를 나가사와 씨 집안에 양도한 적도 있었다.

나가사와 씨 집안과 이노 씨 집안 사이에 부의 정도는 점차 차이가 나기 시작하고 있었다. 그뿐만이 아니었다. 나가사와 측은 경영 수완이 좋아 사업이 번창했고, 흉작 기근 때는 많은 양을 합력한 덕분에 지역주민이 기뻐했다.

"이노 씨 집안에 비하면 나가사와 씨 집안이 씀씀이가 좋아."
라고 소문이 났다. 이를 두고,

"사와라 지방에서의 나가사와 씨 집안의 선행"
이라고 해서, 에도의 효죠쇼評定所, 최고재판소 앞에 설치된 메야스바코目安箱, 투서함에 투서하는 자가 있었다. 막부 수뇌부는,

"요즘 들어 보기 드문 일이로다."
라고 감동하여 나가사와의 호주를 불러들였다.

"자네 1대에 한하여 타이토帶刀, 허리에 검을 차는 것를 허락한다. 나아가 자자손손까지 성씨를 쓰도록 특별히 허락한다."
고 했다. 선행의 포상으로 은 10장도 주었다. 대단한 명예다.

이후, 나가사와 씨 집안의 호주는 당당하게 '나가사와'라는 성씨를 쓸 수 있게 되었다. 공식행사에 출석할 때는 반드시 검을 찼다.

일반적으로 무사 이외의 일본인이 성姓씨를 쓸 수 있게 된 것은 메이지유신1868년 이후라고 하지만, 실제로는 그렇지 않다. 에도시대에도 무사 이외의 사람 중에 성씨를 가진 이는 많이 있었다. 다만, 공식적인 자리에서는 쓸 수 없었다.

이노 씨 집안도 성씨는 있지만 공식적으로는 밝힐 수 없었다. 이것은 나가사와 씨 집안 쪽도 같다. 때문에 현지에서는 '사와라의 양

가'라고 해도 공식적으로는 이노 씨 집안 호주나 나가사와 씨 집안 호주도,

"농민 사부로우에몬"

"농민 지로우에몬"

이었다. 따라서 나가사와 씨 집안 쪽이 성씨를 자손 대대로까지 써도 좋다고 했으므로 앞으로는 옛날부터 가지고 있었지만, 공식적으로 사용할 수 없었던 성씨를 자랑스럽게 세상에 내놓을 수 있도록 인정받게 된 셈이다.

한편, 이노 씨 집안 쪽은 '이노'라는 성씨를 가지고 있어도 아직 그런 허가를 받지 못했으므로 모든 공식문서와 공식장소에서 자신의 이름을 댈 경우에는,

"농민 사부로우에몬"

이라고 할 수밖에 없었다.

이렇듯 재정 면에서도 차가 벌어지고, 동시에 집안의 격^{門閥}에서도 이노 씨 집안은 나가사와 씨 집안과 점점 격차가 나기 시작했다. 다다타카가 데릴사위로 들어갔을 때는 이러한 사정도 있었다. 따라서 이노 씨 집안 일족이 다다타카에게 기대하는 것은 이노 씨 집안의 재정을 재정비함과 동시에 문벌을 나가사와 씨 집안보다 하루 빨리 따라잡아, 가능하다면 추월해주었으면 하는 기대가 있었다.

데릴사위인 다다타카에게 그렇게 간곡히 말한 사람은 분가한 이노 시치로우에몬이었다. 일단 자신의 양자로 삼았던 히라야마 도우에몬도,

"사정이 그렇다네. 야무지게 해주시게."

라고 격려했다. 다다타카로서는 그다지 마음에 와 닿는 이야기는 아

이노 다다타카

니다. 재정 정비도 쉽지 않은데,

"하루 빨리 나가사와 씨 집안의 격을 따라잡아 추월하도록 하라."

고 해도 도대체 무엇을 어떻게 해야 좋을지 짐작이 가지 않았다. 다다타카는 마음속을 잘 드러내 보이지 않는 성격이므로,

"알겠습니다. 노력하겠습니다."

라고 대견스럽게 대답했다. 다다타카에게 국한되지는 않겠지만, 이러한 사정을 안고 있는 집에 사위로 들어가는 사람은 나쁜 말로 하면 '계략'으로 비치기 십상으로, 아내가 되는 여성과의 애정은 둘째 문제다.

우선 능력이 문제시된다. 그런 의미에서 다다타카는 미지수였다. 어쩌면 오히려 마이너스로 평가되었을지도 모른다.

"언제나 하늘의 별만 쳐다보고, 주판을 만지작거리며 하늘과 땅의 거리를 계산하는 것에만 몰두하는 사내다."

말하자면 현실을 벗어난 인간으로 여기고 있었다.

신부가 된 미치가 혼인 초에 신랑인 다다타카를 천대했다는 이야기가 남아있다는 사실은, 다다타카를 대하는 미치 자신의 감정이 친척 모두가 가지고 있던 평균적인 선입견에 지배를 받고 있었다는 의미일 것이다. 그것은 당연하다. 친척은 아주 가끔만 다다타카와 만난다. 그러나 미치는 늘 함께 있어야 한다.

〈과연 서방님은 어떤 사람일까?〉

이는 미치에게 큰 문제였다. 또 그녀에게는 전남편의 아이도 있었다.

〈이 아이에 대해 서방님은 어떤 마음을 갖고 있을까?〉

이것도 걱정거리 중의 하나였다.

그러나 18세의 다다타카는 그런 것은 염두에 두지 않고 대담하게 극복했다. 쥬코는 남동생 같은 아이다. 다다타카는 극히 자연스럽게 행동하고 귀여워했다. 쥬코도 잘 따랐다. 미치는 안심했다. 다다타카는 미치가 연상인 탓도 있어서 마치 누나를 대하는 태도였다.

"나는 사와라 마을과 이노 씨 집안의 일은 아무것도 모릅니다. 아무쪼록 잘 가르쳐 주십시오."

첫날 밤, 다다타카는 이렇게 말하며 정좌하고 머리를 숙였다. 미치의 가슴은 뜻하지 않게 뭉클해졌다.

"그런 말씀은 거두어 주세요. 저야말로 많이 부족합니다. 아무쪼록 잘 부탁합니다."

미치도 이부자리에서 방바닥으로 내려앉아 정중히 머리를 숙였다.

태어나고 자란 고장이 아닌 탓에 마을 사정에 어두운 다다타카를 위해 친척들이 상담한 결과,

"당분간, 분가한 이노 시치로우에몬이 다다타카를 보좌한다." 고 결정했다. 다다타카는 고마웠다.

"무슨 일이든 혼자 해보게."

라고 내던져졌다면 견디기 힘들었을 것이다. 솔직한 다다타카의 태도에 시치로우에몬도 기쁘게 곁을 지켰다.

그러나 날이 갈수록 다다타카는 자신이 예상한 것 이상으로 시치로우에몬이 나가사와 씨 집안과의 차이를 마음에 두고 있다는 사실을 알 수 있었다. 마을의 상황과 이노 씨 집안의 재정에 관한 의견을 나누더라도 반드시 마지막에는,

"하루 속히, 나가사와 씨 집안을 따라잡아 주시게."

라고 덧붙이는 것을 잊지 않았다. 그것이 지금의 시치로우에몬에게

삶의 보람인 것 같았다. 그리고 그 모든 것을,

　"새로운 데릴사위가 실현해 줄 것이다."

고 믿어 의심치 않았다.

　어떤 말을 해도 반론하지 않는 다다타카의 태도에 시치로우에몬은 종종 성에 차지 않았지만, 그렇다고 다다타카가 상대방의 말을 흘려듣거나 하지는 않았다. 가만히 상대의 눈을 응시하며 때때로 고개를 끄덕였다. 결코 대화 중에는 끼어들지 않았다. 그에게는,

　"다른 사람의 이야기는 끝까지 들어봐야 한다."

는 원칙이 있었다. 이는 그가 어릴 때부터 천문학과 측량학에 관심을 가지고 일종의 합리정신을 익혀둔 탓이다.

　〈다른 사람의 이야기가 끝나지도 않았는데 알아들은 척하거나, 지레짐작으로 결론을 지어버리면 문제의 본질을 놓칠 수 있다.〉

　이것을 그는 이론이 아닌 감각으로 알고 있었다. 다다타카의 이와 같은 태도가 신기했던지 시치로우에몬은 어느 날,

　"자네는 마치 별 같은 데가 있어."

라고 했다.

　"별 같다구요?"

　되묻는 다다타카에게 시치로우에몬은 고개를 끄덕였다.

　"그렇다네. 별은 밤하늘에 빛나고 있지만 어딘지 모르게 차갑게 느껴지지 않은가? 별빛은 이 지상에 도달하지도 않고 저 위에서 사라져 버리지."

　다다타카는 미소를 지었다. 그리고

　"숙부님께서 재미있는 말씀을 하십니다."

고 대답했다.

그러나 다다타카는 그때 시치로우에몬이 한 말을 가슴 깊이 새겼다.

〈듣고 보니 분명히 그럴지도 모른다.〉
는 생각이 들었기 때문이다.

이 집안에 데릴사위로 들어오기까지 다다타카의 반생은 결코 행복했다고 할 수 없다. 그는 어릴 때부터 서러운 경험을 거듭해왔다. 거기에는 어른들끼리 사소한 일로 벌인 볼썽사나운 다툼이 허다했다.

〈그런 것쯤이야 아무래도 좋지 않은가.〉
어린 마음에도 그런 생각이 들 정도의 것을 어른들은 목에 핏대를 세워가며 언쟁을 벌였다. 싸움의 발단이 된 내용과 오고 가는 말이 듣기 거북하다. 그때마다 그의 마음속에 있는 나무통 안에 차가운 물방울이 뚝뚝 떨어졌다. 차가운 물방울은 일종의 무상관無常觀이나 다름없었다. 그 무상관의 물방울이 지금 마음속 나무통 안에 꽤 많이 고여 있다. 걸을 때마다 출렁이며 소리를 내는 것 같다.

그리고 그 소리를 들었을 때, 다다타카의 가슴속은 말할 수 없이 차가워진다. 차갑게 느껴진다기보다 냉정해진다. 사물의 실태가 보이기 시작한다. 사물의 진실이 드러난다. 마음속 나무통에 고인 무상관의 물은 다다타카가 어릴 때부터 세상을 보는 데 일정한 거리를 두게 했다. 객관성이다.

구주쿠리하마의 고세키 마을에서나 아버지의 본가인 진보 씨 집으로 돌아왔을 때도 어른들의 다툼은 여전히 계속됐다.

어슴푸레하게 이해할 수 있었던 것은 고세키 씨 집안에서는 재산

상속에 관한 것 같았고, 그에 대한 아버지의 상속인으로서의 부적격성이 논의되었던 것 같다.

진보 씨 집안에서도 비슷했다. 본래대로면 고세키 씨 집안의 재산을 잇고 독립해도 좋았을 텐데 처가에서 쫓겨난 것은 역시 아버지의 능력과 성격에 결함이 있었던 게 아닌가? 하는 식의 논의가 여러 번 있었다. 그때마다 아버지는 신경이 곤두섰다. 훌쩍 일어나 바둑을 두러 나갔다. 그런 고독한 아버지의 모습을 보고 있자면 아들인 다다타카의 마음은 말할 수 없는 슬픔으로 가득 찼다.

그런 일이 있던 날 밤이면 다다타카는 으레 밖으로 나갔다. 구주 쿠리하마의 고세키에서는 바다 가까운 곳으로 갔다. 좋아하는 장소가 있었다. 거기에서 하늘을 올려다보았다. 맑은 날은 주위가 캄캄하기 때문에 하늘에 별이 가득했다. 다다타카는 예전부터 알고 있었다.

"별은 절대로 가만히 있는 것이 아니다. 늘 이동하고 있다."

움직이지 않는다고 일컬어진 북극성조차 조금씩 이동한다.

"왜, 별은 움직이는 것일까?"

그러한 의문이 일었다. 또 배운 바로는, 지구는 매일 스스로 회전한다고 했다. 그렇다면 밤이 되었을 때 지구 위에 사는 인간은 발이 위로, 머리가 아래로 가 있어야 할 것이다. 그럼에도 머리로 피가 쏠리지 않고 보통의 일상생활이 가능한 것은 왜일까. 이처럼 어린애다운 의문이 꼬리에 꼬리를 물었다.

드디어 다다타카가 알게 된 사실은,

"이 세상은 균형으로 유지된다."

는 것이었다. 어떠한 이치로 그렇게 되는 것인지는 모른다. 그러나 현실에서 이 세상이 붕괴하지 않는 이상, 그것은 어떤 균형을 가진 힘이 작용하여 수많은 별과 지구, 달, 태양이 각각의 장소에서 살아 있는 것이다.

박식한 사람에게 물어보았더니, 별 중에는 이미 죽어버린 것도 있다고 한다. 그런데 별은 죽었어도 우주에 떠 있다. 그리고 태양의 빛을 받아 빛난다. 스스로 빛을 발산하는 별도 있다.

〈이상하다.〉

하늘을 올려다 볼 때마다 다다타카는 그렇게 생각했다. 비 오는 날에는 나가지 않았지만, 날씨가 맑으면 반드시 밖으로 나가 별을 보았다.

별들이 모여서 만든 별자리에 대해서도 몇 개는 알고 있었다. 남쪽 하늘에는 3개의 별이 언제나 사이좋게 조를 이루고 있다. 삼태성三太星, 오리온자리이라 불렸다. 그러나 그 삼태성도 눈여겨 보면 시간이 경과함에 따라 장소가 바뀐다. 혹은 3개의 별이 때에 따라 세로 또는 가로의 형태를 띤다. 북쪽 하늘에는 국자 모양의 북두칠성이 있다. 그 별의 어느 부분을 5배 연장해 가면 북극성에 도달한다고 배웠다.

별구름星雲은 아무리 보아도 질리지 않는다. 그리고 어두운 구주 쿠리하마와 고세키 마을은 지금처럼 네온사인이나 등불도 없다. 밤이 되면 짙은 어둠이 찾아온다. 그만큼 별들은 저마다 찬란함을 뽐낼 수 있다. 하늘은 이를테면 별들이 춤을 추는 공연장이었다.

이유는 알 수 없지만 별은 자신의 힘으로 혹은, 어떠한 힘에 의해 뿔뿔이 흩어지지 않고 둥근 대접을 엎어놓은 듯한 하늘에서 각각 살아갈 장소를 갖고 있다.

〈이상하다.〉

다다타카의 마음과 생각은 점차 '우주의 신비'로 나아갔다.

"이 세상을 지탱하고 있는 것은 신비한 것이다."

신비한 것이어서 논리적 판단으로 이해되는 것이 아니다. 그것을 인간의 지혜로 어디까지 헤아릴 수 있을까? 이 주제도 어릴 때부터 다다타카의 머릿속에 새겨져 있던 관심사였다.

하늘의 별에 관한 신비감은 그의 인생관에도 큰 영향을 주었다. 분가한 이노 시치로우에몬이,

"자네는 마치 별 같은 데가 있어."

라고 말한 것은 다다타카의 가슴속에 새겨진, 신비를 토대로 한 인생관을 감지했기 때문일지도 모른다. 그것은 이 세상에 대한 일종의 균형감각을 가지고 있다는 의미로, 결코 하나의 일에 빠져들거나, 혹은 감정에 치우쳐 진상을 잘못 보는 짓은 하지 않는다. 어디까지나 냉정하게 논리를 구사하면서 진실을 향해 다가간다. 그 박력은 빛나는 별빛과 같다. 예리하면서도 어딘가 냉정하다. 태양과 같은 정감은 없다. 그것이 시치로우에몬에게는 아쉽게 비쳤는지도 모른다.

이러한 이노 다다타카의 인생관은 영국의 소설가 서머셋 모옴이 쓴 《인간의 굴레》의 주인공과 매우 닮아 있다.

《인간의 굴레》는 아주 오래전에 나카노 요시오中野好夫가 번역 출판하여 일본에 소개되었다.

주인공은 필립이다. 필립의 어린 시절부터의 정신의 궤적을 다룬 소설이다. 필립은 어느 날, 어떤 사람의 영향을 받아 하나의 인생관을 세우는 대목에서 이 소설은 끝이 난다. 필립에게 영향을 준 인물은 크론쇼라는 방랑철학자였다. 이 인물은 독특한 인생관을 가지고 있었다. 크론쇼는 어느 날 필립에게 이노 다다타카가 느낀 것과

비슷한 내용의 말을 한다.

"이 우주는 불가사의한 힘에 의해 균형을 유지한다. 많은 별이 항성과 혹성으로 나뉘어 각각의 궤도를 찾아간다. 그러나 공중 충돌을 일으킬 우려는 없다. 어떤 힘이 정합성을 이루고 있기 때문이다.

인간은 그 우주의 일개 혹성에 태어난 작은 존재일 뿐이다. 크고 작은 사건이 벌어진들 거기에 무슨 의미가 있겠는가? 이 지구에서 어느 때인가 조건이 성립하여 인간이 태어났다. 또 조건이 성립하면 죽는다. 그 반복이다. 생명이 있는 것은 모두 그렇게 반복하고 있다. 시시한 것을 끙끙대고 고민해봐야 아무 소용이 없다……"

기억나는 대로 나열했기 때문에 문장이 딱 떨어지지는 않을 것이다. 필자가 청년 시절에 이 책을 읽었을 때 대강 위와 같이 받아들인 것 같다.

또 크론쇼는 이런 말도 했다.

"인간의 일생은 페르시아 양탄자를 짜는 것과 같다. 인간은 각자 자신이 좋아하는 실을 선택한다. 그리고 중요한 것은 어떤 실을 사용하여 어떤 양탄자를 짤 것인가와 일하면서 생명을 연소시키고 있을 때다.

다 짠 양탄자가 어떤 작품이 될지, 어떤 가격에 팔릴지는 생각할 필요가 없다. 인간에게 중요한 것은 양탄자를 짜고 있을 때의 격렬한 생명의 연소 상황이다."

이것도 정확한 문장이 아니지만 이렇게 기억하고 있다.

이 책은 상하 2권이었는데, 나카노 선생은 하권의 해설에서,

"이러한 인생관은 밑바닥이 얕다."

라고 딱 잘라 말했다. 그러나 어떤 사람들에게는 매력 있는 사고방

식이다. 요컨대 어릴 때부터 자기 자신에게 원인이 있어서가 아니라, 까닭 없이 고통을 강요당한 사람들에게,

"인간이란 우주의 일개 혹성에 조건이 성립하여 생겨난 벌레와 같은 존재다. 그런데 무엇 때문에 전전긍긍 날마다 괴로워하는가?"라고 같은 말은 큰 힘이 된다.

"그런가, 그렇다면 나도 살아있어서 다행이다."
라고 생에 대한 자신감과 격려를 받지 않을까? 또,

"인간의 일생은 페르시아 양탄자를 짜는 것과 같다. 한 사람 한 사람이 좋아하는 실을 선택하여 계속 짜나가면 된다. 중요한 것은 짜고 있는 과정이며 결과는 중요하지 않다. 양탄자를 짜고 있는 과정이야말로 생명을 불태워 얻는 성취감이다. 어떤 양탄자가 완성되고, 어떤 가격에 팔릴 것인가는 전혀 생각할 필요가 없다."
라는 사고방식도 큰 격려가 된다. 이 점은 현재 일본에서 자주 말하는 '생애 학습'에 빗대어 생각할 수도 있다. 다시 말하면,

"생애 학습의 목적은 그때그때 어떤 문제에 대해 노력하는 상황이 중요한 것으로, 그 노력하는 상황이야말로 생명을 불태워 얻는 성취감이라 할 수 있다. 그 성취감을 얻는 것이 중요한 것이지, 무엇을 완성하고 무엇을 만들어 내는가는 문제가 되지 않는다."

작가인 필자의 사적인 일에 이 사고방식을 적용하면,

"글 쓰는 사람은 글을 쓰고 있을 때가 가장 중요한 것이지, 완성된 작품이 어떤 평가를 받을지는 생각할 필요가 없다."
는 것이 된다. 작품은 그 나름의 운동법칙을 가지고 홀로 걷기를 한다. 스스로는 어떻게 할 수 없다. 타인이 결정하는 것이다.

이것은 일종의 정신 해방론이다. 다양한 인간세계에서 속박에

묶여 있는 사람을 위해 그 질긴 끈을 모조리 끊어낸다는 의미다.

하물며 우주를 상대로 살아가고 있는 다다타카의 경우, 인간세계의 얼기설기 번잡한 일은 다른 사람이 어떻게 생각하든 그 자신에게는 큰 문제가 아니었다.

"우주의 운행과 비교하면 인간세계의 사건 등은 아무것도 아니다." 라는 시각을 갖고 있었다.

그러나 이는 잘못된 판단이었다. 그런 경우를 다다타카는 그 후 여러 번 경험하고 뼈저리게 깨닫게 된다.

그 첫 사건이 사와라의 고즈덴노牛頭天王 축제 때의 수레 사건山車事件이었다.

지도자로서 훌륭한 위기관리 능력

지역의 촌락공동체에서 제일 중요한 행사는 뭐니 뭐니 해도 제례祭禮다. 사와라에서 제일 큰 축제는 고즈덴노牛頭天王 신사의 축제였다. 고즈덴노 석가탄신지와 연관된 기온정사의 수호신를 기리는 신사는 특별히 '기온祇園'이라 부른다. 교토京都의 야사카八坂 신사가 '기온'이라 불리는 이유도 제사를 지내는 신이 고즈덴노이기 때문이다.

다다타카가 궁지에 몰리게 된 사건은 1769년의 고즈덴노 신사의 제례 때였다. 그의 나이 25세 때의 일이다.

이 무렵, 데릴사위로 들어간 다음 해인 1763년에 장녀 이네稻가 태어났고, 22살이 된 1766년에 장남 가게타카景敬가 태어났다. 미치가 낳은 전남편의 아들은 이네가 태어난 해에 죽었다.

1764년부터 1789년에 걸쳐 각 지방의 여기저기에서 천재와 인재가 발생해 농민들이 힘들어했다. 사와라에서도 1766년 이후 흉작이 계속되었다. 다다타카는 이재민 구제를 위해 상당한 합력合力, 쌀과 돈을 기부함을 했다.

그런 힘겨운 상황이었기 때문에 사와라 마을에서는 무라야쿠닌村役人, 마을의 공무를 맡아보던 공무원들이 한데 모여 회의를 하고 5월 중순에 각 마을에 회람을 돌렸다.

"근래에 작물 생산이 부진하여 농민이 어려움에 처해 있다. 그에 따라 상인들도 불경기로 어려움을 겪고 있다. 이런 때, 제례를 치른다고 야단법석을 떠는 일은 상황에 맞지 않다. 모두에게 민폐를 끼치게 된다. 그러므로 검약에 유념하여 화려한 수레 장식 등은 자제하도록 하자."

그러나 불경기일수록 울적한 기분을 발산하고 싶은 것이 인지상정이다. 각 자치회 사람들은 무라야쿠닌의 회람 지시를 지키지 않았다. 마음 내키는 대로 축제 수레를 꾸밀 화려한 장식[3]을 만들기 시작했다.

당시의 장식물은 현재처럼 전문기술자가 만드는 것이 아니라 마을 사람들이 각자의 생각대로 근처에서 손쉽게 구할 수 있는 짚과 대나무와 우뭇가사리 등을 원재료로 하여 손으로 직접 만들었다. 장식도 국화, 고양이, 호랑이, 씨름 등을 곁들인 것으로, 후세처럼 진무神武 천황[4]과 닌토쿠仁德 천황[5], 스사노오노미코토일본의 신, 구스노키 마사시게楠木正成[6] 등은 출현하지 않았다. 이러한 것이 나오기 시작한 것은 아마도 메이지 이후였을 것이다.

당시, 사와라 마을의 제례를 도맡아 관리한 것은 '양가'였다. 즉 이노 씨 집안과 나가사와 씨 집안이다. 이노 씨 집안은 다다타카가 대를 이어 아직 젊다. 그리고 나가사와 씨 집안도 선대가 죽은지 얼마 되지 않아 젊은 주인이 대를 이었다. 다시 말하면, 이 해의 제례

---

3   축제 때 기악을 울리며 끌고 다니는 장식 수레.

4   일본의 초대 천황(기원전 711~585).

5   일본의 제16대 천황(257~399). 대륙문물을 수입하고 인정(仁政)을 펼쳤다.

6   가마쿠라시대 말기 남북조시대의 무장. 고다이고(後醍醐) 천황을 도와 무신정권인 가마쿠라 막부를 멸망시키는 데 공을 세운 인물로, 천황에 대한 충성심의 상징적 존재이다.

는 젊은 두 명의 나누시가 도맡아 관리했다. 그 때문에 마을 사람들도 좀처럼 말을 듣지 않았다. 특히 이노 다다타카에 대해서는 그 실력을 알 길이 없었다.

　"다른 지역에서 온 데릴사위가 뭔 말이 많아."
라는 감정도 있었을 것이다. 지역사회에서 소문은 빠르게 퍼지기 마련이다.

　"이노 씨 집안의 사위는 항상 하늘의 별만 쳐다보고 있는 사내라더라."

　그런 다다타카를 별난 사람 취급하는 소문도 꽤 많이 돌아다녔을 것이다. 그렇다면 다다타카로서는 처음으로 맡게 된 제례 일이 마을 사람들에게는 '그의 실력을 확인할 기회'로 비쳐졌을 것이다.

　축제를 분에 넘치는 일 없이 검소하게 치르자는 데는, 나가사와 씨 집안의 새 주인도 동감하는 바였다. 때문에 두 사람이 내린 지시를 따르지 않고, 마을 사람들이 각 자치 단위로 매우 화려한 장식물을 만들고 있는 것에 대해서 불편한 마음을 감출 수 없었다.

　그런 장식을 한 축제 수레를 내보내는 것은 관례가 있어서,

　"올해는 어느 마을이 가장 먼저 나설 것인가."
라는 규칙이 정해져 있었다. 그런데 관리를 맡은 두 사람이 젊기 때문에 지역 전체의 분위기가,

　"두 곳 중에 어느 축제 수레가 가장 먼저 나올지 알 수 없다."
라는 긴박한 분위기가 감돌았다. 두 사람은 당황했다 그래서 급히 상의하고 나서,

　"각각의 조에게 절대 제멋대로 축제 수레를 내보내지 않도록 설득합시다."

라는 결론에 이르렀다. 담당 지역은 이노 다다타카가 혼쥬쿠 조本宿組, 나가사와 쪽이 하마쥬쿠 조浜宿組였다. 젊은 호주는 각각 서로를 의식했기 때문에,

"우리는 절대 축제 수레를 내보내지 않겠다."

며 단단히 마음먹었다. 이노 다다타카는 신기하리만큼 설득력이 좋았던 모양이다. 지역 주민들이 상당한 열기를 품고 한때는,

"이노 씨 집안의 새 사위 말을 누가 들어!"

라고 위협적인 사람들조차 그의 설득을 받아들이고 선선히 자신들의 생각을 꺾었다. 혼쥬쿠 조 측의 축제 수레는 딱 멈춰 서서,

"무라야쿠닌의 지시를 기다리자."

며 진지해졌다.

오후 3시경, 혼쥬쿠 조의 젊은이가 이노 다다타카의 처소로 달려 왔다.

"하마쥬쿠 조가 약속을 깼습니다!"

"뭐라고!"

깜짝 놀란 다다타카는 혼쥬쿠 조의 지역으로 달려갔다. 젊은이가 말한 것은 거짓이 아니었다. 이미 하마쥬쿠 조는 축제 수레를 강변으로 끌고 나와 떠들썩한 장단에 맞추어 큰길로 나아가고 있었다. 다다타카는 화가 난 얼굴로 나가사와 씨 호주에게 따졌다.

"조금 전에 약속하지 않았습니까! 지금 도대체 뭐 하는 짓입니까?"

나가사와 씨 집안의 호주도 분명히 약속한 일이라 연신 사과했다. 그러나 혼쥬쿠 조의 조원들은 나가사와 씨 집안의 호주가 사과한 것만으로는 성이 풀리지 않았다.

"우리도 장식 수레를 내보냅시다!"

이렇게 우겨댔다. 다다타카가 깜짝 놀라,

"그것만은 하지 말아 주시게!"

라고 부탁했다. 양쪽이 축제 수레를 내보낸다면 큰길에서 서로 세차게 부딪칠 것은 불 보듯 뻔하다. 큰 싸움으로 번져 유혈 사태가 일어날지도 모른다.

다다타카는 필사적으로 자신이 관리하는 혼쥬쿠 조의 조원들을 설득했다. 그러나 혼쥬쿠 조원들은 납득할 수 없었다. 어디까지나 하마쥬쿠 조가 축제 수레를 먼저 내보낸 것에 대해 억울하고 못마땅해 하며,

"수습하시오!"

라고 아우성쳤다. 다다타카는 지금이 결단할 때라고 생각하고 나가사와 씨 집안의 호주를 향해,

"미안하지만 당신과는 의절하겠소."

라고 선언했다. 이 말에 소동을 부리고 있던 혼쥬쿠 조의 조원들도 깜짝 놀랐다. 그러나 제일 깜짝 놀란 사람은 물론 나가사와 씨의 호주다.

"의절!"

"그렇소"

"그런 사례는 여태까지 없었소."

"내가 처음으로 만들려는 것이오. 그렇지 않으면 우리 조원들을 진정시킬 방법이 없소."

"이런 일을 당하면 나가사와 집안의 체면이 서질 않소. 의절만은 말아 주시오."

"그렇게는 할 수 없소, 이 사건은 그 나름의 의미가 있소."

다다타카는 물러서지 않았다. 이 대목은 분가한 이노 시치로우에몬이,

"기 하나는 쎄 가지고……"

라고 감상을 표현한 것과 결부된다.

나가사와 씨 집안의 호주는 보기에도 비참한 표정이 되었다.

자신의 집안은 이미 막부로부터 묘지타이토苗字帶刀, 평민에게 성씨를 쓰게 하고 칼을 차게 한 일를 허락받았다. 선행을 칭찬받고 포상으로 은 10장도 받았다. 공식행사 때에는 언제라도 성씨를 댈 수 있고 검을 찰 수 있다. 오늘도 그렇다. 나가사와 씨 집안의 호주는 무사의 예복을 입고 허리에는 작은 호신용 검을 차고 있었다. 당당히 '나가사와 지로우에몬'이라 이름을 대고, 여러 지시를 하고 있었다. 그런데 지금, 아직 농민 산지로우에몬이라고 밖에 이름을 댈 수 없는 이노 씨 집안의 호주에게 의절을 통고받았다. 이런 불명예스러운 일은 없다.

그러나 이노 다다타카는 수습하는 자의 말도 듣지 않았다. 가슴 밑바닥에서는,

〈지금 와서 무얼 더 말하겠는가.〉

라는 마음도 들었다. 이렇게 해서 이노 다다타카는 제례 사건으로 '양가'의 한쪽에 의절을 통고하고 말았다.

그러나 그날, 다다타카는 생각했다.

〈자신에게도 반성할 부분이 많다.〉

그것은 구주쿠리하마의 고세키 마을을 떠나 온 이후, 쭉 하늘을 보고 정립해 온 인생관이 큰 소리를 내며 허물어졌기 때문이다.

* 마을에는 마을의 삶이 있다.
* 그것이 어떤 불합리한 것이라 할지라도, 마을 사람은 그것을 절대적인 것으로 지켜내려 한다.
* 그 관습에는 역사적 시간의 축척이 있어서 하루아침에 깨트릴 수 없다.
* 지역에는 그것이 한 개가 아니라 많다. 이번 제례 사건도 그 하나다.
* 그 점에서 나는 사와라 마을에 온 이후, 이곳의 여러 관습에 대해 아무 지식도 없다. 동시에 그것을 알려는 적극적인 노력도 하지 않았다.
* 이번 사건은 자신이 그러한 노력을 게을리한 결과에서 비롯된 것이다.

라고 생각했다. 그러고 보니, 나가사와 씨 집안의 호주에게는 잘못이 없다. 다다타카 자신이 이와 같은 반성을 한다면 다다타카 스스로 벌을 받아야 한다. 그러나 그것은 불가능하다. 불가능한 것 또한 이 세상의 관습이다.

논리에 모순이 있더라도 화가 난 혼쥬쿠 조원들의 고집을 가라앉히기 위해서는 본의 아니게 나가사와 씨 집안의 호주와 의절하지 않으면 안 된다. 설사 새로운 사례를 만들면서까지 혼쥬큐 조의 금지를 지키지 않는다면 나누시로서 다다타카의 존재의의는 없어진다.

이 세상도 부정합으로 가득 차 있다. 그 부정합을 어떻게 정합해 가는가가 소위 정치력이다. 나누시에게는 이것이 요구된다. 정합할 수 없었던 탓에 결국 의절이라는 비상 수단을 취하여 위기를 회피해야만 했다.

정말이지 이 일은 뒤끝이 안 좋았다.

그러나 이 사건으로 이노 다다타카는,

"무슨 일을 하든 지역의 오래된 관습에 대해서는 옳고 그름을 따지지 말고 반드시 꿰뚫고 있을 필요가 있다. 그러기 위해서는 먼저 옛 기록을 살펴 보아야 한다."

고 느꼈다. 이 깨달음은 그 후 다다타카의 삶의 태도에도 큰 영향을 주었다. 이는 그가 '기록에 의한 실증주의'의 중요함을 깨달았음을 의미한다. 그것은,

* 오래된 기록을 읽고 사실을 파악한다.
* 다음 세대가 참고할 수 있도록 지금 일어나고 있는 일을 정확히 기록하여 남긴다.

라는 두 가지 사항에 노력하겠다고 마음먹었다. 이를 더욱 절실히 느끼게 할 사건이 지속적으로 일어났다. 그것이 '사와라 강변 사건佐原邑河岸一件'이다.

사건은 다다타카가 28세가 된 1772년에 일어났다.

그리고 이 해는 이미 쇼군의 소바요닌側用人, 쇼군(将軍)의 근시(近侍)으로 권세를 장악하고 있던 다누마 오키쓰구田沼意次가 로쥬老中, 쇼군 아래의 최고위직가 된 해이기도 하다. 그 유명한 다누마 정치의 막이 화려하게 열리던 해에 해당한다.

3장 : 새로운 「나」의 발견

다누마 오키쓰구田沼意次[1]의 치세에 대해 후세 사람들은 '더러운 정치'라 일컬었다. 다누마를 풍자한 다음과 같은 시가 있다.

논과 늪까지 더러워진 세상을 다시금
맑게 하는 시라카와의 물[2]

'시라가와의 물'이란 오슈奧州, 후쿠시마 현 시라가와 번주 마쓰다이라 사다노부松平定信[3]를 가리킨다. 마쓰다이라 사다노부는 교호亨保 개혁을 전개한 도쿠가와 요시무네德川吉宗의 손자에 해당한다. 요시무네는 기슈 와카야마紀州和歌山 출신이었던 까닭에,

"앞으로 쇼군将軍, 막부의 실권자은 전부 나의 혈통이 잇도록 하고

---

1 막부의 재정 적자를 줄이기 위해 중상주의 정책을 채택했지만 이윤이 적은 농민이 도시로 몰려든 탓에 농촌이 황폐화 되었다. 메이와 대화재, 아사마산 대분화 등의 재해로 피폐화된 농촌은 덴메이 대기근 때 식량난과 전염병 등을 겪어야 했다. 이에 대한 다누마의 대책이 실패함에 따라 오히려 사태가 악화되었다.

2 원문: 田や沼や 濁れる御世をあらためて / 清く澄ませ 白河の水.

3 시라카와 번의 3대 번주다. 덴메이 대기근에 잘 대처하여, 번 내에서 굶어 죽은 사람이 없었다고 한다. '간세이 개혁'을 실시하여 막부정권을 재건하고 국가의 기강을 잡기 위해 노력했다.

싶다.”

고 생각했다. 그리하여 새로운 두 가문을 일으켰다. 다야스田安 가문과 히토쓰바시一橋 가문이다. 이에 더해 요시무네 아들 세대에 이르러서는 시미즈淸水 가문이 만들어진다. 이들 가문을 오와리尾張, 기슈紀州, 미토水戶라 일컬어지는 ‘고산케御三家’에 견주어 ‘고산쿄御三卿’라 했다.

다야스 가문은 그 고산쿄의 필두 가문이 된다. 다야스 가문에서 태어난 사다노부는 어릴 때부터 총명하고 인품이 고결하다는 소문이 자자했다.

항간에는,

“다야스 사다노부 선생은 머지않아 쇼군이 되실 분이다.”

라는 소문이 돌고 있었다. 이 소문에 트집을 잡은 이가 히도쓰바시의 호주 하루사다治済였다. 하루사다는,

“내 아들 이에나리家斉를 쇼군으로 앉히고 싶다.”

는 야망을 가지고 있었다. 따라서 다야스 사다노부의 존재는 그에게 방해가 되었다. 그래서 쇼군의 소바요닌側用人[4]으로서 큰 힘을 발휘하기 시작한 다누마 오키쓰구와 의논해 다야스 사다노부를 갑자기 오슈 시라가와의 마쓰다이라 집안의 양자로 보내버렸다. 당사자의 의사를 무시한 강제적인 방법이었다.

다야스 사다노부는 이렇게 성가신 존재가 되어 결국 내쫓겨 쇼군이 될 자격을 잃었다. 그러나 시라카와에서 깨끗한 정치를 한 덕분에

---

4 에도 막부의 직명. 측근의 무리를 감독하며, 쇼군의 명령을 로쥬(老中)에게 전달하고, 로쥬의 의견을 쇼군에게 전하는 역할을 했다.

'시라카와의 물'이라 일컬어졌고, 더러운 다누마 정치를 정화할 수 있는 인물로 모든 이의 기대를 한 몸에 받았다.

그러나 다누마 정치는 오염된 측면만을 들어 비판하기에는 아쉬운 데가 있다. 경제정책은 오늘날에도 참고할 만한 일을 많이 실시했기 때문이다.

에도시대를 통해 도쿠가와 막부와 다이묘 집안의 경제정책은 모두 '쌀 경제'였다. 매년 오사카大阪로 쌀을 반입하여, 도지마쌀거래소堂島米会所[5]의 쌀 시세로 다른 물가를 결정했다. 그러나 현실에서는 화폐경제가 척척 진행되고 있었다. 그에 따라 상인의 힘이 강해지고 있었다.

"오사카 상인이 한 번 화를 내면, 전국의 다이묘가 사시나무 떨듯 떤다."

는 말까지 나왔다. 상인 중에도 재력이 있는 사람은 금융업에 손을 뻗어 '다이묘를 상대로 한 고리대업'도 시작하고 있었다. 다이묘들은 거액의 빚을 지고 상인들에게 고개를 들 수 없었다.

그럼에도 도쿠가와 막부와 다이묘 가문은 시대에 뒤처진 '쌀 경제'라는 경제정책을 바꾸려 하지 않았다.

그러나 다누마 오키쓰구는 이 '쌀 경제'를 개선했다. 먼저 그의 정책은,

* 쌀 경제를 화폐 경제로 바꾼다.

이는 중농주의를 중상주의로 전환한다는 의미다. 그리고,

---

5 도쿠가와 막부 시절 일본에 있던 세계 최초의 선물 거래소.

* 국내 자원을 재검토하여 부가가치를 늘리는 노력을 한다.
* 나가사키長崎에서의 무역을 활성화한다. 경우에 따라서는 네덜란드와 중국 2개국으로 제한한 대상국對象國, 어떤 일의 상대가 되는 나라을, 영국과 러시아와 프랑스까지 확대한다.
* 논밭을 새로 개발한다. 이를 위해 황무지를 개간할 뿐만 아니라, 메 마른 늪을 매립한다. 데가手賀 늪과 인바印旛 늪을 대상으로 한다.
* 매립은 상인합동기업체에 의해 실시한다. 자금을 댄 상인에게는 새로 개간한 논밭에서 생산된 수확물의 일부를 준다.
* 상업 활동은 적극적인 상인에 의한 동업조합株仲間[6]을 장려한다. 동업조합에는 운상금運上金, 세금을 부과하고, 또 명가금冥加金, 상공업자에게 부과한 영업세을 헌납하도록 명한다.

라는 획기적인 것이었다.

믿을 수 없는 일이지만, 에도시대는 상인에게 세금을 부과하지 않았다. 소득세라든가 법인세라든가 사업세 같은 것이 없었다. 그것은 유학儒學에서 영향을 받은 신분제에 바탕을 두고 있다. 에도시대는 직업에 대해 다음과 같은 사고방식이 유지되고 있었다.

무사: 농민, 상인, 기술자들 소위 삼민三民에 대한 정치를 한다.
농민: 땅을 경작하고 쌀 이외의 농작물을 생산하는 존재.
기술자: 농민이 필요로 하는 농기구와 무사·서민이 필요로 하는

---

6 도매상 등이 일종의 조합을 만들어 카르텔을 형성함을 의미한다.

생활 공구를 생산하는 존재.

상인: 스스로는 아무것도 생산하지 않고 타인이 생산한 물건을 움직여서 이익을 얻는 존재.

이른바 사농공상士農工商이라는 사고방식이다. 따라서 이 생각에 얽매이는 이상, 상인은 사회에 제일 열악한 위치에 놓여,

"돈을 취급하는 미천한 존재"

로 봤다. 때문에 아무리 가난해도,

"무사는 굶어도 배부른 체."

시미치를 떼며 상인을 업신여기고 있었던 것이다.

그렇지만 실제 형편은 상인에게 돈을 빌려 쓰고 언제 갚을 수 있을지 골치를 앓다가, 상인이 독촉하면 무턱대고 굽신거리며 변명을 할 수밖에 없는 입장에 내몰렸다. 그러한 상황은 긍지 높은 무사에게 더욱더 굴욕감을 주었다.

이러한 신분제도를 유지하는 이상, 업신여김의 대상인 상인에게 세금을 부과하는 일은 불가능했다.

세금을 부과하면,

"부정하고 있던 상행위를 긍정하는 셈이 된다."

는 이유다. 실로 어처구니없는 이치다.

다누마 오키쓰구는 이러한 생각을 버렸다. 발상의 전환이다.

"사회의 현실은 상인들의 재력으로 움직이고 있다. 무시할 수 없다. 그렇다면 상인의 활동을 인정하고 세금을 납부하게 해야 한다."

고 생각했다. 그는 허가받지 않고 일하는 매춘부에게까지 운상금

을 부과했다고 한다. 이렇게까지 하는 그에게 막부 사람들도 기가 막혀,

"너무 과한 것 아닌가?"

라고 충고했다. 그러나 다누마는,

"말은 그렇게 해도, 현실적으로 에도 마치부교쇼町奉行所, 도시 지역의 행정·사법·치안 따위를 담당하던 곳에서 몰래 일하는 매춘부를 단속하지 않는 것은 그런 곳을 필요로 하는 손님이 있기 때문이다. 사실은 사실로서 인정하라."

고 잘라 말했다. 매우 명쾌한 사고방식을 가진 정치가였다.

이러한 현실 중시와 중상주의를 취하는 이상 다누마로서는,

"상인에게도 세금을 부과해야 한다."

고 생각한 것이 당연한 일이었다. 그러나 과세 객체를 상인 개인이 아닌 동업조합으로 삼은 것은, 결국 지금으로 말하면 합동조직을 징수의무자로 지정한 것을 의미한다. 동업조합에,

"너희 동료들은 이만큼의 세금을 납부하라."

고 명했다. 이것이 '운상금'이다. 이외에도 다누마는,

"상인이 장사로 이익을 얻게 되는 것도 그 몸이 명가冥加, 신불에 의한 가호여서 그리되는 것이므로 사례금으로서 명가금을 내라."

고 명했다. 운상금 외에 동업조합은 명가금도 냈다. 지금으로 말하면 정치헌금이다. 운상금은 막부가 강제적으로 징수하는 것이고, 명가금은 상인이 자발적으로 내는 세금이다. 어느 것이나 획기적인 것이었다.

다누마 오키쓰구의 이 경제정책이 사와라 마을에 미치게 된 것은 다누마가,

"일본의 모든 하천에서 수운水運의 기지가 되는 강변에는 그 나름의 이익이 생긴다. 운상금을 납부해야만 한다."

라 명했기 때문이다. 물론 일본의 모든 하천이라 해도 다이묘의 개인적인 영토는 어쩔 도리가 없다. 소위 덴료天領라는 막부직할지에 한한다. 때마침 사와라 마을은 하타모토旗本의 영지로 되어 있었다. 이것은 막부의 영지다. 그 때문에 사와라도 새롭게 운상금을 부과할 대상이 되었다.

소위 덴료라 불리는 막부 영지에는 각각 다이칸 사무소를 두어 다이칸代官이 부임해 있었다.

다누마 오키쓰구가 로쥬가 되고 얼마 지나지 않아, 사와라 마을의 넨반나누시年番名主, 간토지방에서 1년씩 교대로 근무하는 촌장에게 다이칸 사무소에서 통지가 왔다.

"이번에 강변의 운상금 조사를 해야 하므로 나누시, 구미가시라組頭, 나누시를 도와서 마을의 일을 맡아 보던 직/반장, 농민대표는 출두하라."

는 내용이었다. 이노 다다타카도 대표로서 다이칸 사무소에 출두했다. 다이칸은 이렇게 말했다.

* 이번에 새로운 정책으로 도네가와利根川 강변에 새로 강변중개업자를 공인하게 되었다.
* 그런데 공인한 강변중개업자에게 운상금을 징수할 것이다.
* 이번 호출은 이것을 위한 조사다.

---

7 무사는 한 명도 살지 않고 마을 운영은 주민자치에 의해 결정되는 경우가 많았다.

8 막부 직할 토지를 관할하고, 그 곳의 민정(民政)을 담당한 지방관.

이노 다다타카

사와라에서도 그동안 수운 사업을 해왔다. 강변에는 강변중개업자가 있어서 운반되어온 하물을 말수레를 이용해 다른 지역으로 옮기기도 하고, 혹은 육로를 이동해 온 하물을 배에 실어 보내는 등의 일을 한다. 이때 여러 수수료와 운임을 징수한다. 그리고 선주와 마부에게 그 운임을 건넨다. 곧바로 운반하지 않을 때는 하물을 맡긴다. 그러한 이유로 창고가 필요하다. 창고에 물건을 맡길 때는 보관료를 지불한다.

이러한 일은 재력이 없으면 할 수 없다. 자연히 사와라에서도 이노 씨 집안과 나가사와 씨 집안처럼 재력이 있는 상가가 창고를 세우고 이 일을 해왔다. 이를테면 비공인 강변중개업자였다. 그러나 다이칸의 통지에 따르면 앞으로는 막부의 공인이 없으면 (다이칸의 승인 없이) 강변중개업을 할 수 없게 된다.

"어떻게 할 것인가?"

다이칸 사무소를 나와 마을로 돌아온 다다타카는 무라야쿠닌들과 머리를 맞대고 의논했다. 문제는,

"운상금을 징수하게 되면 뱃삯과 창고보관료가 올라간다. 이래서는 그 일에 종사하고 있는 사람들의 이익이 적어져 부담을 감당할 수 없게 된다. 요금을 올리면 이번에는 물건을 사는 사람에게 피해가 간다."

는 등의 것이었다. 솔직히 말하면,

"사와라에서는 강변중개업의 공인을 받고 싶지 않다."

는 뜻이다. 그러나 이것은 자기중심적인 생각이다. 강변중개업을 공인받기 싫다고 하더라도 강변중개업은 계속할 심산이었다. 그렇게 하지 않으면 사와라 마을을 꾸려갈 수 없다. 그러나 그런 일을 막

부가 인정해 줄 것인가. 우물쭈물하고 있는 사이에 가까운 지역에서는 계속해서 공인 강변중개업자가 생겨났다. 연말이 가까워지자 미적거리는 사와라의 태도에 속을 태우던 다이칸은 간죠부교^{勘定奉行, 막}부의 민정, 소송, 재정 업무를 담당에게 고소했다.

"사와라에서는 강변중개업 공인과 운상금 납부에 반대하고 있습니다."

화가 난 간죠부교는,

"조속히, 사와라의 대표를 출두케 하라."

고 명했다. 아무도 대표가 되고 싶어 하지 않으므로 어쩔 수 없이 이노 다다타카와 나가사와 지로우에몬이 에도로 상경했다.

이때 다다타카의 의견에 따라 사와라 마을에서 취급하고 있는 품목을 전부 써 냈다. 다다타카가 제례 사건에서 느낀 '실증주의'의 일부가 이때부터 드러나기 시작한다. 간죠부교 사무소에 이 서류를 제출하고,

"보시다시피 사와라 마을에서 취급하는 물품의 양은 적습니다. 또 사와라는 도네가와 강에서 꽤 멀리 떨어져 있어 운상금을 납부할만한 강변이 아닙니다. 아무쪼록 운상금은 거두어 주십시오."

라고 탄원했다. 그러자 부교사무소에서는 이렇게 말했다.

"알겠다. 그러면 앞으로 사와라 마을은 가장 가까운 이웃 강변의 강변중개업자에게 하물을 취급하도록 하라."

사실상 사와라 마을에서의 수운 업무 금지를 명하는 내용이다. 이 결정에 대표 두 사람은 머리를 싸맬 수밖에 없었다. 사와라로 돌아와 다시 의논했다. 관계자들은 의견을 통일하여,

"이 기회에 나가사와 씨와 이노 씨가 공인 강변중개업자가 되어주었으면 합니다. 운상금 납부는 어쩔 수 없는 일인 것 같습니다. 그렇게 하지 않으면 사와라의 수운 업무는 모조리 정지당하게 됩니다."

이와 같이 부탁했다. 이노 사부로우에몬多忠敬, 이노 모자에몬茂左衛門, 이노 곤노죠伊能權之丞 그리고 나가사와 지로우에몬 4명에게 공인 강변중개업자가 되어주기를 청했다.

제례 사건 때 이노 다다타카는 나가사와 지로우에몬에게 의절을 선언했었다. 그러다가, 이노 곤노죠의 중개로 두 사람은 화해를 했다. 다다타카도 나가사와 씨 집안과 관계를 되돌려야겠다고 생각했기 때문에 곧바로 응했다. 그러나 그 응어리가 나가사와 씨 집안에 남아있었던 모양이다. 여러 사람이 의견을 모아 4인 대표가 공인 강변중개업자가 되기로 했지만, 곧 나가사와 씨 측에서,

"나는 빠지고 싶습니다."

그러자 이노 곤노죠도,

"나도 빠지겠소."

라고 말했다. 곤노죠는 미토水戸 가문에 연고가 있었기 때문에 그 연줄에 기대어 독자적인 공인 강변중개업자가 되려는 생각을 갖고 있는 듯 했다.

결국 이노 다다타카와 이노 모자에몬 두 사람이 공인 강변중개업 후보자로서 간죠부교 사무소에 출원 신청을 하기로 했다. 해가 바뀐 1월 27일, 다다타카와 모자에몬은 간죠부교 사무소로 출두했다. 다시금,

"공인 강변중개업을 허락해 주십시오."

라고 서류를 제출했다. 그러나 일이 진행되지 않고 있다가 마침내 2월이 되어서야 심의가 이루어졌다. 불려간 다다타카 등 두 명은 간조부교 사무소 관리에게 쓴소리를 들었다.

"전에 공인 강변중개업을 운영하라 명하고 운상금 납부를 요구했을 때, 너희들은 '사와라는 도네가와 강에서 멀고, 또 취급하는 하물도 적기 때문에 강변중개업을 하지 않는다'라고 하지 않았던가? 그런데 이번 서류를 보니 지금까지 강변중개업을 해 왔다고 적혀있더군. 이게 도대체 어떻게 된 영문인가?"

다다타카와 모자에몬은 서로 얼굴을 마주보았다. 다다타카도 궁지에 몰렸다. 대꾸할 말이 없었다. 강변중개업을 해온 것은 사실이다. 그런데 지난번 간죠부교 사무소에서,

"사와라 역참에서 강변중개업은 하지 않습니다."

라고 잘라 말한 것 또한 사실이다. 간죠부교 사무소의 관리는 더욱 위압적으로 나왔다.

"만약 너희들이 지금까지 강변중개업을 해왔다면 그 증거를 제시하라."

심보가 아주 고약했다. 그 관리로서는,

〈이놈들은 어떻게든 운상금을 모면하려고 이리저리 온갖 술책을 부리고 있군. 때문에 말만 번드르르하게 잘도 하는군. 괘씸한 놈들.〉

이라고 생각하고 있었기에 추궁은 혹독했다. 동시에 이노 다다타카와 이노 모자에몬이 공인 강변중개업을 하지 않아도 이미 다른 사람이,

"제가 강변중개업을 할 수 있게 허락해주십시오. 그러면 운상금을 2배로 납부하겠습니다."

라고 신청을 했기 때문이다. 대신할 사람이 있어 아쉬울 게 없었다.

"사부로우에몬 씨, 이거 난처하구만?"

간죠부교 사무소를 나와 사와라로 가는 길에 모자에몬이 말했다. 그러나 다다타카는 고개를 옆으로 내저었다.

"괜찮습니다."

"괜찮다고? 그렇게 호언장담을 해도 되겠나?"

"문제없습니다. 증거가 있습니다."

"증거?"

"네."

고개를 끄덕이는 다다타카는 자신만만했다.

확실히 다다타카에게는 자신이 있었다. 그는 제례 사건에서 넌더리가 났기 때문에 그 후 이노 씨 집안의 창고에 들어가 줄곧 옛 기록을 찾아내어 읽었다. 그 옛 기록 중에 3대 선조인 이노 가게토시伊能景利가 정리한 장부가 여럿 남아 있었다. 가게토시는 기록광이라 해도 좋을 만큼 일상 업무와 사와라에서 일어난 사건을 바지런히 기록으로 남겼다.

그중에 확실히 꽤 오래전부터 수운에 관계되는 운송 수취증서 등이 다발로 묶여 있는 것을 다다타카는 기억하고 있었다.

〈그 수취증서와 장부를 전부 제출하면 증거로서 간조부교도 인정해 줄 것이다.〉

고 생각하고 있었다.

집에 돌아오자마자 이노 다다타카는 잠자는 시간을 아껴가며 옛 서류를 정신없이 훑어보았다. 그리고 공인 강변중개업에 필요한 서류를 골라냈다. 자료를 정리하여 에도의 간죠부교 사무소로 보냈다.

2월 16일, 간죠부교 사무소에서 출석 통지가 왔다.

"이노 사부로우에몬과 이노 모자에몬에게 사와라에서의 공인 강변중개업자로 명한다."

다다타카와 모자에몬은 얼떨결에 얼굴을 마주보고 기쁨을 나누었다.

"뭐라 감사의 말씀을 드려야 할지 모르겠습니다."

라며 엎드려 인사를 했다. 다음 문제는,

"그러면 납부할 운상금을 얼마로 정할 것인가."

였다. 이것은 꽤 시간이 걸렸다. 다다타카는,

"두 중개업자가 250문文"

이라고 말했다. 관리는,

"간죠부교 사무소를 우롱하는 건가!"

라며 화를 냈다. 다다타카가 말한 금액이 너무 낮았기 때문이다. 결국 옥신각신한 끝에,

"두 사람이 1관貫 500문文(전錢 960문이 1관문, 4관문이 1량兩에 해당)"

관리는 매우 만족했다. 다다타카가 말한 250문을 위압적으로 대폭 끌어올렸기 때문이다.

그러나 다다타카 쪽은 아무렇지도 않았다. 그도 그럴 것이 처음에 말을 꺼낸 250문이라는 금액은 전혀 논의의 대상도 안 될 만큼 낮은 액수였기 때문이다. 다다타카는,

이노 다다타카

〈협상을 한다면 이 정도부터가 적당하다.〉

라고 계획을 세우고 250문이라는 금액으로 운을 띄웠다. 그도 이런 낮은 금액으로 협상이 성사되리라고는 생각하지 않았다. 이 대목은 그의 묘수다. 두 집이 합쳐서 1관 500문이라면 납부하지 못할 것도 없다. 두 사람은 만족하고 사와라로 돌아와 관계자에게 보고했다.

"그 정도라면 해볼 만하겠군."

이라며 다다타카와 모자에몬이 공인 강변중개업자가 된 것을 기뻐했다. 하지만 그게 끝이 아니었다.

간죠부교 사무소에 이미 사와라 마을의 곤자부로權三郎라는 남자가,

"제가 강변중개업을 할 수 있도록 허락해 주십시오."

라고 간청한 상태였기 때문이다. 그는,

"강변중개업을 하게 되면 운상금으로 매년 10관문의 돈을 납부하겠습니다."

라고 했다. 다다타카와 모자에몬 두 사람이 납부할 운상금의 약 7배 금액을 약속한 것이다.

간죠부교 사무소에서도 이 제안에 매력을 느낀 관리가 있었다. 다누마 오키쓰구의 정책의 목적은,

'막부의 수입을 늘린다.'

는 데 주력하고 있었기 때문이다. 간죠부교 사무소에서는,

'조금이라도 세금을 늘려서 로쥬를 편안하게 해드리자.'

는 생각이었다. 그것은 관리로서의 출셋길과 직결되는 문제였다.

마침내 간조부교 사무소는 또 다시 이노 다다타카와 모자에몬을

호출했다. 모자에몬은 그때 몸이 좋지 않아 다른 사람을 대신 보냈다. 실은 꾀병으로 가고 싶지 않았던 모양이다.

〈한 번 정했으면 됐지. 또 무엇을 너저분하게 말하려는 것일까. 대답을 잘못해서 모처럼 얻은 공인 허가가 취소되면 곤란하다.〉

"사부로우에몬 씨, 당신은 달변에다 증거 제출 방법도 잘 알고 있고, 또 그 언변은 관리를 설득하는 데 안성맞춤이라고 봅니다. 나의 몫까지 잘 부탁합니다."

그렇게 말하고 이노 모자에몬은 달아나 버렸다. 하는 수 없이 다다타카는 간죠부교 사무소에서의 일 처리를 혼자 하게 되었다.

간죠부교 사무소의 관리는,

"요전에 당신과 이노 모자에몬에게 공인 강변중개업의 허가를 내줬는데, 이번에 새로 곤자부로라는 사내가 강변중개업을 하고 싶다고 신청을 했다. 그자에게 허가를 내줘도 상관 없겠는가?"

라고 물었다. 다다타카는 대답했다.

"원래 사와라에서 취급하는 운송 품목은 적습니다. 거기에 새로 곤자부로가 참가한다면 먼저 허가를 내주신 우리 두 사람의 이윤이 적어질 것입니다. 그뿐만 아니라 곤자부로가 공인 강변중개업자가 되는 것에 대해 마을에서 동의하지 않습니다. 모두 반대하고 있습니다."

라고 대답했다. 관리는 화를 냈다.

"너희 마을의 의견이 어떻든 그런 건 상관없다. 내가 묻는 것은 그게 아니다. 곤자부로가 새로 강변중개업자가 돼도 괜찮은가? 안 된다면 그 이유를 말하라."

곤자부로에게 이미 뇌물을 받았을 것이다. 관리는 위압적인 태도였다. 기어코 공인 강변중개업을 하게 하려는 의도가 역력히 보였다. 다다타카는 만사가 싫어졌다.

〈곤자부로 그놈이 벌써 관리를 교활하게 구워삶아 놓았구나.〉라는 것을 느꼈기 때문이다. 난감해진 다다타카에게 관리는 생각해주는 척 미소를 지어 보이며 이렇게 말을 꺼냈다.

"곤자부로는 자신을 공인 강변중개업자에 합류하게 해주면 너희 두 사람이 납부하는 운상금 외에 10관문을 더 상납하겠다고 한다. 그렇다면 너희에게 허락한 운상금의 액수가 지나치게 낮게 책정된 셈이다. 곤자부로가 말하길 사와라에는 그만큼의 재력이 있다고 했다.

너희들이 사와라에서의 거래 금액을 지나치게 적게 산정한 것은 아닌가? 그렇다면 관청을 속인 셈이니 괘씸하기 그지없다. 곤자부로를 동료로 인정하지 않고 끝까지 너희 두 사람만 강변중개업을 하고 싶다면 한 사람당 10량씩 모두 20량의 운상금을 납부하도록 하라."

"천만의 말씀입니다. 사와라 강변의 물동량은 그렇게 많은 금액을 납부할 정도의 이익이 남지 않습니다. 아무쪼록 이전에 정해 주신 액수대로 우리 두 사람만 강변중개업을 하게 허락해주십시오."

"얌체 같은 말은 하지 마라. 곤자부로를 동료로 인정하지도 않고, 운상금 증액도 인정하지 않겠다는 것은 관청을 업신여기는 무례한 자들이나 할 소리다. 자, 어떻게 할 것인지, 분명하게 대답하라."

관리는 새빨개진 얼굴로 호통을 쳤다. 다다타카는 난감했다. 그

래서

　"강변중개업자인 모자에몬과 재차 의논하여 다시 찾아뵙겠습니다."

라고 말하고 그 자리를 나와 사와라로 돌아왔다.

　그러나 모자에몬이 도움이 될 리 없었다. 다타카는,

　〈혼자서 싸우는 것 말고는 다른 방법이 없다.〉

고 에도를 떠나올 때부터 마음을 다지고 있었다.

　사와라로 돌아온 다다타카가 한 일은 곤자부로의 재력을 철저히 조사하는 것이었다. 다다타카는,

　〈간죠부교 사무소의 관리와 논쟁하기 위해서는 증거가 필요하다. 실증을 하면 상대도 납득할 것이다.〉

라고 느꼈다. 물론 그것만으로는 끝나지 않을 것이다. 간죠부교 사무소에서는 어디까지나 운상금 증액을 요구하는 데 급급할 것이다. 그것은 그것대로 다른 협상을 하면 된다고 생각했다.

　다다타카는 열심히 곤자부로의 신변을 조사했다.

　＊ 곤자부로는 원래 이노 집안에서 일하던 사람이었다. 전답도 거의 가지고 있지 않았다.

　＊ 게다가 이노 집안에 대한 토지 임대료도 체납되어 있다.

　＊ 2년 전에도 강변중개업의 일로 간죠부교 사무소에 직접 상소를 한 적이 있다. 그런데 거기에서 방정맞은 말을 해서 간죠부교 사무소에 벌금을 물어야 했다.

　이와 같은 것을 알아내고 다다타카는 안심했다.

〈이것으로 곤자부로는 배제할 수 있다.〉

는 확신이 섰기 때문이다. 또다시 간죠부교 사무소로 출두했다. 이때 다다타카는,

"제가 하는 말에 다른 의견이 있으면 안 되므로 곤자부로도 동석시켜 주십시오."

라고 요청했다. 한 번에 곤자부로와 대결할 작정이었다.

이노 다다타카는 곤자부로의 재산 상황에 대해 자신이 조사한 내용을 전부 이야기했다. 그리고

"경제적인 능력도 없고 재산도 없는 곤자부로가 강변중개업을 감당해낼 리가 없습니다. 그는 분명히 거짓말을 했을 것입니다."

라고 단언했다. 간죠부교 사무소 관리도 난처해져서 곤자부로에게 물었다.

"반론은 없는가?"

곤자부로는 반론하지 않았다. 하지 않은 것이 아니라 할 수 없었다. 고개를 떨군 채.

"드릴 말씀이 없습니다."

라고 기어들어 가는 목소리로 대답했다. 이로써 곤자부로의 공인 강변중개업 참여는 배제되었다. 남은 과제는,

"이노 다다타카와 모자에몬, 두 사람이 얼마만큼의 운상금을 납부할 것인가."

였다. 다다타카는 흥정 상,

"부디 지난번에 정한 액수로 확정해 주시기 바랍니다."

라고 거듭 요청했다. 그러나 관리는 승낙하지 않았다.

"간죠부교 사무소의 사정도 고려해주지 않으면 곤란하다."

라고 마지막 회유책을 들고 나왔다. 하는 수 없이 다다타카는,

"그러면 1관 500문을 2관문으로 증액해 주십시오."
라고 응했다.

그러나 이것은 어디까지나 임시 결정한 금액으로 다다타카로
서는,

〈지금의 사와라 역참에서의 취급량으로는 운상금 2관문을 납부
하는 것은 도저히 불가능하다. 그만큼의 이익을 낼 수 없다.〉
고 생각하고 있었다. 그는 이미,

〈앞으로 사와라에서의 하물 취급량과 수수료 등을 꼼꼼이 기록
하여 매년 다이칸 사무소와 간죠부교 사무소에 제출하자.〉
고 증거주의에 따른 과세액 산정을 요구하기로 결심하고 있었다.

이 실증주의에는, 간죠부교 사무소도 반론할 수 없었다. 이듬해
간죠부교 사무소 측에서,

"사와라에서 납부하는 운상금은 1관 500문으로 해도 좋다."
고 감액을 명했다. 이노 다다타카의 실증주의가 승리한 것이다.

이 경험을 다다타카는,

'사와라 마을 강변 사건佐原邑河岸一件'
이라는 기록으로 정리했다.

고지마 가즈히토小島一仁 씨의 《이노 다다타카伊能忠敬》三省堂選書,
1978년에 따르면 이 기록은 400자 원고지로 70장 정도라고 한다. 그리
고 이것이 이노 다다타카가 사와라 마을 행정에 대해 작성한 최초의
기록이라고 한다.

간죠부교 사무소와의 협상에서 이노 다다타카는 제법 자신의 생
각을 관철할 수 있었다.

"그러나 모든 것은 선조인 가게토시[景利] 님이 남겨주신 기록 덕분이다."

라는 생각이 더해지고 있었다. 가게토시는 아내인 미치의 증조부에 해당한다. 다다타카로부터 3대 앞의 이노 씨 집안의 호주다.

큰 뜻을 세우다

사와라로 돌아온 다다타카는 가업과 공무에, 짬이 나는 대로 그 어느 때보다 더 가게토시가 남겨놓은 기록을 읽는 일에 몰두했다. 다다타카는 그 과정에서 또 깜짝 놀랄만한 사실을 발견했다. 가게토시의 기록하는 습관은 그만의 것이 아니었다. 가게토시의 기록습관은 조부인 가게요시景善로부터 큰 영향을 받은 것이었다. 가게토시는,

"조부인 가게요시가 시작한 기록을 더욱더 정밀하게 다듬을 생각으로 마을 안의 옛 기록과 인근 마을의 옛 가옥까지 조사해서 논밭의 경계, 그 고장의 유래, 또 관청에서 내는 공고와 용무의 내용 및 상황은 물론, 마을의 기록이 될 만한 것들을 수정하여 한 묶음의 기록으로 만들었다. 조부가 뜻하는 사업은 이때 완전히 갖추어졌다. 그외, 무엇이든 후세에 참고가 될 만한 마을의 자치법과 가풍, 혹은 달력상 1년의 일기까지 필사했다."

라고 다다타카의 생애 자료에 기록되어 있다.

그러나 그렇다 하더라도 가게토시의 기록사업은 대단한 것이었다. 모두 자신이 직접 서류를 정리, 편집, 필사한 것이다. 그 작업은 매우 꼼꼼하고 정성들인 것이었다. 우선 양이 놀랄 만큼 많다.《이노 가게토시의 일기伊能景利の日記》라 명명한 일상의 메모는 실제 20

권이나 된다. 다다타카가 놀란 것은 가게토시의 기록에 대한 태도
가 매우 겸허했다는 점이다. 자신의 의견을 서술하는 문장도 있지
만, 대부분은 들은 것과 배운 것을 그대로 옮겼다. 게다가 단순히 마
을 행정에 관한 기록에 머무르지 않고 학문 전반에 미치는 기록도
많이 있었다. 다시 말해 자신이 읽고, 들은 것들을 메모하면서 그에
대해,

"나는 이렇게 생각한다."
는 의견을 더하는 방식의 글쓰기였다.

그러나 다다타카가 가장 놀란 것은 다른 데 있었다. 가게토시가
이 기록을 정리한 것이 1720년부터 1724년까지의 5년간이고, 그 기
간 동안 이런 대사업을 이루었다는 사실이다.

그리고 다른 하나, 다다타카의 가슴을 떨리게 한 것이 있었다. 가
게토시는 1713년에 45세로 은퇴했다. 따라서 이 기록의 편찬에 전
념하기 시작한 것은 52세 때부터였다.

* 은퇴 후에 이 일을 시작했다는 사실.
* 그것도 52세라는 당시로서는 꽤 많은 나이에 시작했다는 점.

이 두 가지 사실은 이노 다다타카의 마음을 뒤흔들었다. 그는 이
두 가지에 생각이 도달하자 한동안은 가슴이 떨려 숨도 쉬어지지 않
았다. 몸에 힘이 쭉 빠졌다.

〈이노 집안은 얼마나 멋진 조상을 두었는가!〉

온몸에 감동이 넘쳤다.

다다타카는 생각했다.

"은퇴 후에도 본격적으로 일을 할 수 있다. 그것도 52세부터라도 이런 훌륭한 일이 가능하다."

이것은 다다타카에게,

"나라고 왜 못하겠는가?"

라는 생각을 용솟음치게 했다. 그의 눈이 반짝반짝 빛나기 시작했다. 이 집으로 들어와 처음으로 새 희망을 발견한 것이다. 밤하늘의 별처럼 멋진 빛을 내뿜었다. 게다가 그 빛은 시치로우에몬이 말한,

"마치 별 같은 데가 있어."

라는 말에서 느껴지는 그런 차가운 빛이 아니었다. 더 한층 열기를 동반한 격렬한 것이었다. 이 발견은 확실히 이날, 이노 다다타카의 가슴에 새겨졌다.

가게토시의 기록을 보다가 다음과 같은 문장을 우연히 발견했다.

"재판에 나갈 때는 상대방의 주장이 어떤 것일지, 또 그에 반론하기 위해서는 어떤 증거가 필요한지, 참고할 수 있는 고문서가 있는지 확인하여 실수하지 않도록 조심하는 것이 중요하다."

바로 이것이다! 라고 다다타카는 자기도 모르게 무릎을 쳤다. 다다타카가 이번 간죠부교 사무소에서 곤자부로를 상대로 실행한 것이 바로 이 일이었다. 그 점을 이미 3대 선조인 가게토시가 꿰뚫어 보고 있었다. 게다가 글로 써서 남겼다.

다다타카는 결심했다.

"나도 은퇴한 후에는 조상에 버금가는 본격적인 일을 무언가 한 가지는 해야겠다. 그것은 나 자신을 위해서가 아니라 세상을 위한 것이어야 한다. 그리고 가게토시 조상님이 남긴 '기록주의'를 하나의 기법으로 확립해야지!"

이 단계에서는 아직 그에게 일본 전국을 측량하겠다는 계획이 없었다. 그러나 어렴풋하면서도 막연한 카오스 속에, 머지않아 그것을 잘 반죽하면 고형물로 바뀌어 갈 어떤 뜻을 이날 세웠다.

3대 앞의 선조인 가게토시가 남긴 기록을 보고 마음먹은 두 가지 목표를 통해 이노 다다타카의 이후의 삶의 방식은 더욱 빛을 발했다. 그는 이렇게 생각했다.

"하고 싶은 일을 하기 위해서는 내게 부과된 책임을 다해야 한다. 그것을 완수하지 않은 채, 하고 싶은 일만 하는 사람은 이기적인 인간이다. 내가 이노 집안의 사위로 들어온 이상, 그런 사람은 되지 않겠다. 해야 할 일은 공사를 불문하고 완수하자."

그 완수하고자 하는 책무 중에는 가족에 대한 대응도 있었다.

이노 씨 집안에는 종교상의 의견 차이가 있었던 것 같다. 다다타카가 훗날 일본 전국을 돌며 측량을 했을 정도였으므로 보통이라면,

"이노 다다타카의 몸은 상당히 건강했을 것이다."

라고 생각하기 마련이다. 그러나 실제는 달랐다. 다다타카는 몸이 매우 허약해 걸핏하면 병이 났다. 건강이 나빠져 자주 앓아누웠다. 이노 씨 집안의 사위로 들어온 후 얼마 지나지 않아, 지병이 도져 한동안 앓아누운 적이 있다. 이때, 그를 대신해서 이노 씨 집안을 돌보던 이노 시치로우에몬이 집으로 찾아와,

"사위의 몸을 고치려면 정토종계 간부쿠지觀福寺 절의 스님을 모셔와 백만 번 염불을 하게 하면 효과가 있을 것이오."

라고 말했다. 그러나 장모인 다미가 승낙하지 않았다.

"그 불경은 사양합니다."

라고 버텼다. 나중에 안 사실이지만 다미는 독실한 일련종 신자였다.

때문에 다른 종교의 불경을 외는 일을 용납할 수 없었던 것이다.

이때 양쪽이 너무 흥분한 나머지 큰소리가 오갔기 때문에 누워있던 다다타카가 일어나,

"제 건강을 염려해 주시는 건 고맙습니다만, 염불 외는 일로 싸우지 않으셨으면 합니다. 저는 그저 모두 감사할 따름입니다."

라고 중재하여 타협하게 한 일이 있다. 이노 다다타카 일족은 광명진언 光明眞言[9]의 신자였다. 그러나 장모인 다미만 진언종을 믿지 않았으며 이노 씨 집안으로 시집을 와서도 종지宗旨, 믿고 있는 종교·종파를 바꾸지 않았다. 그런 까닭에 조석으로 꼭 소고염불을 욀 때에 사용하는 둥근 북를 두드리면서 '나무묘법연화경'이라는 일곱 글자를 되풀이하여 외웠다. 막 시집을 왔을 때는 이노 씨 집안의 친족에게서,

"새색시 종파가 우리랑 다르구만"

이라는 불평이 나왔다고 한다. 그러나 다미는 굴하지 않았다. 끝까지 자기의 신앙을 일관했다. 이노 일족도 나중에는 어이가 없어 아무 말도 하지 않았다.

그 깊은 신앙심을 가지고 있던 장모가 1774년에 죽었다. 이 무렵 다다타카는 꽤 자신감도 생겼고, 가업의 발전도 예상외로 승승장구했다. 다다타카에게는 경영 능력도 있었다. 그는 가업으로 주조업, 간장 양조, 수상 운송 이외에 에도江戸, 도쿄에 땔감 도매상을 열고 사업 확대를 꾀하고 있었다. 공인 강변중개업자가 된 것이 사업 확장에 탄력을 주었다. 말하자면, 일종의 공적 지위를 부여받은 까닭이다.

---

9   진언을 외우면 부처님의 광명을 얻어 모든 업보와 죄보가 소멸된다고 믿는 종교.

이는 현재도 마찬가지다. 뭐니 뭐니 해도 정부나 지자체 등의 공공사업을 맡는 일은 그 업자에게는 신용을 얻는 데 특단의 효과를 발휘한다. 공인 강변중개업도 같은 것이었다.

가족에 대해서도 도리를 다 해 장모인 다미가 죽었을 때, 다다타카는 주위의 반대를 무릅쓰고 일련종의 절에서 장례를 치렀다. 일족은,

"이노 집안의 가족 무덤에 모셔야 한다."

고 주장했지만, 다다타카는 고개를 내저었다.

"장모님은 일련종의 독실한 신자셨습니다. 돌아가셨다고 해서 그분을 진언종 사찰에 모실 수는 없습니다. 필시 저 세상에서도 소고를 두드리며 나무묘법연화경의 일곱 글자를 외우고 계실 것이기 때문입니다."

맨 나중 말은 농담하듯 웃으며 말했다. 일족 모두가 납득했다는 것은 이미 다다타카의 힘이 그 정도로 커졌음을 의미한다. 일족도 그 무렵에는,

"다다타카는 훌륭하다. 언제나 이치에 맞는 말만 한다."

고 적극적으로 칭찬하게 되었다. 특히 간죠부교 사무소에서의 공인 강변중개업의 운상금 흥정은 지역 주민들을 감동시켰다. 1778년에 34세가 된 다다타카는 아내인 미치와 함께 일본의 북부 오슈奥州 지방으로 여행을 떠났다. 센다이仙台, 시오가마塩釜, 마쓰시마松島 방면으로 가는 여행이었다. 하인 두 명도 데리고 갔다. 5월 28일에 사와라를 출발하여 6월 21일에 돌아왔다. 다다타카는 이때 여행일기를 썼다.

《오슈기행奥州紀行》이라 명명했다. 그러나 단정짓기는 어렵지만

그렇게 대단한 내용이 담겨 있지는 않다. 그야말로 역과 역의 거리, 말과 가마의 짐삯 등의 운임, 또 방문한 곳에 있는 신사와 사찰의 유래나 옛 시 등을 옮겨 적었다.

그렇다고 해서 다다타카가 이 여행을 통해 얻은 것이 아무것도 없는 것은 아니다. 그는 다시금 지리라든가 측량에 관심을 기울였다. 다시 말해, 자신이 간단하게 여행일기에 적은 것도 그 속을 더듬어 보면 당연히 측량과 지리 그리고 지도와 결부되기 때문이다.

"예컨대 유람일지라도 지도가 있다면 얼마나 편리할까."

그리고 거기서 나아가,

"정확한 달력이 있다면 더욱 편리할 것이다."

라는 생각으로 발전했다. 호기심이 왕성한 다다타카로서는 당연한 귀결이었다.

그리고 다다타카에게 측량과 지도 작성에 대해,

"이 길을 가야겠다."

고 마음먹게 한 것도 선대인 이노 가게토시의 업적이었다.

대체로 나누시에 종사하다 보면 측량과 인연이 닿게 되어 있다. 간단한 치수공사, 혹은 산이나 들을 새로운 논밭으로 개발하는 등의 일을 지휘하려면 측량에 대해 어느 정도의 지식이 없다면 불가능하다. 그것이 정도가 더해지면 당연히 지역의 지도 제작으로 이어진다.

이노 씨 집안은 대대로 나누시를 맡아온 탓에 호주는 그 방면에서 지식과 기술을 익혀야 했다. 그중에서 기록광이었던 이노 가게토시는 걸출한 측량가였으며 지도 작성자이기도 했다. 에도시대 도쿠가와 막부는 각 지방의 다이묘에게 명하여 '그림지도'를 만들게 했다.

지방마다 만들게 했으므로 이것을 '구니 그림지도国絵図'라고 했다. 여기서 말하는 구니国, 출신지는 현재처럼 일본 전체를 가리키는 것이 아니라 다이묘 가문의 영지를 말한다. 지금도,

"당신의 구니는 어디입니까?"

라고 물을 때, 그 구니는 국가를 가리키는 것이 아니라 다이묘 집안이 지배하던 번藩의 지역을 가리키는 경우가 많다. 에도시대는 약 270개의 구니가 존재했다.

이노 집안의 지도 작성 전통

도쿠가와 막부가 구니 그림지도를 작성하라고 명한 것은 1605년이 첫 번째고, 두 번째는 1644년, 세 번째는 1697년이었다고 전한다.

그리고 이노 가게토시가 구니 그림지도 작성에 참여한 것은 1697년이었다. 이는 자신의 기록에 자세하게 기록되어 있다.

가게토시가 활약하던 시기에 사와라 마을은 몇 명의 하타모토에게 분할 지배되고 있었다. 이노 씨 집안이 나누시를 맡은 사와라 마을의 혼쥬쿠 조는 하타모토인 아마가타 슈메天方主馬의 지배지였다.

1698년 1월 8일에 아마가타 슈메는 나누시인 이노 가게토시에게,

"이번에 막부가 구니 그림지도를 만들라는 지령을 냈으니 협력해주었으면 한다."

는 전갈이 왔다. 아마가타 슈메는 제법 사리 분별을 잘하는 인물답게,

* 이미 만들어진 구니 그림지도를 첨부한다.
* 이번에 새로 만들 구니 그림지도의 작성 지시서도 첨부한다.
* 그러나 첨부한 그림지도와 현재 상태에 차이가 없으면 새로 만들 필요는 없다.
* 그것을 적어서 제출하면 된다.

이노 다다타카

라고 덧붙여 있었다.

그런데 가게토시는 이 아마가타 슈메의 지시를 무시했다. 무시라고는 하지만 그 지시를 따르지 않았다는 것이 아니라, 그의 선천적인 측량 습관이 고개를 쳐들었던 것이다.

아마가타 슈메로부터 지령이 온 것은 1월 8일이었으나 그 이틀후인 1월 10일부터 거들어줄 사람 몇 명을 데리고 사와라 마을 혼쥬쿠 조의 측량을 시작했다. 도로를 측량하고 마을 경계가 올바른지여부도 조사했다. 그리고 자신의 관할 외 지역은 물론, 도로와 도네가와 강변에 대한 측량과 마을 경계에 대한 조사를 실시하기도 했다.

지배자인 아마가타 슈메 쪽에서는 설마 가게토시가 측량을 새로하고 있으리라고는 짐작도 하지 않았기 때문에 독촉을 해왔다.

"위쪽에서는 서두르고 있다. 달라진 게 없다면 막부의 그림지도에 그 사항을 첨부하여 회신하기 바란다."

그러나 가게토시는 3일 밤낮을 자지 않고 보조자와 함께 새로 측량한 자료를 바탕으로 마을 그림지도와 부속서류를 작성했다. 그리고 곧장 에도로 달려갔다. 1월 17일에 지토^{地頭, 조세징수·군역·수호 등을 맡았}던 관리 사무소에 제출하고, 18일에는 지토 사무소의 관리가 그림지도부교^{絵図奉行}에게 신고했다.

그림지도 부교 사무소에서는 이미 예비지식이 있어서 사와라 지역에 변화가 없다는 것을 파악하고 있었다. 그러나 제출된 그림지도가 새롭게 측량되어 있는 것에 감탄했다.

"이전과 달라진 것이 없으면 새로 지도를 만들 필요가 없다고 전달했음에도 측량까지 해서 새롭게 만들어 내다니 고생이 많았겠군." 이라며 이노 가게토시를 치하했다.

이노 다다타카는 가게토시의 기록을 읽으면서 이런 사실을 알아냈다. 그의 감동에 새로운 것이 하나 추가되었다. 그것은,

"이전과 다르지 않으면 새 지도를 만들 필요가 없었음에도 가게토시 님은 다시 측량하여 그림지도를 완성했다. 그 태도는 무엇이든지 자신의 눈으로 확인하고 그것을 구체화하려는 자세에 있다. 이런 점은 배워야 한다."

이노 다다타카는 시종일관,

"나보다 우수한 사람에게는 겸허한 마음으로 배우자."

는 생각이 있었다. 51살이 된 그가 19살 아래의 다카하시 요시토키高橋至時 문하에 제자로 들어간 것도 그 하나다.

"세상에는 언제나 세 가지 유형의 사람이 있다."

는 것을 알고 있었던 것 같다. 세 가지 유형이란,

* 배운 사람.
* 이야기 나눌 사람.
* 배우게 하는 사람.

간단히 말하면 교사, 친구, 후배, 부하 등이 되겠지만 다다타카의 생각은 그런 형식적인 것이 아니었다. 그의 경우에는,

* 나이는 관계없다.
* 남녀 구별도 관계없다.
* 지위나 직위도 관계없다.
* 경력도 관계없다.

를 꼽을 수 있다. 겸허한 마음으로 다른 사람을 만나게 되면 아무리 어리고 경험이 부족해도 자신보다 훌륭한 청년이 있다. 그런 경우에 그 젊은이에게 배우려는 것이 겸허한 태도다. 때문에, 그는 19살이나 어린 다카하시 요시토키의 제자가 되었다. 다카하시 쪽이 놀라서,

"나이 많은 당신에게 제가 스승이 되다니 낯부끄럽습니다."

그런 다카하시에게 다다타카는 웃으며 고개를 내저었다.

"그런 것은 아무 문제가 안 됩니다. 배움에 나이는 상관없습니다. 저보다 19살 어리다 해도 스승님은 제가 배우고 싶은 것을 이미 잘 알고 계십니다. 부디 잘 가르쳐 주십시오."
라고 말했다.

다다타카가 가게토시의 '구니 그림지도' 작성에 감동한 것은 가게토시의 삶의 태도에서,

* 새로운 일에 대해서는 언제나 자신의 새로운 눈으로 대상을 재검토하는 면학자로서의 초심·원점을 갖고 있었던 점.
* 가령, 헛수고하는 것처럼 보이더라도, 그에 대한 초심·원점 유지를 중시한 점.

이 두 가지가 관철되었기 때문이다. 이것이 이전에 세운,

* 사회생활에서 실증주의를 존중할 것.
* 은퇴 후에도 본격적인 일이 가능하다는 것.
* 그것은 50살을 넘긴 후라도 가능하다는 것.

이라는 것에 추가된 새 항목이었다. 위의 다섯 항목은 이른바 그의 생애 학습 방침이 점차 씨에서 싹이 트고, 싹에서 줄기가 자라고, 줄기에서 꽃이 열려 마침내 열매를 맺는 형태로 배양되어 온 셈이다.

이노 다다타카는 곰곰이 생각했다.

〈나는 구주쿠리하마의 고세키 마을에서 태어난 이후 아버지와 본가인 온즈미 마을로 돌아왔지만 그렇다고 행복하게 생활한 것은 아니다. 내 가슴속 저 밑바닥에 비뚤어진 마음이 전혀 없다고 한다면 그것은 거짓이다. 나는 그것을 가능한 한 억눌러 밖으로 내보이지 않고 있을 뿐, 뿌리에는 아직 그런 것이 남아 있다.

그런 생각을 계속했다면 데릴사위로 들어온 집안의 조상 중에 변변한 이 하나 없다고 생각했을 것이다.

그러나 이노 씨 집안은 다르다. 이 집안에는 정말 배울만한 조상이 많다. 특히 측량과 기록에 대해 3대 선조인 가게토시 님은 누구와도 비교할 수 없는 훌륭한 분이다. 나는 다시금 가게토시 님을 비롯해 그 밖의 다른 이노 씨 집안의 조상을 내 조상으로 존경할 것이다.〉

이는 이노 다다타카가 이미 한낱 데릴사위가 아니라, 완전히 이노 씨 집안의 일족으로 몸담고 있었음을 알 수 있다. 말하자면, 이노 씨 집안의 가풍에 완전히 동화되었다는 뜻이기도 하다.

이렇게 마음을 먹은 뒤로는 가업에도 정성을 쏟았다. 그 무렵 그는 조상 대대로 내려온 논밭과 새로 개척한 논밭을 합해 140석^{1석은 쌀 150Kg/21톤} 정도 수확을 확보하고 있었다. 논밭 대부분은 소작인에게 빌려주고 집 근처의 논밭은 머슴이 경작했다.

미곡 매매도 취급했다. 대기근 때의 경험이 있으므로 현지의 쌀 이외에도 간사이^{関西, 오사카·교토 방면} 지방의 저렴한 쌀을 사들여 이것을 에도에서 팔았다. 이 장사를 위해 에도의 가마쿠라 강변에 가게를 냈다. 가게 경영은 장녀 이네의 남편 세이에몬盛右衛門에게 맡겼다.

양조업도 번창했다. 커다란 술 창고를 몇 개 더 지었다. 양조량은 매년 1000석180,000L 이상이었고, 매출액은 1500량1820년 당시의 1량은 18만 엔 정도/약 2억 7천만 원을 넘었다. 1년 이익이 80량에서 100량약 1억 8천만 원 정도였다고 한다. 사와라에서 1000석 규모의 양조가 가능한 곳은 이노 씨 집과 나가사와 씨 집뿐이었다. 이 밖에 땔나무 등의 연료에도 사업영역을 확장했다.

당연히 종업원 수도 늘었다. 정규직·비정규직을 합치면 50명이나 되었다. 종업원들은 하나같이 다다타카를 주인으로 따르고 존경하는 마음으로 일했다. 다다타카는 이노 씨 집안을 온전히 부흥시켰다.

4장 ∴ 사업가·지도자로 대성하다

'현실' 대응능력

1778년에 아내 미치와 오슈지방으로 여행을 다녀온 일은 앞서 언급했는데, 아내와의 여행은 이것이 처음이자 마지막이었다. 다다타카는 남몰래 세운 뜻을 실현하기 위해,

〈해야 할 일을 해 두자.〉

고 생각하고 있었다. 그의 삶의 방식은,

* 하기 싫은 일이라고 미루지 않는다.
* 당장 급한 일부터 먼저 처리한다.
* 급한 일이 여럿일 경우에는 하기 싫은 것부터 한다.

는 주의였다. 마음속으로,

"이 일은 하기 싫다."

는 느낌이 들면 어떻게든 그것에서 벗어나려 미적거리게 마련이다. 이러지도 저러지도 못한 채, 그 일에서 벗어날 구실을 생각한다. 다다타카에게도 지금까지 그런 일이 없었던 건 아니다. 예컨대 집안 분위기가 심상치 않거나 인간관계가 힘들 때면 그 역시,

"아, 귀찮아. 차라리 그만둬버릴까?"

라고 생각한 적이 없었던 것은 아니다. 그러나 다다타카는 가게토시

의 끈기 있는 작업 흔적을 보면서, 자신의 그러한 생각이 얼마나 제멋대로이고 이기적인지를 깨달았다. 다다타카에게 가게토시는 삶의 방식을 본받을만한 대상이었다.

아내와 오슈지방 여행에서 돌아와 얼마 지나지 않은 1778년 여름에 사와라의 영주가 바뀌었다. 지금까지 이곳은 막부직할지 즉 덴료天領였는데, 쓰다津田라는 하타모토의 영지로 바뀐 것이다. 다다타카는 그해 7월 1일에 다른 나누시는 물론 마을의 유력자와 함께 에도에 있는 쓰다의 저택으로 문안 인사를 갔다.

그때, 나누시 5명과 이미 막부로부터 묘지타이토를 허락받은 나가사와 지로우에몬은 삼베로 만든 가미시모裃, 무사의 예복를 입고 갔다. 쓰다 저택에 들어가자,

"거기에 앉도록..."

이라며 거실 끝으로 안내받았다. 그러나 다다타카의 신분은 아직 한낱 '농민 사부로우에몬三郎右衛門'이었다. 하카마袴, 주름잡힌 하의는 입고 있었지만, 무사의 예복인 가미시모를 입는 것은 허용되지 않았다. 또한, 다다타카가 앉을 위치는 나무가 깔린 툇마루였다. 그러한 구조였기에 당연한 것이었다. 그러나 이노 다다타카의 가슴속에서는 지금까지 수없이 들어온 이노 시치로우에몬의 말이 떠올랐다.

"나가사와 씨 집안은 묘지타이토를 허락받았네. 자네도 힘을 다하여 그리되도록 해주게. 나가사와와 더불어 '양가'로 불려온 이노 집안이 그런 대우를 받는 일은 참기 힘드네."

다다타카는 마음 깊은 곳에서,

〈그런 것은 대수로운 일이 아니다.〉

고 생각한 것도 사실이다. 그러나 지금 눈앞에서 자신만 툇마루에 앉

아 있고, 나가사와 지로우에몬과 다른 나누시들은 객실의 다다미 위에 앉게 되고 보니, 왠지 모르게 석연치 않은 기분이 밀려온다.

〈불합리하다.〉

자신이 이런 취급을 받을 이유가 없어 억울하다는 생각이 끓어올랐다.

"백문이 불여일견."

이라는 속담이 있다. 귀에 못이 박히도록 듣는 것보다 직접 한 번 보는 것이 훨씬 낫다는 의미다. 다다타카에게 이번 일은 그 한 번의 경험이었을 것이다.

이 경험은 이노 다다타카의 마음에 자극을 주었다. 원래의 다다타카라면 이런 일은 아무것도 아니다. 그러나 세상은 그렇지 않다. 그 세상 속에 지금의 다다타카는 적극적으로 스며들고자 한다. 적어도 이노 집안의 명예를 높이기 위해 혼신의 노력을 다하는 중이다. 다른 사람이 업신여길 만한 짓은 하지 않겠다는 다짐도 하고 있었다. 그래서였는지 이날의 경험은 그에게 하나의 목표를 부여했다.

"나도 빨리 쓰다 님에게 묘지타이토를 받도록 애써 봐야겠다."

는 것이 그것이다. 지금도 다다타카의 머릿속에는 언제나 하늘의 별이 있다. 인간관계에서 성가신 일이 있거나 일이 잘 풀리지 않아 포기하고 싶을 때, 그는 자기관리의 방법으로 머릿속에 있는 별의 무리를 떠올린다. 그러면 마음이 편해지고 위안을 얻어,

"나는 다른 사람과 다르다."

는 자심감이 샘솟는다. 머릿속에 존재하는 별의 무리는 그에게 일상의 중화제이자 진정제였다. 그러나 생각해 보면 그것은 도피였다. 현실도피를 위해 별의 무리를 떠올리고,

"나는 다른 사람과는 다르다."

는 의식을 북돋움으로써 그 위기에서 벗어나려고 했다. 어느 정도 성공한 시기도 있었으나 지금은 그렇게는 안 된다. 다다타카 스스로,

"이노 집안을 둘러싼 번잡한 일에도 적극 나서자."

고 생각하고 있기 때문이다. 이노 집안과 거리를 두고,

"나는 그런 성가신 일이나 하는 미천한 자가 아니다. 차원이 다른 사람이다."

라고 마음먹어봐야 사태가 개선되는 것은 아니다.

"이노 집안의 주인은 나다. 나 이외에는 없다. 그렇다면 이노 집안에 생기는 모든 성가신 일과 일상적인 일에서 벗어날 수 없다. 정면으로 맞서야 한다."

다다타카는 그렇게 생각했다. 때문에 일상의 사사로운 일에 대해서도,

"탐탁잖은 일부터 먼저 해결하자. 용기를 내어 도망치고 싶다는 생각과 맞서자."

고 결심했다.

그렇다면 방법은 무엇인가.

사와라에 돌아온 뒤 다다타카는,

"나가사와 씨에게 뒤지지 않게 쓰다 님에게 선물을 보내자."

라고 마음먹었다. 나가사와 씨 집안이 막부로부터 묘지타이토를 받은 것도 그저 실력만의 문제는 아닐 것이다. 그때는 이노 씨 집안의 운수가 확실히 기울어 에도에 있는 지점을 나가사와 씨 집안에 팔아넘긴 적도 있었다. 재력에서 점차 간격이 벌어졌다. 다다타카는 그

러나 그것만은 아니었을 거라 생각했다.

"나가사와 씨 집안은 간죠부교 사무소의 관리에게 공작도 잘
했을 것이다."

라고 지금은 생각하고 있다. 다시 말해 뇌물과 선물을 끊임없이 보냈
을 것이다. 이노 씨 집안은 그런 것은 하지 않았다.

"그렇게까지 해서 묘지타이토를 받기보다는, 이노 집안의 진정
한 실력으로 인정받고 싶다."

그런 고매한 생각을 하고 있었다. 그러나 세상일은 인간이 운영
한다. 신이나 부처가 아니다. 인간의 특성은 욕망이 있다는 것이다.
기회를 틈타 이것저것 공작을 잘하면 상대도 인정에 이끌린다. 더구
나 사와라에서는 이노 씨 집안과 나가사와 씨 집안이 '양가'라 불리
며 걸핏하면 비교를 당했다. 그럴 때 이노 씨 집안은 어떤 선물도 없
이 고자세인 반면, 나가사와 씨 집안은 기회가 있을 때마다 머리를
숙이고 인사를 갔다. 그렇게 되면 마음이 나가사와 쪽으로 기울게
된다. 이치는 간단하다. 다만 그런 행위를 할 수 있는가가 핵심이다.

이노 다다타카는 예전에 "초야에 묻혀 있는 현인군자는 없다"는
옛말을 믿었다. 사람의 눈에 띄지 않는 곳에 살면서도 그 사람이 성
실하게 실적을 올리면 반드시 지켜보는 존재가 있어 끌어올려준다.
그런 까닭에 인재는 반드시 등용된다는 것이 이 말의 의미다.

그러나 이것이 항상 맞는 것은 아니다. 다다타카는 이렇게 생각
한다.

"가령 그렇더라도 현인군자가 욕심이 없다면 상대 역시 끌어주
지 않는다. 상대가 끌어주려는 마음이 있어도 현인군자 쪽에서 의사
표시를 하지 않으면 일이 이루어지지 않는다. 역시 야생화처럼 들에

피어 있어야 아름다운 것처럼 결국 어울리는 환경에 있는 것이 나은 지도 모른다.”

본인에게 그런 마음이 없다면, 그렇게 해주려던 상대도 마음을 거두게 된다.

〈그러고 보니 지금까지의 내 삶은 자신에게 그럴 마음이 없다는 것을 드러내면서 살아온 것은 아닐까.〉

하는 반성하는 마음이 들었다.

“그런 것은 쓸모없는 짓이다.”

라며 일축한 적은 없었던가. 지금까지의 태도를 계속 유지한다면 누구라도,

“저 인간은 혼자 잘난 맛에 사는구만.”

이라는 생각을 할 것이다. 운만 기대해서는 곤란하다. 자신이 취하는 태도와 방식에도 문제가 있다. 다다타카는 진지하게 생각했다.

사와라로 돌아온 뒤부터 그는, 적극적으로 쓰다 씨 집안에 공을 들였다. 나가사와 씨 집안에서 쓰다 씨 집안에 미림 조미료로 쓰는 달콤한 술을 보내면 다다타카는 도네가와 강에서 잡은 신선한 연어와 나라즈케 奈良漬, 장아찌가 담긴 큰 나무통 단지를 보냈다. 주인뿐만 아니라 집안 사람 모두에게도 돌아갈 수 있게 큰 나무통에 담았다.

쓰다 씨 집안에서는 눈이 휘둥그레졌다.

“이노 씨 집안의 태도가 많이 변했군.”

“장사를 확장하여 요즘은 경기가 좋아진 모양이군. 그래서 우리에게도 이익을 나누어 주는 것이려니.”

하고 받아들였다. 그러나 매번 선물을 받아도 찝찝한 마음이 들지 않았다. 게다가 다다타카 쪽이,

"나라즈케를 보냈으니 이런 부탁을 들어주십시오."
라는 식의 대가를 요구하지도 않았다. 단지 담담하게 보내올 뿐이
다. 이 일은 마침내 쓰다 씨 집주인인 영주의 마음을 움직였다. 어느
날 영주는 지배인을 불렀다.

"사와라에서는 나가사와 사부로우에몬(이노 다다타카)의 집안을
'양가'라 부르고 있다는데 사실인가?"

"그렇습니다."

"나가사와 쪽에는 이미 막부 간죠부교 사무소가 묘지타이토를
하사했다고 한다. 그런데 이노 쪽은 아직까지 농민 그대로이고 성씨
를 사용할 수 없다.

지금은 나가사와나 이노 모두 우리 쪽에 납부하는 연공과 보내오
는 선물도 크게 다르지 않다. 이노 사부로우에몬에게도 묘지타이토
를 하사하고 싶은데 어떻게 생각하는가?"

"좋다고 생각합니다. 필시 이노 사부로우에몬도 기뻐할겁니다."
지배인도 적극적으로 찬성했다. 심부름꾼을 보내 다다타카를 에
도의 쓰다 저택으로 불렀다.

"이번에 자네에게 묘지타이토를 허락하노라."

그렇게 말했다. 그리고 1781년이 4월 2일에 연호가 덴메이(天明)로
바뀌자 그해 8월에 불러,

"농민 사부로우에몬을 사와라 마을 혼쥬쿠 조의 나누시로 명
한다."
라고 알렸다. 그때까지 나누시를 맡았던 후지자에몬이 사망했기 때
문이다. 이것으로 '농민 사부로우에몬'은 '이노 사부로우에몬'이
되었다. 그리고 또 혼쥬쿠 조의 나누시로서 이제는 나가사와 씨 집안

이노 다다타카

과 견줄 만한 위치에 서게 되었다. 다다타카가 37살 때의 일이었다.

그러나 나가사와 씨 집안도 그런 다다타카의 공들임을 부러워하며 지켜보고만 있지는 않았다.

"사부로우에몬 녀석, 제법이군."

이라며 경계했다. 나가사와 지로우에몬은 새로운 공작을 펴기 시작했다. 그는 쓰다 가문에 이렇게 말했다.

* 나가사와 씨 집안이 막부로부터 묘지타이토를 하사받은 점.
* 따라서 이노 씨 집안과는 다소 격이 다르다는 점.
* 그럼에도 이노 씨 집안과 동격이라는 것은 수긍할 수 없음.

보통의 경우라면 이런 일은 영주를 화나게 한다. 즉,

"당신은 이노 사부로우에몬에게 묘지타이토를 허락했지만, 같은 묘지타이토라도 나는 막부에게 직접 받은 것이다. 당신은 그 막부의 하타모토 중 한 사람이다. 따라서 격으로 따지면 이노 씨보다도 내가 위다. 같은 대우를 받는 것은 부당하다."

라는 의미다. 이에 대해 쓰다 씨 집안은,

"그렇다면 나가사와 씨 집안에 '마을 후견'을 명하노라."

고 응대했다. '마을 후견'은 나누시보다 한 단계 위의 직위다. 결국 다다타카가 공을 들여 나가사와 씨 집안을 따라잡았다고 생각한 순간, 나가사와 씨 집안 역시 선수를 쳐 성공했다. 다다타카는 쓴웃음을 지으며 감탄했다.

〈지로우에몬은 나와 같은 또래인데 솜씨가 제법이군.〉

그러나 이 신분의 차이로 그 후 벌어진 사건에서 이득을 보게 된다.

덴메이 대기근을 극복하다

사건이란 그 해에 도네가와 강이 범람한 것을 말한다. 사와라 마을도 큰 피해를 입었다. 영주인 쓰다 가문에서는 기민하게 대응했다. 지역에 설치되어 있던 지토 사무소를 통해 관리를 파견하고 피해지를 조사하게 했다. 그 보고에 기초하여,

> * 피해를 입은 신전新田, 새로 개발한 논밭의 농민에게는 구휼미 15가마를 준다.
> * 본전本田, 본래부터 조세 대상인 논밭의 제방을 지킨 포상으로 사와라 마을에 32관문貫文의 돈을 준다.

이렇게 통지했다.

사와라 농민들은 서로 얼굴을 마주 보고 고개를 갸우뚱거렸다. 왜냐하면 이런 사례가 없었기 때문이다.

"수상하다."

그러나 사와라는 강변이 있어 수운이 번창한 곳이므로 많은 정보가 흘러 들어온다. 이런 때 다이묘나 하타모토가 영지 주민에게 구휼미와 포상을 내놓는 것은 반드시 어떤 목적이 있다. 다시 말하면, 그 후에 틀림없이 돈을 융통해 달라는 '필요경비'를 요구해 올것이

다. 그 액수가 터무니없이 너무 많다. 말하자면, 구휼미와 포상금은 먹이다. '필요경비'는 대형물고기다. 먹이로 대형물고기를 낚는 것이 당시의 다이묘나 하타모토의 수법이었다.

때문에 사와라의 농민들은,

"조만간 쓰다 님이 '필요경비'를 융통해달라고 할 것이다."

라며 우려했다. 그 우려는 딱 들어맞았다. 아니나 다를까 그해 겨울이 되자, 쓰다 씨 집안에서 지토를 통해 명령을 하달했다.

"이번에 '필요경비'로 1000냥両을 융통해 줄 것"

무라야쿠닌들이 모여 협의를 했다.

"거절하고 싶지만 거절할 수 없다."

이것이 모두의 결론이었다. 요컨대, 도네가와 강의 홍수 때에 이미 구휼미와 포상을 받았기 때문이다. 결국, 새우로 도미를 낚은 결과가 되었다. 1000냥의 배분이 결정되었다.

나가사와 씨 집안: 2분의 1인 500량

이노 씨 집안: 150량

주민: 나머지 350량

이 무렵 이노 씨 집안과 나가사와 씨 집안의 재력은 차이가 거의 없었다. 다다타카의 노력으로 거기까지 따라잡았던 것이다. 그러나 상납금에서 이만큼의 차이가 난 데에는 나가사와 씨 집안이 무리를 해서 나누시에서 1단계 위인 마을 후견의 지위에 오른 탓이다.

나가사와 지로우에몬 측은 묘지타이토까지 허가받은 이노 다다타카에게 반발하여,

"어떻게든 차이를 벌려 놓겠다."

라고 수를 써 나누시에서 마을 후견직을 얻었다. 거기까지는 좋았는데 그게 오히려 나쁜 결과를 초래했다.

"지위가 높기 때문에, 나누시와 똑같은 상납금을 내서는 안 된다."

라는 불문율이 작동했다. 나가사와 지로우에몬은 몹시 후회했다.

〈헛수고만 했군.〉

이라고 생각했음에 틀림없다. 이런 배분으로 1000냥의 상납금이 쓰다 씨 집안으로 전달되었다. 쓰다 씨 집안에서는 고마워하며,

"빌린 돈은 매년 200량씩 돌려주겠다. 요컨대 5년에 걸쳐 갚을 것이며 이자로 매년 1할 5푼15%씩 지급한다."

고 말했다. 마을에서는 이것을 온전히 믿지 않았다.

〈정말로 돌려받을 수 있을까?〉

그런 의문을 가지고 있었다.

아니나 다를까, 1000냥을 다 갚기 전에 또 재해가 일어났다. 이번에는 지난번처럼 간단한 것이 아니었다. 이른바 '덴메이 대기근天明の大飢饉, 1782~1788'이었다.

덴메이 대기근은 1782년에 시작되었다. 1783년이 되자, 4월부터 8월까지 계속 비가 내렸다. 그리고 7월에는 아사마산浅間山[1]이 대폭발했다.

이를 계기로 여러 지방이 대기근에 시달렸다. 이 기근은 1786년부터 1787년까지 이어졌다.

천재지변이 속출한 탓에 국민들은 아우성쳤다.

---

1 나가노(長野)·군마(群馬) 현 경계에 있는 높이 2,542m의 활화산.

이노 다다타카

"정치가 엉망이어서 하늘과 땅이 화가 난것이다."

당시의 정치 책임자는 로쥬인 다누마 오키쓰구다. 다누마 오키쓰구는 앞서 밝혔듯이 적극적인 경제정책을 취했지만, 자연재해는 어쩔 도리가 없었다. 결국은,

"다누마의 폭정이 이런 결과를 초래했다."

며 증오와 저주의 마음을 다누마에게 모두 뒤집어씌웠다. 아사마산이 분화했을 때 이런 풍자시가 유행했다.

모래가 내린다. 신화시대에도 듣지 못했다. 다누마 강
쌀도 주지 않는데 비까지 내릴 줄이야.

아사마산 분화 때문에 후지산보다 높은 쌀값
불이 내리는 에도에 모래가 내릴 줄이야.[2]

때마침 1783년이 토끼해여서 '토끼해 기근'이라고도 했다.

이 피해는 동북지방에서 특히 심했다. 무쓰 센다이 번陸奥仙台藩에서는 1783년과 이듬해에 15만 명 가까이 아사했다. 역병으로 죽은 이까지 합하면 피해는 30만 명에 이른다고 한다.

난부 번南部藩, 지금의 이와테(岩手)현에서는 아사자가 4만 명 남짓, 병사자 2만 4천 명, 다른 지방으로 탈출한 자가 3만 3천 명, 말 피해 2만여 마리였다고 한다. 이 무렵 난부 번의 총 인구는 35만 명이었다고 하

---

2 원문: 砂や降る 神代も聞かぬ 田沼川 / 米くれないに 水野もふとは / 浅間しや 富士より高き 米相場 / 火の降る江戸に 砂の降るとは.

니 아사자와 병사자 합계가 번 인구의 20%에 육박한 셈이다.

당시의 참상을 눈으로 직접 본 무사가 다음과 같이 묘사했다.

"오슈지방에서는 병사한 사람이 많다. 먹을거리라고는 아무것도 없었기 때문에 소나 말고기는 물론, 개나 고양이까지도 다 먹어치웠다. 그럼에도 불구하고 버틸 수 없어서 결국 굶어 죽어갔다. 정도가 심한 곳에서는 4~50호나 되던 마을 주민이 멸족해서 한 사람도 살아남은 이가 없었다. 누가 언제 죽었는지도 모른다. 사체는 매장할 수 없었으므로 새와 짐승의 먹이가 되었다. 한 마을이 모조리 없어진 곳도 있었다."

간세이寬政, 1789~1801의 기인이라 일컬어진 존왕사상가 다카야마 히코쿠로高山彦九郎는 당시 산길에서 길을 잃어 산속 집을 발견하고 안으로 들어갔더니 방에는 백골이 쌓여 있었다. 차마 눈 뜨고 볼 수가 없어 도망쳤다고 일기에 적었다.

생산자인 농민은 나무뿌리를 먹기도 하고 소나무 껍질을 섞어 만든 떡을 먹었다. 그마저도 다 먹고 나면 급기야 죽은 자의 인육까지 먹었다.

이런 참상이 계속되고 있음에도 불구하고 많은 사람이 느낀 것은,

"아사자는 모두 농민과 상인뿐이고, 무사 중에는 단 한 사람도 없다."

는 것이었다.

아사마산 폭발로 사와라 마을에도 화산재가 내렸다. 그 때문에 농작물이 많은 피해를 입었다. 벼는 거의 말라버렸다. 들은 바에 의하면, 에도에서는 이 화산재 때문에 낮에도 밤처럼 깜깜하여 집집마다 등불을 켜고 지냈다. 외출 시에는 다치지 않게 멍석을 몇 장씩

겹쳐서 둘러쓰고 다녔다고 한다.

얼마 지나지 않아 에도가와江戶川 강에는 거목이나 집안의 낡은 가재도구, 사람과 말의 사체 등이 흘러들게 되었다.

다다타카는 나가사와 지로우에몬과 의논하여,

"올해 연공年貢, 세금을 면제받도록 합시다."

라고 결의했다. 지토 사무소에 가서 연공에 대한 배려를 청원하자, 지토 사무소에서도 피해 정도는 알고 있었으므로,

"알았다. 자비를 베풀어 올해의 연공은 전액 면제한다."

고 했다. 그리고

"영주께서 구휼금으로 100냥을 하사하셨다."

라며 돈을 건네주었다. 무라야쿠닌들은 일단 받아들고 왔지만, 감사한 마음은 들지 않았다. 영주의 꿍꿍이속이 다 들여다보였기 때문이다. 이전에 빌려 간 1000냥의 돈을 아직 다 갚지 못한 것, 그에 더해 올해의 연공 전액 면제로 재정이 기울 것이므로 다시금 '필요경비'의 요구가 따를 것이라 짐작했기 때문이다.

잇따르는 재해에, 막부는 전국의 다이묘와 하타모토에게 명하여 재해 대책의 일환으로 자주 범람하는 강의 제방신축을 명령했다. 사와라 지방에서도 막부의 도네가와利根川 강줄기 제방 신축공사를 맡게 되었다. 이노 다다타카는 이때 지토로부터,

"건축토목공사 담당자로 명한다."

는 말을 들었다. 막부 공사라지만 실제로는 하타모토의 지교知行, 무사들에게 지급되던 봉토 사무소에서 하타모토가 비용 대부분을 부담한다. 그리고 일부를 막부가 보조하는 형태를 취하고 있었다. 하지만 쓰다 씨 집안에는 그럴만한 여분의 돈이 없었다. 결국 이노 다다타카가 앞

장서 마을에서 부담하게 되었다.

지토가 이노 다다타카를 이 공사의 토목공사 담당자(지휘감독자)로 임명한 이유는,

"이노 사부로우에몬 씨가 측량에 소질이 있다."

는 말을 들었기 때문이다. 다다타카는 신전 개발과 강변의 토목공사 등으로 조금씩 익혀 둔 측량기술을 발휘하고 있었다. 그가 제방 신축 토목공사 담당으로 임명된 것은 그로서는 처음으로 그 실력을 공개적으로 선보일 기회였다. 그는 기쁜 마음으로 이 일에 임했다.

그렇다면 부족한 자금을 어떻게든 마련해야 한다. 그는 막부의 보조금과 지교 사무소에서 받은 일부 공사비를 기본자금으로 쓰고 여기저기 뛰어다니며 목재와 대나무 등의 원자재를 막부가 정한 '정해진 가격'을 밑도는 금액으로 사들였다. 그리하여 차액이 생겼다. 차액을 다른 곳에 사용할 수 있었다. 바로 공사장에서 일하는 노동자의 품삯을 올려주는 데 사용했다. 품삯도 막부가 정한 '정해진 금액'이 있었다.

"노동자는 이 정도 금액의 일당으로 고용하라."

그러나 노동자라 해도 그 대부분은 농민이다. 그들은 다다타카의 재치에 감동하고 기뻐했다. 막부가 정한 임금보다도 높은 금액을 받았기 때문이다.

그에게는 이러한 경영수완이 있었다. 공사가 완료된 후에는 다다타카의 수완으로 175량의 잉여금이 생겼다.

그러나 이노 다다타카는 이것을 자신이 갖거나 혹은 지토에게 비밀로 하고 마을을 위해 사용하는 일은 하지 않았다. 정확하게 회계를 보고하고 지토에게,

이노 다다타카

“이후에 마을에 만일의 사태가 생겼을 때 비상금으로 쓰일 수 있도록 허락해 주십시오.”

라고 청원했다. 지토는 이노 다다타카의 성실함을 알고 있었으므로 허가했다. 다다타카는 나가사와 지로우에몬과 상의하여 남은 금액을 ‘영구상속금’이라 이름 붙여 예측할 수 없는 재해가 일어났을 때, 비상지급이 가능한 시스템을 만들었다. 돈은 다다타카와 나가사와 지로우에몬 두 사람이 관리하기로 했다.

이 공사를 실시하던 중에 아내 미치가 몸져누웠다. 그러나 다다타카는 공사의 지휘 감독이라 대부분 현장에 나가 있었다. 또 지토 사무소만으로는 해결이 되지 않는 일에 대해서는 직접 에도로 달려가 쓰다 선생의 지시를 받아야 했기 때문에 출장도 잦았다. 간병은 거의 할 수가 없었다. 미치는 그해 연말에 사망했다. 다다타카는 시신을 우선 화장하고,

“장례는 해가 바뀌면 치르겠습니다.”

라고 했다.

이노 다다타카의 지휘로 사와라 지역의 피해는 복구되었다. 또한 아사자는 한 명도 나오지 않았다. 이 소문이 여러 지방에 전해졌다. 동북지방에서 곤욕을 치른 부랑자가 일제히 사와라 마을로 몰려들었다. 농민들은 저항하며 내쫓으려 했다. 그러나 다다타카는 농민들을 설득했다. 부랑자에게 밥을 먹게 하고,

“이것을 가지고 어딘가 안주할 땅을 찾으시오.”

라며 그들에게 쌀과 돈을 주었다. 다다타카로서는 때마침 아내 미치가 죽은 직후였기에,

"아내의 명복을 빌기 위해서라도 부랑자들을 따듯이 대접해 주어야지."

라는 마음이 움직였을 것이다.

그러고 보면, 이 무렵 이노 다다타카는 이전과 비교해서 한 단계 큰 사람이 되어 있었다. 다시 말해 그가,

"은퇴하기 전에 꼭 해야 할 일은 꼭 완수해 두자."

고 마음먹은 그 '꼭 해야 할 일'의 범위가 더욱 확대 증폭되었고, 게다가 질적으로도 높아졌다. 영향이 미치는 범위도 넓어졌다. '영구 상속금' 설정도 그 하나이고, 다른 지방에서 유입되어 온 부랑자 구제도 그렇다.

동시에 이노 씨 집안의 문벌을 끌어올려, 묘지타이토를 하사받은 일은 데릴사위인 호주 다다타카의 큰 공로였다.

명실공히 나가사와 씨 집안과 양립한 '양가'의 면목을 발휘했다.

이는 그가 단순히 사업욕과 명예욕에 눈이 멀어 있었다는 뜻이 아니다. 그의 성격에는 '공적인 일' 즉 '공무'에 대한 충실한 의무감 같은 것이 있었다.

"다른 사람을 위해, 마을을 위해 해야 할 일은 솔선수범해서 그 일에 임한다."

라는 현재로 말하면 '공무원 정신' 같은 것이 있었다. 때문에 그가 은퇴 후에 시작한 일도 '전국 측량'이라는 이를테면, 막부가 해야 할 일을 스스로 짊어진 것이다. 그에게는 본디부터 갖고 있는 근본적인 성격으로,

"타인, 혹은 지역, 더욱 확대하여 나라를 향한 봉사 정신"

등이 그의 핏속에 흐르고 있었다. 그것도 단순한 봉사활동이 아니라

그것을 본업으로 삼고 하려는 성격이 그에게 자리 잡고 있었다.

다만, 그의 출신이 농민이었던 만큼 로쥬老中나 부교奉行 등의 지위에 올라 행정업무에 관여하지 못한 것은 어쩔 도리가 없다. 그가 만약 무사 집안에서 태어나 쓰다 씨의 입장이나, 혹은 에도성에 근무할 만한 신분이었다면 훨씬 다른 인생이 전개되었을지도 모른다. 이 일은 이노 다다타카라는 인물을 아는 데 중요한 대목이다.

다다타카는 어렸을 때부터 하늘의 별을 올려다보면서 독자적인 정신세계를 구축하고 자신을 관리해 왔다. 그러나 그 관리란 꼭 자기 자신을 위해서만은 아니었다. 그의 전 생애를 통해 보아도 자기의 욕망을 충족시키기 위해 무엇인가를 했다는 사례는 별로 없다. 언제나,

"누군가를 위해, 어딘가를 위해"

라는 목표가 분명하게 설정되어 있었다. 그러나 그 때문에,

"내가 이런 일을 하고 있으니 너희들은 좀 더 나를 이해하고 협력해야 한다. 가족도 희생을 감수해야 한다."

고는 말하지 않았다.

"해야 할 일은 해 두자."

고 그가 생각했다는 것은, 이노 씨 집안의 주인으로서 가족에게 보통 사람 정도의 안정된 생활을 보장하는 한편, 지역 사람들에게도 풍요로움을 누릴 수 있도록 지역 환경을 정비해 놓고, 나아가 일본 전체를 대상으로,

"이 나라에 사는 사람들의 생활은 이와 같아야 한다. 그러나 그렇게 하기 위해서는 이런 정비가 필요하다. 그것은 우선, 내가 책임지고 있는 사와라 지역에서부터 실행하자."

고 결심한 것이었다.

그러나 그는 또 속세에서 말하는 '인간의 법칙'을 알고 있었다. 많은 사람이 신분과 격식과 권위를 존중하는 것도 알고 있었다. 또 그것이 없으면 반대로 업신여긴다는 것도 알고 있었다.

그것이 좋다고는 말하지 않는다. 그러나 모두가 행복해지기를 원한다면, 역시 일이라는 것은 한 걸음 한 걸음 내디딜 필요가 있다. 서둘러 보았자 실패할 뿐이다. 작은 돌을 겹겹이 쌓아가지 않으면 안 된다. 니노미야 손토쿠二宮尊德가 말하는 '적소위대積小爲大, 작은 것이 쌓여서 큰 것을 만든다'다.

이노 다다타카

성심껏 '지혜'로 대응하다

쓰다 씨 집안에서 지토를 통해 또 돈을 융통해달라는 말을 전해왔다.

"150냥정도 빌려줄 수 있는가?"

이전에 상납한 1000냥의 돈은 아직 450냥 밖에 돌려받지 못했다. 그러나 이만큼이라도 빚을 갚았다는 것은 쓰다 씨 집안에서도 빚을 떼어먹지 않을 것이라는 성의를 보인 것이다. 게다가 파견되어있는 지토 관리도 꽤 성실한 사람이다. 그래서 이노 다다타카는 미치의 장례식을 마친 후 나가사와 지로우에몬과 상담하여,

* 니가사와 씨 집안이 100냥
* 이노 씨 집안이 30냥
* 그 외 몇 명의 마을 유력자 합계 20냥

으로 배당했다.

그러나 쓰다 씨 집안의 차용은 이것으로 그치지 않았다. 여름이 다가오자,

"가신에게 쌀을 내주어야 하니 쌀 270가마를 빌려주었으면 한다."
고 알려왔다. 가신에게 줄 급여지급이 밀려있다는 의미다.

"변제는 올겨울에 납부하는 연공미에서 제하시게."

다다타카는 하는 수 없이 이것도 받아들였다. 그렇지만 나가사와지로우에몬과 함께 쓰다 씨 집안에게,

"저희들이 에도에 가지고 있는 지점에서, 쓰다 님의 지교知行 사무소 구라모토蔵元, 수납관리인[3]의 임무를 맡고 싶습니다."

라고 청원했다. 쓰다 씨 집안에서는 이를 허락했다. 이노 다다타카의 사위가 관리하는 에도 가마쿠라 강변에 있는 지점과 나가사와 씨 집안의 고아미쵸小網町에 있는 지점에서 각각 쓰다 씨 집안의 구라모토 임무를 맡게 되었다.

이렇게 되자 쓰다 씨 집안도 안심한 것일까. 더욱더,

"쌀을 마련해 달라."

는 신청 빈도가 잦아졌다. 바꿔 말하면, 구라모토라는 것은 쓰다 씨 집안의 지점과 같은 것이고 쓰다 씨 집안의 말단 조직이 되는 것이므로,

"사장이 하는 말을 지점은 들어야 한다."

는 논리다.

이러한 일이 되풀이되는 사이에 이노 다다타카의 마음속에 한 가지 생각이 자라나고 있었다. 사와라에서는 이미 이노와 나가사와 양가의 힘이 점차 강해졌다. 이노 다다타카는 다음과 같이 생각했다.

* 영주인 쓰다 씨 집안은 사와라 사람들에게 차용 신청만 하고 있다.
* 이는 상대적으로 쓰다 씨 집안의 영주권이 약화되고 있음을 말한다.

---

3 창고 딸린 저택 구라야시키(蔵屋敷)에서 장물의 출납 매각 등을 관리하던 상인.

* 그러는 사이 주민을 위해 쓰다 씨 집안과 차입금 감액을 교섭하거나 혹은 농민들을 설득하는 일은 모두 이노·나가사와 양가의 역할이 되었다.
* 이노·나가사와 양가는 쓰다 씨 집안이 하는 말을 그대로 농민에게 전하지는 않았다. 예를 들어, 쓰다 씨 집안의 차입금 신청을 곧이곧대로 받아들여 주민에게서 억지로 짜내는 짓은 하지 않았다. 반드시 이의를 제기하여 조정했다.
* 그렇다면 영주의 권한인 지역과 주민의 관리감독권의 일부가 현실적으로 이노·나가사와 양가로 옮겨와 있다는 의미가 된다.
* 주민에게 차용만 하는 영주는 이노·나가사와 양가에 점차 머리를 들 수 없게 되어 있다.
* 주민들의 존경과 신뢰의 마음은 양가에게 쏠리고, 언젠가부터 영주인 쓰다 씨 집안은 우리에게 차용만 하는 존재라는 의식이 자란지 오래다.

이는 이노 다다타카가 똑똑히 의식하지 않아도,
"무사는 지금의 일본에서는 본래의 힘을 발휘하지 못하고 있다."
좀 더 분명히 말하면,
"무사는 점차 무용지물이 되어 간다."
무용지물이 되어 가고 있다는 것은, 무사가 고유의 권리로서 '농민, 기술자, 상인'에 대해 가지고 있던, 정치를 통한 절대적 권위가 점차 붕괴하고 있다는 의미다.
에도성 안에서 일하고 있는 도쿠가와 막부는 어떨지 모르지만,

적어도 말단 지역에서는 영주의 지배권이 점차 무너지고 있다. 그것은 연공 납세자인 주민에게 빚만 지고 있기 때문이다. 돈을 빌리기만 하고 전혀 갚지 못하면 아무리 으스대 봐야 역시 그 권위는 떨어지게 마련이다. 주민이 신용하지 않게 되고 존경도 하지 않는다. 대신 주민의 의식과 관심은 실제로 마을을 위해 애쓰는 이노·나가사와 양가로 향하게 마련이다.

〈이대로 이 세상이 지속될 것인가?〉

라고 이노 다다타카는 막연하게 생각했다. 이 일은 다다타카에게 모종의 해방감을 주었다. 그것은,

"할 일만 잘하면 은퇴 후에 내가 좋아하는 일을 할 수 있다."

라고 결심하고 있는 '좋아하는 일'을 방해하는 벽이 제거되고 있음을 의미한다. 세상에는 언제나,

물리적인 벽 사물의 벽

제도적인 벽 구조의 벽

의식적인 벽 마음의 벽

이 있다. 그러나 현실에서 주민들의 마음의 벽이 점차 무너져 영주에 대한 존경심이 없어지고 그들의 권위도 인정할 수 없게 된다면, 그것은 단적으로 제도적인 벽도 허물어져 버렸다는 뜻이다. 그렇게 되면 주민 자신이 자발적인 의사에 기초하여 물질적인 벽도 허물어버릴 것이다. 현재, 물길을 통해 다양한 하물을 운반하는 것도 그 하나이다. 수운을 동반한 강변 생활이 긴 만큼 사와라에 거주하는 사람들의 마음에는 물류에 대해 물리적인 벽을 인정하지 않는다.

"우리 마을 앞을 흐르는 하천은 도네가와 강과 통하고 있다. 도네가와 강은 에도가와 강으로 연결되어 있고, 그 길은 에도 시내 여기 저기로 통한다."

이를테면 사와라라는 일개 촌락은 물길을 통해 그대로 에도^{도쿄}와 연결되어 있다는 생각이다. 이는 번^藩이나 하타모토의 지교 사무소라는 경계를 전혀 의식하지 않는다는 뜻이다.

도쿠가와 이에야스는 애써 오다 노부나가織田信長가 허물어트린 검문소와 후나반쇼船番所, 항만관리소를 다시 설치했다. 그리고 일본 전국을 270여 군데로 나누었다. 각각의 다이묘 집안의 지배지를 구니國라 했다. 세분화된 지방 사이에는 검문소를 설치해 자유로이 드나들 수 없었다. 특히 농민은 한곳에 정주할 것을 강요당했고, 영주인 다이묘와 하타모토가 근무 지역을 옮겨도 따라가는 것은 허락하지 않았다. 마지막까지 그 토지에서 살다가 죽어야 했다.

이노 다다타카의 뇌리에는 아내 미치와 걸었던 오슈로 가는 길의 추억이 새록새록 떠올랐다. 그것은 풍경의 아름다움이 아니다. 농민이 여행할 때는 반드시 지배자의 '여행허가증'을 발급받아야 한다. 이것을 소지하지 않으면 각처에 있는 검문소를 통과할 수 없다. 일본 전체가 거대한 울타리로 둘러쳐져 있다. 다다타카의 가슴 속에서는,

"그런 거대한 울타리를 하루빨리 걷어 내고 국민이 전국을 자유로이 여행할 수 있도록 만들고 싶다."

이런 생각이 싹 트고 있었다. 그리고 이 생각이 일본 전국을 측량하겠다는 그의 의욕과 연결되어 간다.

덴메이 기근은 계속 이어졌다. 1787년 5월에 에도에서 약탈 소

동打壞し[4]이 일어났다. 약탈 대상은 미곡상과 금융업자였다. 이때 약탈소동에 참가한 시민들의 기세가 무시무시하여, 단속해야 할 에도의 마치부교町奉行, 도시지역의 행정·사법을 담당도 완전히 손을 들었다.

사와라에서도 피해가 이어졌다. 1786년 7월에 일어난 도네가와 강의 대홍수로 인해 오랫동안 물이 빠지지 않았다. 그 때문에 논의 물이 썩어 들어갔다. 쌀은 전혀 수확할 수 없었다. 농민들은 비축해 둔 잡곡도 모두 다 먹어 버렸고, 내년에 쓸 볍씨도 없었다.

그러나 지토 사무소는 속수무책이었다. 지금까지 해왔던 것처럼 구휼미와 구휼금을 참새 눈물만큼 풀지만 그것은 언 발에 오줌누기였다. 우선은 쓰다 씨 집안이 그럴 여력이 없었다.

"부탁하네."

지토는 마음 약한 소리를 하고, 이노 다다타카와 나가사와 지로우에몬에게 마을의 구제를 맡겼다. 다다타카는 1787년 8월에 나누시직을 그만두고 마을 후견직을 명받았다. 다시 말해 나가사와 지로우에몬과 같은 입장에 서게 되었다.

이는 쓰다 씨 집안의 정책이었다. 이전에는 나가사와 지로우에몬이 마을후견이고 이노 사부로우에몬은 나누시였다. 그 때문에 쓰다 씨 집안이 여러 '필요경비'를 융통해 달라고 해도 이노 씨 집안보다 나가사와 씨 집안에게 많이 배당되었다. 그래서 나가사와 지로우에몬은 쓰다 씨 집안에,

"지토의 보고에 따르면, 이노 씨 집안 역시 호주 사부로우에몬의 노력으로 나가사와 집안 못지않은 재력이 있습니다. 이노 다다타카

---

4   에도시대 흉년 때 빈민들이 관아·부잣집 등을 때려 부수고 약탈한 소동.

를 저와 같은 자격으로 올려주시면 '필요경비'도 저와 같은 액수를 낼 것입니다. 또 낼 수 있을 만큼의 재력이 있습니다."

라고 보고했다. 쓰다 씨 집안의 주인은 이것을 받아들여 이노 다다타카에게,

　"나누시 자격을 면직하고 마을 후견으로 명하노라."

라고 알렸다.

　"당신은 나가사와 만큼의 재력이 있으므로 이제부터는 상납금도 같은 액수로 내도록 하라. 그 때문에 마을 후견으로 명한다."

라는 것이 임명의 배경이었다.

　이노 다다타카는 이를 감수했다.

　이렇게 해서 명실공히 나가사와 지로우에몬과 마을후견직을 맡게 되었다. 지토는,

　"마을 구제는 자네들이 잘해주길 부탁하네."

　이 또한 본래 영주가 해야 할 일을 마을 관리자인 두 사람이 떠맡게 된 것이다.

　이 무렵 다다타카는,

　"지방에 재해가 일어났을 때 막부나 영주는 상대가 안 된다. 아무런 도움도 받을 수 없다. 행정 능력도 없거니와 재력도 없다."

며 단념하기 시작했다. 그 일은 동시에,

　"마을 후견인 우리가 어떻게든 해결해야 한다."

는 책임에 대한 자각으로 이어졌다.

　이노 다다타카에게는 '재앙이 닥쳐도 그것을 역이용하여 행운의 실마리가 될 수 있도록 노력하'는, 그야말로 전화위복으로 삼는 능력이 있었다. 경영자에게 빠뜨릴 수 없는 자질이다. 그는 이런 상황

이 되면 '0'에서 시작할 수 있었다. 그것은 아무 지원도 받을 수 없는 상태로 시작한다는 의미기도 하지만, 동시에 또한,

"자신이 생각하는 방책을 실행할 수 있다."

는것이기도 했다. 사와라에서는,

* 원주민이 그날그날의 식량에도 힘들어하고 있다.
* 그뿐만 아니라 다른 지방과 다른 마을로부터 먹을거리를 찾아 유입되는 부랑자가 많다.

이 두 가지를 어떻게 처리할 것인가가 문제다. 물론 원주민 구제부터 해야 한다. 그리하여 그는 나가사와와 의논해 이런 대책을 세웠다.

* 무엇보다도 먼저 생산자인 농민에게 볍씨와 긴급 식량을 대여한다.
* 마을에 거주하는 주민 중 기아상태에 빠진 자를 우선적으로 구제한다. 마을 안에서 정확한 조사를 실시하여 이름을 써낸다.
* 흘러들어오는 부랑인들에게는 한 사람 당 매일 1문文씩의 돈을 준다. 식량은 전달하지 않는다. 돈을 가지고 다른 곳으로 가도록 유도한다.

그러나 이 대책을 실행하기 위해서는 자원이 필요했다. 다다타카는 지금까지 비축해둔 자신의 저장 물량을 전부 털어 충당했다. 나가사와 지로우에몬에게도 부탁했다. 두 사람은 서로 협력하여 가

지고 있는 쌀과 볍씨를 전부 방출했다. 돈도 내놓았다. 그러나 이것만으로는 성공할 수 없었다. 마을에서는 다음과 같은 현상이 벌어졌다.

* 전당포가 잇따라 휴업하기 시작했다. 저당잡힐 사람이 늘어났음에도 수중에 내줄 돈이 부족해 운영을 할 수 없게 됐다.
* 미곡상이 휴업하게 됐다. 쌀값이 폭등하여 미곡상의 자본으로는 쌀을 들이는 일이 불가능했기 때문이다.

이노 다다타카는 이 새로운 현상에 대한 대책을 내놓는다.

* 전당포에 자금을 융통한다.
* 전당물은 값나가는 물건뿐만 아니라, 가령 냄비와 솥 같은 것도 담보물로 취급해주도록 전당포에 부탁했다. 그 대신에 자금을 융통한다. 단, 찾아오는 상대가 빈궁한 사람이므로 이자는 아주 싸게 매긴다.
* 미곡상에 대한 대책으로는 다다타카가 전년도에 간사이 방면에서 싼값에 들여놓은 쌀을 활용한다.

이 쌀을 미곡상에 싸게 건네주고 부탁했다.

"폭리를 탐하지 말고, 평상시 가격으로 판매해주기 바란다."

이 방법은 요컨대 '돈은 돌고 도는 것'이라는 생각에서 나온 것이다. 다다타카로서는,

"현재는 무사가 아무리 부정하려 해도 돈의 세상이다. 그러나 돈

을 장롱 밑에 처박아 두거나 전당포 금고 속에 재워둔다면 아무 도움이 안 된다. 돈이 세상을 돌고 돌아야 모두가 풍요로워진다. 그러기 위해서는 돈을 내놓게 할만한 정책을 펴야 한다.”

다다타카는 도쿠가와 막부와 다이묘 집안이 연연해하던 ‘쌀 경제’를 부정하고 있었다. 지폐 경제의 진행을 정확히 받아들이고 있었다. 그로 인해,

“돈은 없는 것이 아니다. 전부 어딘가에 머물러 있다. 그것을 돌게 해야 세상을 풍요롭게 할 수 있다.”
고 생각하고 있었다. 원래대로라면 막부와 다이묘 그리고 하타모토가 고민해야 할 문제다.

이 방책은 성공했다. 그 대신 이노 다다타카가 방출한 쌀과 돈의 양은 막대한 것이었다.

인간이라는 존재는 불안한 마음이 들고 그것이 상승효과를 일으키게 되면 혼돈에 빠진다. 모처럼 진정되기 시작한 사와라 마을의 분위기도, 봄이 되자 다시 어수선해졌다. 농민 중에는 아직 여물지도 않았는데 보리를 베는 자가 나오기 시작한 탓이다. 그러면 다른 농민도 이에 질세라 너도나도 따라한다. 소동이 벌어졌다. 다다타카는 곧바로 무라야쿠닌들과 상의하여,

 ＊ 보리 이삭이 여물 때까지 보리를 베지 않도록 한다.
 ＊ 보리가 여물 때까지 버틸 쌀과 돈을 빌려준다.

이와 같이 실시했다. 또한, 이러한 준비도 했다.

* 기근 후에는 반드시 역병이 유행한다. 이를 방지하기 위해 온 마을에 무료로 약을 배포한다.

1787년 여름에, 에도에서는 대규모 약탈소동이 일어났다는 정보가 들려왔다. 무라야쿠닌 중에서는,

"사와라에서도 농민반란이 일어나는 것은 아닐까?"

라고 걱정하는 사람도 있었다. 그리고

"만약 그럴 경우, 지토 사무소의 관리에게 부탁해서 이쪽으로 출장을 오라고 부탁합시다."

다다타카는 고개를 좌우로 흔들었다. 그리고 이렇게 말했다.

"지토 사무소의 관리는 도움이 안 됩니다. 아마 소동에 놀라서 도망가는 것이 고작일 것입니다. 이제 무사는 전혀 도움이 안 되는 세상이 됐습니다. 그보다도 농민들에게 쌀과 돈을 내주어 열심히 일하게 하는 편이 낫습니다.

만약, 농민반란을 부추기는 사람이 생긴다면 우리를 믿는 그 농민들이 마을의 은혜를 고맙게 여겨 반드시 막아줄 것입니다."

이 생각은 상당히 건조하다. 받아들이기에 따라서는,

" 유사시에 농민을 방위군으로 삼기 위해 평소 쌀과 돈을 미끼로 삼는 것이다."

라고 해석할 수도 있다. 그러나 이노 다다타카가 생각한 것은 그런 천박한 '농민이용론'이 아니다. 그는,

* 곤궁한 농민과 시민에게 쌀과 돈을 빌려주는 것은 혜택이 아니다. 지역 공동의 보유 자원을 서로 나누어 가지는 것이다. 마을

후견인 이노·나가사와 양가는 우연히 그러한 지역의 자원을 맡고 있는 사람에 지나지 않는다.

* 그러한 공동소유의 것을 비상시에 서로 나누어 사용하는 마음을 가진다면 주민들도 그런 방식으로 수용할 것이다.

* 다시 말해 지역공동사회에서 더불어 살아가는 일원으로서의 자각을 갖게 할 수 있다.

* 그러한 자각은 예측할 수 없는 사태가 일어났을 때 어떻게 하면 좋을지, 지역공동체의 방위를 위해 개개인이 무엇을 해야 할지, 그 책임감이 가슴을 채울 것이다.

* 그 밑바닥에는 지역공동사회를 구성하는 일원으로서의 신뢰감이 존재할 것이다.

* 마을 후견으로서, 지역의 리더로서 자신의 역할은 그러한 의식을 주민들 마음에 심어주는 일이다.

* 그러기 위해서는 마을후견으로서, 지도자의 권위를 휘두르는 것이 아니라 자각과 책임에 기초한 행동규범을 스스로 보일 필요가 있다.

* 그 드러내는 방식도 억지는 삼가야 한다. 흔히 '뒷모습을 보고 배운다'고 하는데, 그처럼 마을 사람들이 우리의 모습에서 그러한 것을 배울 필요가 있다.

* 지도자라는 사람은 항상 끈기 있게 시간을 두고, 성실하게 하나씩 작은 돌을 쌓아올릴 필요가 있다.

* 또한, 그러한 행위를 하고 있다고 해서 자만하거나 교만하다면, 금세 그 돌산은 허물어진다.

이노 다다타카

이와 같이 생각했다. 이노 다다타카는 지역공동사회에서 휴머니즘을 구축하는 일에 힘을 쏟았다.

이는 마을의 행정 권한을 가진 영주가 무능하기 때문에, 마을후견을 맡은 농민이면서도 그 행정권 일부를 위임받은 존재가 책임을 느끼고,

"영주가 무능하면 대신 나라도 어떻게든 해야 한다."

는 책임감을 발휘한 것이다. 그는 그것을 혼자 하지 않고 언제나 같은 자격을 가진 나가사와 씨 집안과 상담하여 공동으로 하려 했다. 그러나 그뿐만이 아니었다.

"마을 주민은 개개인이 권리를 주장할 뿐만 아니라 의무도 완수해야 한다."

고 생각했다. 주민 개개인이 의무를 완수한다는 것은,

"예측하지 못한 사태가 일어났을 때는 자신들의 노력으로 해결한다."

는 것이다. 막부나 하타모토에게도 기대지 않는다. 기대지 않는다는 것은 그들을 신용하지 않는다는 뜻이다.

주민들은 형식뿐인 영주에게 지배받으면서도, 그 영주는 주민들에게 빚만 지고 권위를 확립하지 않는다. 곤란한 일이 생겨도 도움을 주지 못한다. 만약, 약탈 등의 소동이 일어나더라도 쓰다 가문은 이것을 진압할 힘이 없다. 다다타카는,

"그때는 우리가 우리의 마을을 지켜야 한다."

고 생각했다. 그러나 주민들에게 그런 것을 가르치고 타일러봤자 그들은 기가 죽어 위축될 뿐이다. 공동체 정신을 심어주기 위해서는, 그런 의식이 발휘될 수 있도록 주거환경을 계속 만들어주어야 한다.

또 동시에 생활의 안정을 도모해야 한다.

"내일 먹을 쌀 걱정을 하는 사람들에게 자신들이 살고 있는 지역을 지키라고 해봤자 무리다. 그러한 지시를 내릴 권한이 마을 후견에게 있다면, 주민들이 안심하고 살아갈 수 있도록 상황을 만드는 것이 중요하다. 동시에 지킬 만한 환경의 유지가 필요하다."

다다타카는 그렇게 생각하고 있었다. 그가 어릴 때부터 구주쿠리하마에서 하늘을 쳐다보기도 하고, 혹은 아버지의 본가인 고세키 마을의 하늘을 올려다보면서 느낀 별구름의 인상은 지금까지,

"하늘의 별자리 운행에 비하면 인간세계는 그리 대단한 것이 아니다."

라는 일종의 허무감을 안겨주었다. 그러한 기준을 가지고 있으면 신변에서 벌어지는 어떠한 사건도 대개는 견뎌낼 수 있었다.

〈이런 일은 별거 아니다. 밤이 되면 나에게는 별이라는 친구가 있다.〉

고 생각함으로써 그 싫은 사건을 잊을 수 있었다. 혹은 거리를 두고 대할 수 있었다.

그러나 생각해 보면, 그것은 도피였다. 눈앞에 벌어진 사태와 정면으로 마주하는 것이 아니다. 이노 다다타카는 사와라에 오고 나서 그 일을 곰곰히 생각했고, 지금은 자신만이 높은 곳에 있다는 삶의 태도를 버렸다. 오히려 타인이 직면하고 있는 세상살이에 스스로 나서서,

"이 문제는 내가 책임지고 정리하겠다."

는 자세로 바뀌었다. 다시 말해, 그를 지탱해 온 하늘의 별무리가 지금은 형태를 바꾸어 지역에서 '공공정신'으로 승화하고 있었다.

찾아온 천운

사와라는 길고 길었던 덴메이 대기근을 이노 다다타카와 나가사와 지로우에몬의 협력으로 위기를 벗어났다. 그러자 이상한 일이 일어 났다. 운이 다다타카에게 닿았는지, 아니면 하늘이 그러한 배려를 했던 것일까.

1785년에 다다타카가 간사이의 쌀을 다량으로 매입했을 때, 쌀 값이 그다지 비싸지는 않았다. 그러나 기근이 일어나고 각 지방의 쌀 가격이 점점 폭등했다. 그럼에도 사와라 지방에서의 쌀값은 그 정도로 오르지는 않았다. 그것은 앞에서도 쓴 것처럼 다다타카가 다양한 장치를 한 때문이기도 하다. 그러나 그것만이 아니었다.

사와라가 위기를 극복했을 무렵,

"에도에서는 쌀의 가치가 점점 올라가고 있다."

라는 소문이 들려왔다. 이것을 접한 다다타카는,

"이제 사와라 주민들에게는 쌀 혜택을 주지 않아도 될 것 같다."

라는 확신이 섰다. 남은 쌀을 전부 에도로 출하하여 팔았다. 이 결단 이 생각지 않은 이익으로 남았다. 다다타카는 이 이익을,

"생각지도 않게 이덕利德을 얻었다."

고 했다. 이 말도 다다타카답다. 한낱 이익이 아니라 이익에 '덕'자 를 붙인 것은 그에게 나름의 생각이 있었음이 틀림없다. 아마 그는,

"우리들의 선행에 대해 하늘이 포상을 내려준 것이다."

라고 느꼈을 것이다. 나중에 그는 이 일을 떠올리며,

"그 집(영주 쓰다 씨 가문)은 약한 자에게는 강하고 강한 자에게는 약하다."

는 감상을 토로했다. 재정 상태가 좋지 않은 무사 권력의 허약함을 예리하게 알아맞힌 말이다. 그리고 다다타카 자신은 느끼지 못했지만, 도쿠가와 막부와 다이묘 등, 즉 무사 계급이 화폐경제를 무시하고 쌀경제를 고수하는 한, 점차 그런 경향이 강화될 것이 분명했다.

다다타카는 막연하게 세상의 변화를 예견하고 있었다. 그것은 천체 운행에 법칙이 없는 것 같지만 역시 있는 것과 마찬가지여서,

"이 세상도 어떤 법칙에 기초하여 움직인다."

고 실감했다. 그 세상이 어떻게 변하는가에 대한 구체적인 변화를 파악하기는 힘들다. 그러나 점점 변하고 있다는 사실은 분명했다. 다다타카가 느낀 무사의 권위 상실의 경향은 되돌리기 어려워 보였다. 요컨대 그는 이 단계에서 이미 도쿠가와 막부의 붕괴와 무사계급 소멸을 예감하고 있었다는 의미다.

그렇다면 드디어 자기들 농민이나 상인, 기술자가 인간적인 능력을 발휘할 수 있는 장이 마련될 것이라는 느낌이 들었다.

덴메이 대기근의 위기를 극복한 자신감이 그에게 점차 은퇴에 대해 마음을 굳히게 했다.

그의 생애에서 이 무렵이 일종의 진공상태였을 것이다. 한숨 돌리는 시기이기도 했으리라. 그도 사람이고, 막 마흔 살이 된 사내다. 어떤 계기였는지 한 여성과 만났다.

여성은 내연의 아내로 이노 씨 집안에 들어왔다. 이름도 태생도

확실치 않다. 그러나 이 여성은 다다타카와의 사이에 아들 둘과 딸 하나를 낳았다. 첫째 아들은 슈조秀蔵라 이름 지었다. 훗날 다다타카가 전국 측량의 대사업에 나설 때, 슈조는 조수가 되어 이것저것 가리지 않고 바지런히 다다타카의 일을 도왔다. 그러나 슈조를 낳은 여성은 어느 틈엔가 다다타카의 곁을 떠나버렸다고 한다.

어쩌면 다다타카가 1790년 46세가 되었을 때, 센다이 번仙台藩의 의사인 구와하라桑原라는 사람의 딸 노부를 후처로 맞이했기 때문일 것이다. 그러나 노부도 5년 후인 1795년에 죽는다.

막부가 오랫동안 고수해 온 '쌀 경제'라는 중농주의에 반해, 화폐제도의 진행을 직시하고 중상주의 정책을 취하고 있던 다누마 오키쓰구는 정책수행 중에 뇌물을 꽤 많이 받은 탓에 국민으로부터 미움을 받았다. 그래서 덴메이의 자연재해도 모두 그의 악정惡政에서 비롯된 것이라 여겼다. 다누마 오키쓰구는 1786년 8월에 파면됐다.

그 대신 로쥬의 필두 직위에 올라 쇼군 보좌역에 오른 사람은 '간세이寬政 개혁'을 전개하여 세상 사람으로부터 '시라카와의 물'이라 불린 오슈지방후쿠시마 현(福島県)의 시라카와 번주인 마쓰다이라 사다노부松平定信였다. 사다노부의 정치는 1793년 7월까지 계속됐다.

사다노부는 인간의 논리를 중히 여기는 인물로 어렸을 때부터 자신에게도 엄격했다. 《자교감自教鑑》[5]이라는 스스로 옳고 그름을 일깨우는 글을 지어 인격도야에 힘써왔다. 그가 로쥬의 필두가 되어 적극적으로 전개한 간세이 개혁은,

"교호享保 개혁을 견본으로 삼는다."

---

5 자신을 훈계하기 위해 쓴 글이다.

는 것이었다. 교호 개혁이라는 것은 두말할 나위도 없이 8대 쇼군 도쿠가와 요시무네德川吉宗가 전개한 정책이다. 이 정책의 큰 줄기는,

* 대대적으로 검약을 실시하고, 헛된 비용을 절약한다.
* 막부의 권위를 확립하기 위해 무사의 기풍을 쇄신한다.
* 그러나 외국의 우수한 과학 문명 등은 적극적으로 수용한다.

등의 것이었다.

마쓰다이라 사다노부가 실행한 것은 이 중에 '대대적인 검약 실행'과 '무사의 기풍 단속'이다. 생각해 보면, 요시무네의 '공격적인 개조', 다시 말해 적극적인 정책은 그다지 수용하지 않았다. 그는 기풍 단속에 중점을 두었다. 그리하여 나중에,

시라카와의 너무 맑은 물에 물고기도 살지 못해
원래의 더러운 다누마가 그립네.[6]

라고 다누마 오키쓰구가 전개한 적극적인 정책을 그리워했다.

또, 요시무네가 외국의 과학문명에 관심을 가졌던 것처럼, 그 자신도 천문학과 역학에 깊은 관심을 갖고 있었다. 그가 에도성 안에 우량계雨量計를 만들어 강우량을 측정하고, 그 비의 양에 의해 일어날 재해를 예견했다는 이야기는 유명하다.

---

6   원문: 白河のあまり清きに魚も住みかねて / もとの濁りの田沼恋ひしき.

요시무네 시대의 역법은 대부분 중국에서 전해진 것이었다. 시부카와 슌카이渋川春海가 조쿄 달력貞享曆을 만들었지만, 이것 역시 중국의 역법을 기초로 한 탓에 점차 오차가 현저해졌다.

요시무네는, 교토京都 긴자銀座, 은화를 만들던 관청의 관리로 이 방면에 밝은 수학자 다케베 가타히로建部賢弘를 불러 막부의 역법에 관한 일을 맡기려 했다. 그러나 다케베 가타히로는,

"저는 나이가 많습니다. 그대신 문하생 중에 나카네 겐케이中根元圭를 추천합니다."

라고 대답했다. 다케베 가타히로는 당시 일본의 수학자로 유명한 세키 다카카즈関孝和의 우수한 제자였다. 따라서 나카네 겐케이는 세키 다카카즈의 제자의 제자에 해당한다.

요시무네는 승낙했다. 그래서 나카네 겐케이가 1717년에 에도로 상경했다. 그는 그 방면에서의 자신의 연구 성과를 발표하고,《고력편람古曆便覽》과《수시력속해授時曆俗解》등의 책을 썼다.

그러나 여기에 오차가 생겼다는 것은, 나카네 겐케이의 입장에서는 자신의 연구 성과 또한 그 오차를 포함한 채 이루어졌음을 의미한다. 그래서 그는 요시무네에게 의견을 낱낱이 보고했다.

"간에이寬永 연간1624~1644에 가톨릭 농민반란이 일어나 서양의

과학서를 일본에서 읽을 수 없게 금서령이 내려졌습니다. 이것을 완화하여 서양의 과학 서적을 수입할 수 있도록 허락해주시면 달력의 오차도 바로잡을 수 있습니다."

요시무네는 이를 깨달았다. 그리고 1720년에 금서령이 완화됐다. 이로 인해 서양의 천문학 서적이 일본에 계속 들어올 수 있게 되었다. 이런 점에서 요시무네는 검약일변도의 개혁자가 아니다. 머나먼 서양문명에 관심을 갖고, 이를 도입하여 일본의 문화 수준을 높이려고 노력한 쇼군이었다.

그러나 마쓰다이라 사다노부는,

"간세이 개혁은 교호 개혁을 견본으로 삼는다."

하면서도 막부 교육기관의 강한 요청에 따라, '이학 금지異学の禁'라는 법령을 발포하고 말았다. 이학 금지란,

"관학인 쇼헤이자카昌平坂 학문소에서는 주자학 이외의 학문을 가르쳐서는 안 된다."

는 것을 의미한다. 국가의 기본학문을 주자학으로 한정하면서도 민간에서 외국의 학문을 배우는 것은 용인했다. 그 때문에 네덜란드 학문蘭学을 중심으로 많은 서양학자가 길러졌다. 그들 동아리는 사다노부의 간세이 개혁 최전성기인 1794년 윤 11월 11일에 '네덜란드의 정월'을 축하하는 모임을 열었다. 이날이 서양 달력에서 1795년 1월 1일에 해당하기 때문이다.

태양력과 태음력에는 이런 차이가 있었다. 나중에 일본이 메이지 이후 기원절로 2월 11일을 설정한 것은 이날이 태음력 1월 1일에 해당하기 때문이다. 현재 '건국기념일'로 부활하였다.

마쓰다이라 사다노부의 엄격한 개혁에도 불구하고 네덜란드 학

문 수용을 인정한 것은 국방문제가 제기되고 있었기 때문이다. 특히 일본의 북방을, 러시아를 비롯한 열강이 빈번히 노리고 있었다. 또 구나시리도国後島, 홋카이도 동쪽 태평양에 있는 섬에서는 아이누족이 반란을[7] 일으키고 있었다. 그래서 사다노부는,

"마쓰마에 번松前藩에 에조蝦夷, 홋카이도의 옛 이름 지역을 계속 위임해도 괜찮을까?"

라며 걱정하고 있었다. 동시에,

"해변이 있는 다이묘 집안은 각각 해안방비 책임을 강화해야 한다."

고 생각했다. 자연스럽게,

"일본은 도대체 어떤 지리 지형을 갖추고 있을까? 정확한 측량을 실시하여 이를 바탕으로 지도로 만들 필요가 있다."

는 결론에 도달했다. 때문에 국방을 기초로 한 정책을 펴기 위해서는 마쓰다이라 사다노부도 서양 과학을 전면 금지할 수는 없었다.

다만 이것에도 한계가 있었다. 일본의 서양학자들이 서양 학문을 배우고 가르치는 것을 인정하고, 또 다양한 서적의 간행도 허가했지만, 단 하나

"그렇다고 해서 막부의 정치를 비판하는 것은 용서하지 않겠다."

고 분명하게 선을 그었다. 그 때문에 《해국병담海國兵談》을 쓴 하야시 시헤이林子平는 서구 열강이 바다를 통해 침략해 올 수 있다고 경고하자, "정치에 간섭해 민심을 흉흉하게 한다"는 이유로 처벌하였다.

---

7 홋카이도(北海道)나 사할린·쿠릴 열도 등에 거주하던 민족이다. 메이지 정부의 개척·동화 정책으로 고유 풍속이나 문화가 거의 파괴되었다.

양명학자 구마자와 반잔熊沢蕃山의 서적도 싫어했다. 천황의 존재를 소리 높여 주장하고 막부 정치를 비판한 존왕사상가 다카야마 히코쿠로高山彦九郎에게도 자결을 명했다. 이 해, 하야시 시헤이도 죽었다. 그는,

　　"부모도 없고, 아내도 없고, 자식도 없고, 인쇄 목판도 없고, 돈도 없지만 죽기도 싫다."[8]

라는 6개의 상실감에서 스스로 '6무재六無斎'라 칭하고 스스로를 비관하며 죽었다.

　　그러고 보면, 이노 다다타카가 덴메이 대기근을 극복한 시기는 다누마 정치가 끝나고 마쓰다이라 정치가 시작된 때이고, 동시에 국방 문제와 일본의 적극적인 측량이 요구되던 때이기도 했다.

　　이러한 분위기가 에도에 지점을 갖고 있던 다다타카에게 연이어 전해졌다. 에도의 가마쿠라 강변에서 장녀 이네의 남편 세이에몬 가게아키盛右衛門 景明가 점포를 운영하고 있었다. 다다타카는 세이에몬에게 부탁해 교토의 출판사로부터 다음과 같은 책을 샀다.

　　《고력편람古暦便覧》, 《수시력속해授時暦俗解》, 《역산계몽暦算啓蒙》, 《율습력律襲暦》, 《관상력観象暦》 등이었다. 당시 일본 출판업은 대부분 교토에 모여 있었다. 교토는 공예품 생산도시인 동시에 출판문화의 근원지이기도 했다.

　　1789년 1월 25일에 연호가 간세이寛政로 바뀌었다. 이 해 7월 14일, 프랑스 대혁명이 일어나 혁명파는 '인권선언'을 발표했다. 세계적으로도 여러 동란의 물결이 일어나기 시작했다.

8　원문: 親も無し妻無し子無し版木無し金も無けれど死にたくも無し.

5장 : 새로운 출발

'자기완성'을 위한 결단

마쓰다이라 사다노부松平定信가 계획한 일본 전국의 실태를 밝히는 데에는 역법이 필수 불가결하다. 천문학과 역법을 무시한 채 애써 측량하고 지도를 만들어 봐야 쓸모가 없다. 그래서 사다노부는 막부의 '천문방'을 강화 확충하고 달력국曆局도 설치했다.

그러나 사다노부가 생각하기에, 막부 천문방 관리들의 학문은 아무래도 조금 뒤처져있는 것 같았다. 그는 이따금 오사카 쪽에서 민간학자로 서양 학문을 수용하여 역법을 개선하고자 하는 아사다 고류麻田剛立에 관한 소문을 들었다. 그리하여 아사다 고류에게 사람을 보내,

"막부 천문방에 와서 역법 개정에 협력해주기 바란다."
고 부탁했다. 그러나 아사다 고류는,

"저는 나이가 많습니다. 그 대신 문하생인 다카하시 요시토키와 하자마 시게토미를 보내겠습니다."
라며 제자 두 사람을 추천한 사실은 앞서 밝힌 바 있다.

이러한 기운이 한창 무르익을 때와 우연이 일치하는 것은 이노 다다타카의 노력이나 뜻한 일이 아니었다. 이따금 그런 기운과 우연이라는 점들이 모여 커다란 면을 만든다. 여기서 말하는 면이란 이노 다다타카가 이른바 '제2의 인생'을 걷게 될 장을 가리

킨다.

새로 맞이한 아내 노부의 아버지는 구라하라 다카토모桑原隆朝라는 센다이 번의 의사다. 센다이 번의 의사 중에는 유명한 구도 헤이스케工藤平助[1]가 있다. 다누마 오키쓰구 시대에 구도 헤이스케는《캄차카풍설고赤蝦夷風説考》라는 의견서를 제출했다. 이것은 구도 헤이스케가 북방의 여러 가지 떠도는 정보를 듣고 기록한 것이다. 이 책에서 구도 헤이스케는,

 * 북방의 방비를 견고히 한다.
 * 그러나 남하해 오는 러시아와 쓸데없이 전쟁할 것이 아니라, 오히려 적극적으로 무역할 것을 권한다.

라는 내용이었다.

다누마 오키쓰구는,

"나가사키에서 네덜란드, 중국과 무역을 하고 있으니 이를 확대하여 러시아, 프랑스, 영국 나아가 미국까지 넓혀도 좋지 않을까."

라는 무역확대론을 생각하고 있었다. 그러나 그는 실행으로 옮기기 전에 실각해 버렸다. 다누마 오키쓰구를 추방한 마쓰다이라 사다노부도 북방문제는 이 정책을 그대로 실행했다. 다누마의 정치를 모두 부정한 것은 아니다.

"북방에 대한 방비는 일본의 국정에서 빠뜨릴 수 없는 중대한

---

1 에도시대 중기의 센다이 번(仙台藩) 에도공관의 의사이자 경세가다.

문제다."

라는 인식은 사다노부에게도 있었다.

　　그러한 배경이 있는 센다이 번의 의사 집안에서 태어난 노부도 들은 풍월이 있어 그런 방면에 관심이 많았다. 시집온 이노 씨 집안에서 호주인 다다타카가 열심히 천문학과 역학관련 책에 빠져있고 밤이 되면 밖으로 나가 하늘을 우러러 별의 운행을 살피는 모습을 자주 보았다.

　　어느 날 노부는 이렇게 말했다.

　　"당신은 진정 하고 싶은 일이 따로 있으신 게 아닌가요?"

　　"음?"

　　다다타카는 놀라서 뒤돌아보았다. 노부는 미소 짓고 있었다.

　　"들은 바로는, 사와라를 위해 꽤 많이 애쓰신 걸로 알고 있어요. 가업도 이제 흔들리지 않을 정도로 안정되어 있어요. 단호하게 은퇴하시고 진짜 하고 싶은 일을 하시면 어때요?"

　　"!"

　　다다타카의 눈은 놀라는 기색이 역력했다. 그러다가 곧 그의 눈이 빛나기 시작했다.

　　"당신은 정말로 그렇게 생각하시오?"

　　"네. 의사이신 아버지는 환자에게 곧잘 이런 말씀을 하셨어요. 하고 싶은 일을 하지 않는 것이 몸에 가장 나쁘다고 말이에요."

　　"재미있는 말을 하시는구려."

　　다다타카는 웃었다. 그러나 장인어른의,

　　"하고 싶은 일을 하지 않는 것이 몸에 가장 나쁘다."

는 이야기는 그의 마음에 와 닿았다.

"암 그렇고말고!"

노부의 권유를 계기로 다다타카는 마음이 조급해져 견딜 수 없었다. 진짜 하고 싶은 일은 천문학 연구와 역학이다. 좀 더 확실히 말하자면, 지금 에도에서 빈번하게 전해오는 '일본 전국 측량'이다.

"만약 막부가 일본 측량을 시작한다면 나도 꼭 그 일에 동참하고 싶다."

라는 마음은 날이 갈수록 더해지고 있었다. 그러던 차에 갑자기 새로 맞은 아내 노부가 그렇게 의중을 살펴준 데 대해 다다타카는 고마운 마음이 들었다. 동시에 가슴속의 불씨가 한순간에 타올랐다. 다다타카는 고개를 크게 끄덕이고 있었다. 그러나 이렇게 말했다.

"집안일은 괜찮겠소?"

"괜찮아요. 가게타카도 이제 성인이 되었으니 집안일은 걱정하지 않으셔도 돼요. 당신이 튼튼한 토대를 쌓아주셔서 우리는 그것을 지켜나가면 돼요."

"무척이나 믿음직한 말을 해주었소. 고맙소. 그럼 에도에 계신 영주 쓰다 님에게 은퇴 허락을 청원해 보겠소."

그리하여 다다타카는 급히 지토 사무소로 가서,

"아무쪼록 은퇴를 허락해 주십시오. 가업은 장남인 가게타카에게 물려주겠습니다. 앞으로도 지금처럼 변함없이 무슨 일이든 하겠습니다. 부디 양해해 주십시오."

라고 은퇴청원서를 제출했다. 지토 사무소의 관리는 바로 이 내용을 에도에 있는 쓰다 님에게 전했다. 그러나 쓰다 씨 집안에서는 마침

젊은 아들이 가업을 승계한지 얼마 되지 않은 터라,

"이노에게 마을 후견직을 그만두게 한다면 곤란하다. 양쪽 모두 젊은 호주에게 맡겨서는 안심할 수 없다."
라는 선대의 의견이 있어서,

"그대의 은퇴는 인정할 수 없다."
은퇴를 불허한다는 통지가 왔다. 다다타카는 맥이 빠졌다.

그렇다고 다다타카가 은퇴를 단념한 것은 아니다. 그는 쓰다 가문의 허가를 얻기 위해 온갖 노력을 다 했다. 그리고 은퇴의 그 날을 위해 '가훈'을 만들기로 했다. 가업과 마을후견 업무의 대부분을 아들 가게타카에게 맡겼다. 1791년 다음과 같이 가훈을 완성했다.

제1 절대 속이지 않고, 효제충신孝弟忠信하고 정직하라.
제2 신분의 상하에 관계없이, 교훈이견教訓異見이 있으면 급도상용急度相用 반드시 지켜라.
제3 독경겸양篤敬謙讓으로, 언어진퇴言語進退를 너그러이 하여 만사에 자기를 낮추고, 사소한 논쟁도 해서는 안 된다.

세 가지 모두 극히 당연한 것이 적혀있는 것 같지만, 선배 학자인 고지마 가즈히토小島一仁 씨의 해설에 따르면, 반드시 그렇지는 않다고 한다. 1의 "절대로……정직하라"는 것은 분명히 다다타카의 상인적 감각에 바탕을 두고 있지만, 다다타카 자신에게도 몇가지 아픈 기억이 있었다고 한다.

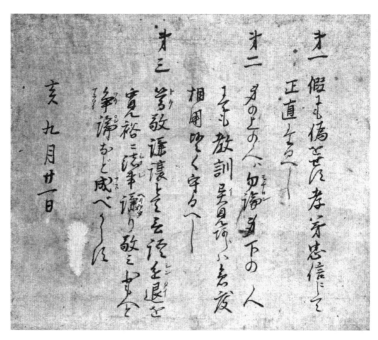

가훈(《伊能忠敬》, 星埜由尚 著, 平凡社, 2018, 121p.)

집에 거주하는 인원수에 비해 쌀 사용량이 많은 것을 다다타카가 어느 날 알아차렸다. 조사해보니 밥 짓는 종업원이 아침에 쌀을 씻을 때마다 조금씩 덜어내어 우물가에서 몰래 빼돌린다는 사실을 밝혀 냈다. 다다타카는 그녀를 곧바로 내보냈다. 그는 다른 사람에게 속 는 것을 몹시 싫어했다. 그 자신이 성실하고 정직했기 때문에 결코 다른 사람을 속이지 않았다. 때문에 그로서는,

"다른 사람에게 속고 싶지 않다."

는 생각이 있었다. 그러나 동시에,

"모든 사람이 거짓말을 하지 않는다는 것을 믿고 싶다."

는 바람도 있었을 것이다.

또, 그가 사와라의 나누시가 되었을 때, 때마침 경기가 나쁜 시절이었던 탓에 그해의 제례를 검소하게 치르자고 합의한 일이 있었다. 그러나 그때 그것을 잘 이해하지 못한 주민들이 예년처럼 이노 씨 집으로 찾아와,

"기부를 부탁합니다."

라고 청했다. 다다타카는 거절했다.

"이번 제례는 아주 검소하게 치르자고 막 부탁을 하고 오는 길이다. 기부는 불가하다."

기부를 받으러 온 주민들은 서로 얼굴을 마주 보며 맥없이 물러섰지만, 큰길로 나가면서 들으라는 듯이 욕을 해댔다.

"이번 이노 씨 집안의 사위는 구두쇠다."

그러나 구두쇠와 검약의 차이는 앞서 밝힌 대로다.

"이치에 어긋나는 경비는 절약한다. 그러나 이치에 닿는 비용에 대해서는 과감히 내놓는다."

는 것이다.

2의,

"신분의 높고 낮음에 관계없이, 교훈이 되고 바른 의견이라면 반드시 수용하고 지켜라."

라는 교훈은 현대의 조직 운영에도 통하는 말이다. 윗사람은,

"아랫사람의 의견을 들어야 한다."

고 하지만, 그것은 말뿐이지 실제로는 듣지 않는다. 특히 자기의 생각과 반대되는 의견은 전부 묵살하거나 혹은 화를 낸다. 윗사람이 이런 마음을 가지고 있기 때문에 중간에 있는 사람도 점차 귀에 거슬리는 아랫사람의 의견은 위로 전달하지 않게 된다. 듣기 좋은 말

이나 아첨 같은 것만 수용한다. 그리고

〈나도 참 대단한 사람이야. 모두 나를 칭찬하잖아.〉

라며 착각에 빠진다. 이렇게 되면 리더로서의 타락이 시작된다. 자신에 대한 엄격함을 잃은 리더는 그만큼 긴장감을 잃었다는 의미다. 동시에,

"끝없이 자기 변혁을 하고, 자신의 수준을 높여가자."

라는 향상심向上心을 잃은 의미기도 하다. 옛날 어느 고명한 작가가,

"스모일본 씨름의 아름다움은 두 씨름꾼이 맞붙을 자세를 취하는 긴장감에 있다."

고 했다. 다시 말해, 두 씨름꾼이 경기시간이 다 되어 맞서 겨루는 아름다움보다, 오히려 맞붙을 자세를 반복할 때의 육체야말로 각각의 기백과 긴장감이 감돌아 인간의 육체미를 발견할 수 있다는 것이다. 이 생각은 어디에나 적용할 수 있다. 리더 또한 부하를 이끄는 순간에 아름다움이 있는 것이 아니라 그 리더십을 스스로 익혀가는 과정의 고독한 노력에 그러한 인간미가 드러난다는 의미다.

이노 다다타카가 가훈을 정한 것은 어쩌면 자신의 입장을 투영하고자 한 데서 비롯되었으리라. 즉 그가 데릴사위로 들어갔을 당시의 처가나 혹은 사와라에서도 그의 의견은 제대로 존중받거나 반영되지 않았다.

"다른 지방에서 온 데릴사위가 사와라의 사정을 알 턱이 있겠어?"

라며 그 마을에 오래전부터 살고 있던 사람들은 그렇게 반발했을 것이고, 또 이노 씨 집안 내부에서도 한두 명을 제외하고는,

"실컷 여기저기를 쏘다니다 온 이 사내가 정말 명문 이노 집안의 주인으로서 책임을 다할 수 있을까?"

라는 의문을 가진 것은 분명한 사실이다. 바늘방석이랄까, 찬바람이 휘몰아치는 자리에 오랜 시간을 버틴 다다타카는 그렇다고 그에 반발하거나 삐뚤어진 적은 없었다. 그는,

〈분명히 자신은 어렸을 때부터 고생했다. 그렇다고 근성이 삐뚤어져 있는 것은 아니다. 매서운 바람이 불더라도 바로 그에 맞서려는 마음은 없다. 오히려 왜 그 바람이 자신에게 휘몰아치는 것인지, 또 어디에서 불어오는 것인지, 그 바람을 멈추게 할 수는 없는지를 생각하는 것이 중요하다. 결과에는 반드시 원인이 있다. 원인을 탐구하면 반드시 해결 방법을 찾을 수 있다.〉

고 생각해왔다. 이것은 다다타카의 특성인 합리성 혹은 과학성이 짙은 사고방식이라 해도 좋을 것이다.

이러한 사고방식을 꿰뚫는 데는 뭐니 뭐니 해도 끈기와 시간이 필요하다. 다다타카는 그 끈기와 시간을 활용했다. 끈기는 자기 자신의 문제다. 시간은 자연의 문제로 어쩔 도리가 없다. 그러나 세상의 모든 일은,

"시간이 해결한다."

고 한다. 시간이라는 것은 인간에게 천군만마와 같은 아군이다. 다다타카는 이것을 많이 이용했다. 그는 어렸을 때부터 줄곧 하늘의 별무리를 보아왔기 때문에 시간의 유구함을 알고 있었다. 말하자면 그의 머릿속에 있는 것은 언제나 '무한의 시간'이다. 앞에 쓴 서머셋 모옴의《인간의 굴레》라는 작품에서 주인공 필립에게 철학자 크론소가 말했다.

"천체의 움직임에 비교하면 인간의 행위 따위는 벌레와 같은 것이다. 조건이 갖추어져 인간이 태어나고 조건에 따라 인간은 죽어간다. 그리 대단한 것이 아니다……"

그러나 다다타카가 현실적으로는 지역의 리더로 행동해야 하는 이상,

"지역의 문제는 하찮은 것으로 별의 움직임에 비하면 아무 의미도 없다"

는 식으로 말하지 않았다. 그는 신중하게 그 문제들과 씨름했다. 그런 자세가 점차 이노 씨 집안 사람들은 물론 지역 사람들의 마음을 움직였다.

"이 사위님은 보통내기가 아니다."

라고 생각하게 했다. 다다타카가 지역 문제와 씨름할 때도 그는 그때까지 지역에 전해 내려오던 옛 방식으로 모든 것을 해결한 것은 아니다. 그 나름대로 생각하여,

"이편이 더 합리적이다."

는 판단이 들면, 전해 내려오는 인습을 연이어 타파했다. 그는 언제나 세상을 방해하고 있는 세 개의 벽 즉,

  * 사물의 벽
  * 구조의 벽
  * 마음의 벽

에 도전했다. 그리고 이노 씨 집안 사람들이나 지역사람들도 처음에는,

"이 사위님은 옛 관습을 존중하지 않는다."

고 반발했다. 그런데 다다타카가 말한 대로 해보면 의외로 그것이 세상의 도리고, 동시에 사람들이 살아가는 데 편리한 점이 많았다.

"과연, 여태까지의 방식보다 사위님의 방식이 더 낫다."

는 것을 모두가 느꼈다. 다다타카의 영향력은 점점 더 커졌다. 비록 그가 축제를 위한 기부를 거절한 적은 있지만, 가지고 있던 돈을 과감하게 내놓고 기근에 대비하여 간사이에서 싼값의 쌀을 대량으로 매입해 두는 등의 행위를 보고는,

"과연, 저 분이 하는 일은 다르다. 자신의 살림살이는 허리띠를 단단히 죌망정 지역을 위해 거금을 내놓는 일은 아무렇지도 않게 생각한다."

고 느끼게 되었다.

다다타카가 한 일은 요즘 말로 하면 '구조조정'이다. 구조조정이라는 말은 불황에 허덕이는 기업조직이 감량경영을 위주로 하는 절약 일변도의 의미로 해석하는 경향이 있는데, 원래는 그런 것이 아니다.

* 상황이 점점 바뀜에 따라 고객의 필요사항도 바뀐다.
* 지금까지의 필요사항 중에서도 특히 더욱 확대했으면 하는 것, 혹은 새롭게 부각된 것 두 가지가 있다.
* 이때 경영주체는 경우에 따라 어떤 사업에 대한 확대재생산, 혹은 신규 사업을 펼칠 필요가 있다.
* 아쉽게도 그 일들을 추진하는 데 자금이 부족하다.

＊ 그에 따라 과감하게 예산 절감을 단행한다. 절감으로 발생한 자금을 고객의 필요에 대한 확대재생산 또는 신규 사업을 펼친다. 과감한 설비투자와 인력, 예산을 뒷받침한다.
＊ 그렇게 되면 당연히 조직 개편, 인사이동, 사업 교체 등이 이루어진다.
＊ 그러나 인간이란 보수적인 면이 있어서 자신이 해당되면 반대한다. 즉, 흔히 말하는 '총론찬성 각론반대'가 그것이다.
＊ 이러한 경향이 있는 조직을 어떻게든 설득하여 새로운 경영방침에 협력하게 하는 것이 진짜 구조조정이다.
＊ 무엇보다 중요한 것은 처음에 반대·대립한 사람도 결과적으로는 납득하여 한 사람도 남김없이 모두 함께 하는 것이다.

다다타카가 처가와 지역에서 벌인 일은 바로 이 프로세스를 따른 것이다. 그런 의미에서 다다타카는 또,

"에도시대 구조조정의 명인"

이라 할 만하다. 이를테면 그는 자질이 뛰어난 리더십의 소유자였다. 그리고 그 리더십 역시 선천적인 것이 아니라, 그때그때 자신이 처한 상황에 진솔하게 마주하고 필사적으로 해결책을 강구한 결과 얻은 것이었다.

그런 까닭에 두 번째 그의 가훈에는 자신이 경험한 역정과

"인간의 노력에는 끝이 없다. 또 상대방을 처음부터 단정 지어서는 안 된다. 이견이나 의견이 있는 이의 말을 순순히 들어야 한다. 또 이견을 좀처럼 말하지 못하는 이에 대해서는 이쪽에서 의중을 떠보고 그것을 끌어내도록 노력해야 한다."

그런 노력의 결과, 이노 씨 집안에서나 사와라에서 자신의 말이 상당히 통하게 된 것이 아닌가 하는 자부심도 포함되어 있었을 것이다. 그러나 이는 다다타카 스스로 할 수 있는 말이지, 그 외의 누구나가 할 수 있는 말이 아니다. 피와 땀이 밴 세월의 축적이 있고 나서야 비로소 위와 같은 말을 할 수 있는 것이다. 특히,

"아랫사람의 의견도 꼭 귀 기울여 들어야 한다."

는 생각은 중요하다. 당시는 신분 사회였기 때문에,

"위를 보지 마라, 아래를 보라."

고 하던 시대다. 동시에,

"윗사람을 무조건 따르라."

말대답이나 반대 혹은 지시나 명령을 거역하는 행위는 절대 용납받지 못했다. 이는 유학儒學에서 온 무사 사회에서의 '군신의 대의'에 뿌리를 두고 있다. 센고쿠戰國 시대는 반대로,

"주군이 주군답지 않으면, 신하는 신하답지 않아도 된다."[2]

라는 것이 모토였다. 즉,

"주인이 주인답지 않으면, 부하도 부하답지 않게 행동한다."

는 의미다. '주인이 주인답지 않으면'이라는 말의 의미에는 '부하에 대한 생활 보장 능력'이 최대의 기준이라는 인식이 내포되어 있다. 결국, 부하를 먹여 살릴 능력이 없으면 부하는 점점 주인을 단념하게 된다는 사고방식이다. 그렇다고 언제까지나 이런 사고방식을 유지한다면, 안정기에 접어 들어섰을 때의 주인은 참을 수 없을 것이다. 그래서 도쿠가와 막부는 중국의 유학 중에서 '주자학'을 도입했다.

2　원문: 君, 君たらざれば, 臣, 臣たらず.

주자학은 주군과 신하의 태도를,

　　"주군이 주군답지 않아도 신하는 신하다워야 한다."

고 해석했다. 즉,

　　"주군에게 덕이 없고 주군으로서의 길을 다하지 않더라도, 신하
　　는 신하로서의 길을 지키고 충절을 다하라."

는 것이다. 고용주에게 유리한 아전인수식의 일방적인 논리다.

　　그러나 안정기에 접어든 후 쇄국으로 일관함으로써 일본 열도
를 거대한 울타리에 가둬버린 도쿠가와 정권은 이 논리를 국민에
게 강요했다. 그것을 무사 계급은 물론 일반 시민에게도 적용했다.
소위 호상豪商, 돈 많은 상인이라든가 명문이라 불리는 상가商家에서는
이를 아전인수식 좌우명으로 삼아 대대로 지켰다. 피고용인은 반
노예나 다름없는 처지에 내몰렸다. 따라서 그러한 일이 구석구석
스며들어 있던 에도시대 중기에 이노 다다타카가 이러한 인식을
하는 동시에 가훈으로 문서화한 일은 상당히 혁신적인 것이라 할
수 있다.

　　현대의 조직에 견주면, 이는 아래에서 위로 올라가는 의견, 소위
'하의 상달'식 관리방식이다. 조직에서도,

　　＊ 정보, 지시가 위에서 아래로 내려가는 상의하달
　　＊ 아랫사람이 갖고 있는 불평불만과 의견이 위로 올라가는 하의
　　　상달

이 두 개가 변함없이 서로 교류하는 관리방식이 조직을 활기차
게 움직이게 한다. 따라서 상의하달과 하의상달의 두 회로는 조직

운영에서 불가결한 요소다. 이노 다다타카는 그것을 이미 실행하고 있었다. 그리고 그가,

"아랫사람의 의견을 존중해야 한다."

고 말한 것이야말로 그가 어릴 때부터 고생하며 밑바닥 사람들이 하고 싶은 말이 있어도 하지 못하고, 또 윗사람의 생각이 틀렸다 하더라도 결국은 무조건 윗사람을 따르라는 논리 때문에 아무 말도 하지 못했기 때문이고, 그 스스로 괴로움 속에 있는 사람들을 수없이 보아왔기 때문이다. 단순히 즉흥적인 생각으로 얻은 교훈이 아니다.

세 번째 "독경겸양말과 행동을 겸손하게"으로 시작하는 가훈은, 지역에 대한 마음가짐을 서술한 것이리라. 동시에 그것은 한 집안의 주인으로서의 마음가짐이기도 했다. 그가 쓴 내용은 다른 명문 상가의 가훈에서는 쉽사리 찾아볼 수 없다. 다시 말해 이 문장은 어디까지나 호주에게 하는 훈계이기 때문이다. 게다가,

"언어진퇴말과 행동를 너그러이 하여 모든 일에 자기를 낮추고, 사소한 논쟁도 해서는 안된다."

는 자세한 훈계는 순전히 탑 리더의 '자기도야'를 추구하는 것이다. 흔히 이 무렵의 면학 교재로 사서오경《대학》,《중용》,《논어》,《맹자》의 4서와 《역경》,《서경》,《시경》,《예기》,《춘추》의 5경이 쓰였다. 중국 교과서 9권을 열거해 놓은 것이다. 그 사서 중 최고인《대학》에 '겸양겸손한 태도로 남에게 양보하거나 사양하는 아름다운 마음'이라는 덕목이 나온다.

이 '겸양'이라는 덕목을 다시 한 번 일으키려고 흥양관興讓館이라는 학교藩校를 만든 이가 있다. 이노 다다타카보다 조금 앞서 데와出羽, 지금의 아키타 현(秋田県)과 야마카타 현(山形県) 지방 요네자와 번米沢藩의 경영개

혁을 이룬 우에스기 요잔上杉鷹山[3]이다. 물론 요잔이 명명한 것은 아니고, 그의 학문적 스승인 호소이 헤이슈細井平州가 지은 것인데 그의 관점으로는,

* 지금 세상에서 제일 중요한 것이 '겸양'이라는 덕목이다.
* '겸양'이라는 덕목은 단순히 '양보하다'의 뜻만 있는 것이 아니다. 좀 더 적극적으로 다른 사람이나 지역에 자신의 부나 덕을 베푼다는 것도 포함된다.

라고 정의했다.

흥양관이라는 학교는,

"지역에서 상호 간에 휴머니즘을 지닌 인재를 육성하자."

라는 목적으로 만들어진 것이다. 오늘날에도 '겸양'이라는 덕목이 얼마나 결핍되어 있는가. 사람들은 자신의 이익을 좇아서, 다른 사람을 밀쳐내고, 끼어들어, 딴죽을 걸고, 너나없이 혈안이 되어 이익을 향해 내달린다. 지금 세상에서 가장 부족한 것은,

* 기다리는 것
* 잠시 상황을 관찰하는 것
* 다른 이에게 감사하는 것
* 타인에게 양보하는 것
* 자신이 가지고 있는 것을 다른 사람의 행복을 위해 베푸는 것

---

3   에도 후기의 다이묘로 행정·재정개혁을 통해 재정 위기에 처한 번을 구했다.

등의 정신이다. 니노미야 손토쿠二宮尊德[4]가 주장한 추양推讓이 이에 해당한다. 니노미야 손토쿠는 인간의 삶의 방식으로 다음 네 가지 항목을 설정했다.

* 분도分度
* 근검勤儉
* 추양推讓
* 보덕報德

이다. 분도라는 것은 자신의 분수를 아는 것이다. 조건에 맞추어 자신의 생활 태도를 결정한다. 근검은 '근고勤苦, 마음과 힘을 다하여 애씀하고 검약'하는 것이다. 단순히 근로勤勞, 심신을 수고롭게 하여 일에 힘씀라는 말을 사용하지 않고 일부러 근고라 한 것은,

"황무지를 개간하는 등의 고통을 동반한 노동이 인간을 단련시킨다."

고 보았기 때문이다. 도전정신을 발휘함과 동시에 고통에 맞섬으로써 인간은 더욱 발전할 수 있다. 그리고 근고하면 반드시 부를 얻을 수 있다. 그 부를 자신의 분수에 맞게 사용하면 반드시 잉여가 생긴다. 그 잉여를,

"다른 사람과 지역사회를 위해 내놓는다."

이것이 추양이다. 그렇게 되면 받은 쪽은 반드시 감사한 마음을

---

4   농정가(農政家)로 보덕사(報德社)의 개조(開祖)다(1787~1856). 그의 사상은 덕치주의를 근본으로 하였으며, 불교·신도(神道) 등을 혼합한 심학풍(心學風)의 서민적 교학이었다.

갖는다. 그리고

"받은 만큼 자신은 위기를 벗어날 수 있었다. 베풀어준 사람에게 답례하자."

라는 생각이 든다. 성실한 사람이라면 보답을 할 때, 받은 만큼이 아니라 이번에는 그에 답례하는 마음을, 가령 이자로 더 내놓을 수도 있을 것이다.

"그것이 사회 만인을 윤택하게 할 자금이 된다."

고 그는 생각했다. 이런 인식에서,

"니노미야 손토쿠가 발명한 것이 현재의 신용계無盡[5]나 신용 조합의 원천."

이라 주장하는 사람이 있는데 꼭 그렇지는 않다. 그는 그런 돈의 회전만을 생각하고 '겸양'을 이야기한 것이 아니다. 모든 사람이 타인과 지역사회를 생각하는, 말하자면 휴머니즘으로 구축된 유토피아를 꿈꾼 것이다. 때문에 그는 이렇게 형성되는 사회를 '일원융합一円融合[6]'이라 했다.

일원융합의 사회는 결코 꿈같은 환상이 아니다. 니노미야 손토쿠에게는 실현 가능한 사회였다. 그러나 눈앞의 이익에 혈안이 되어 있는 사람에게는 이런 주장이 납득하기 어려울 것이다.

"먼 곳에 숲을 만들기보다 오늘 식사를 어떻게 할 것인가와 같이

---

5 일본 금융의 한 형태다. 복수의 개인이나 법인 등이 계(契, 금전상호융통조직) 등에 가맹하고, 일정 또는 변동된 금품을 정기 내지는 부정기적으로 불입하여 이자 금액으로 경쟁이나 추첨으로 급부를 받는다.

6 조직에서는 모든 것이 서로 상호 작용하여 일체를 이룬다. 하나의 원안에서 일체가 되었을 때 비로소 결과가 나온다는 논리다.

눈앞의 나무 한 그루가 더 중요하다."

이러한 현실주의는 어느 시대나 상당한 설득력이 있다. 이 현실 중시의 설득력 앞에 이상理想은 종종 힘을 쓰지 못한다. 그러나 니노미야 손토쿠는 왕성한 힘과 정열을 가지고 추진해나갔다.

이노 다다타카가 사와라에서 실현하고 있던 사회도 똑같은 것이다. 그가 구사한 것도 니노미야의 '추양정신'에 다름 아니다. 다만, 니노미야 손토쿠와 다른 점은,

"그런 이념을 추구하는 지도자가 강요하는 듯한 태도를 취하면 상대방은 거부하려는 반응을 보인다. 따라서 그것을 추진하려는 지도자는 어디까지나 자기를 낮추어 겸허하게 사람들을 대해야 한다."

고 설득하는 데 있다. 그의 지금까지의 경험을 통해 아무리 좋은 일이라도 전달하는 쪽에 대한 인상이 나쁘면 사람들은 납득하지 않는다는 사실을 잘 알고 있었다. 이는 인간사회에서 '무엇을 하고 있는가'보다 '누가 하려고 하는가'가 중시된다는 점을 시사한다. 일본인 특유의 자질이다. 즉 머리로는 그 일이 매우 좋은 일이라고 이해해도 상대가 마음에 들지 않으면 싫다는 감정이 작동하여 그 사람이 말하는 것을 듣지 않는다. 때문에,

"좋은 일에 대해, 다른 사람의 협력을 얻기 위해서는 말을 꺼낸 사람이 타인에게 호감을 줄 수 있어야 한다."

고 생각했다. 이노 다다타카가 이러한 인식을 갖게 된 것에 니노미야 손토쿠의 성공과 실패의 경험이 반영된 것은 아닐 테지만 다다타카는,

"아무리 좋은 일이라도 강요하는 듯한 태도를 보이면 사람들이

절대로 받아들이지 않는다.”

라는 점을 알고 있었다.

　가업의 운영은 물론, 호주 본연의 자세에 대해 짧으면서도 상당히 깊이 있는 가훈을 남긴 것은 다다타카로서는,

　“가업은 가게타카가 잇게 한다. 나는 은퇴하여 진짜 하고 싶은 일을 하겠다.”

는 은퇴에 대한 갈망이 더욱더 간절했기 때문이다.

아내 노부의 죽음

그러나 영주인 쓰다 씨는 다다타카의 간절한 소원을 좀처럼 들어 주지 않았다. 그러기는커녕 가훈을 쓴 이듬해인 1792년, 다다타카에게,

"오랜 세월의 노력에 보답하는 뜻으로, 3인 품삯三人扶持을 지급한다."

고 알려왔다. 1인 품삯一人扶持은 하루에 쌀 5합을 지급하는 것이다. 그러므로 3인 품삯은 하루에 쌀을 1되 5합을 주는 것이다.

그러나 이는 단순히 쌀을 주는 것만으로 끝나지 않는다. 주군에게서 급여를 받는다는 것은 그만큼 가신에 가까운 입장에 선 것임을 의미한다. 무슨 일이 있어 불평을 해도,

"뭐라 하는 것이냐? 네게 3인 품삯의 급여를 주고 있지 않느냐. 급여를 받는다는 것은 가신이나 마찬가지다."

라는 말을 듣게 된다. 쌀 1되 5합은 쓰다 씨 집안과 이노 다다타카와의 사이에 일종의 신분 관계를 더욱 견고하게 묶는 역할을 한 셈이다. 다다타카는 진절머리가 났다.

〈나의 은퇴를 쓰다 씨 집안은 왜 인정해 주지 않는 것인가.〉

라는 불만이 더해졌다. 그런 일도 있어서인지 다다타카는 기분전환으로,

"이세 신궁 참배伊勢参り[7]를 다녀와야겠다."

며 1793년, 사와라 인근 마을 유력자들끼리 조직한 '이세 신궁 참배를 위한 계모임'을 결성하여 이세 신궁 참배길에 나섰다. 일행은 10명으로 3월 상순에 에도를 떠났다. 도카이도東海道, 도쿄와 교토를 잇는 옛 길를 내려오면서 여러 명승고적을 들렀다가 3월 23일에 이세 신궁에 참배했다.

여행길에 나선 김에 나라奈良, 요시노吉野, 고야산高野山, 와카노우라和歌浦, 사카이堺, 오사카大坂, 효고兵庫 등을 구경하며 걸었다. 마지막으로 교토에 들른 후 6월 초순에 돌아왔다 3개월도 더 걸린 긴 여행이었다.

다다타카는 이 여행에 자석과 망원경을 가지고 갔다. 예전에 죽은 아내 미치와 오슈지방에 갔을 때는 놀러 다니며 구경하는 분위기라 자연지리에 관한 측량은 하지 않았다. 그러나 이세 신궁 참배에서는 명승지 후타미가우라二見浦 등에서 멀리 보이는 곳과 산정상 등의 방위각을 측정하여 기록했다. 요시노와 슨푸駿府, 지금의 시즈오카 시(静岡市)에서는 밤이 되면, 밖으로 나가 천체를 관측하고 위도를 측정했다.

그만큼 다다타카의 관심이 천문학과 측량학에 있었음을 말해주는 대목이지만, 이 무렵까지 그는 스승을 두고 계통적으로 배운 것이 아니다. 어디까지나 독학이었다. 그 독학으로 이런 것을 할 수 있을 만큼 실력이 쌓여 있었다.

---

7 에도시대 중엽부터 아마테라스에게 복을 구하는 이세신앙이 전국적으로 확산됨으로써 일본 민중의 집단적인 이세신궁 참배가 유행했다. 미에 현(三重県) 이세 시(伊勢市) 소재.

이 이세 신궁 참배에서 가장 큰 수확은 주자학자 구보키 세이엔久保木淸淵을 알게 된 것이다. 구보키 세이엔은 사와라에 가까운 쓰노미야津宮 마을의 나누시였다. 그도 '이세 신궁 참배를 위한 계모임'의 일원이었다. 그러나 한학의 소양이 깊어 어떤 일이 있을 때마다 그 학문에 근거를 두면서 여러 가지를 이야기했다. 다다타카는 그 박학 다식함에 놀랐다. 구보키 세이엔이 다다타카보다도 17살이나 연하 였기 때문이다.

〈세상에는 이런 사람도 있구나.〉

라고 다다타카는 생각했다. 그리고 지론인,

* 배운 사람(스승)
* 이야기 나눌 사람(친구)
* 배우게 하는 사람(후배)

이라는 인간사회에서의 '세 종류의 사람'을 실감했다. 구보키 세이 엔은 젊지만 이노 다다타카에게는 틀림없이 배울만한 스승이었다. 그것은 그가 독학을 통해 경험한 필요성에서 비롯되었다. 이 무렵 서양의 학문은 우선 중국어로 번역되어 한문서적으로서 일본에 유 입되고 있었다. 서양학문을 원어로 읽은 것이 아니다. 전부 한문으 로 읽었다. 서양학문에 관심을 갖고 있어도 배우려는 사람은 먼저 한문을 배우지 않으면 안 된다. 다다타카도 그 필요성을 절실히 느 끼고 있었다.

그때 갑자기 구보키 세이엔이 나타난 것이다. 이세 여행 중 틈날 때마다 다다타카는 적극적으로 세이엔에게 한학을 배웠다. 구보키 세이엔은 나중에 다다타카의 일본지도 측량 작업에 협력한다. 그것은 다다타카가 그때그때 필요로 하는 지식이 구보키 세이엔에게 있었기 때문이다.

이세 여행에서 돌아온 이듬해에 다다타카는,

"도쿠가와 막부가 개력^{改曆}사업을 계획 중이다."

라는 말을 듣게 되었다. 에도 지점의 관리자인 사위 이노 모리에몬^{伊能盛右衛門}이 알려준 정보였다. 그 정보를 듣고 다다타카의 마음은 앉으나 서나 그 생각뿐이었다. 아내 노부가,

"마치 어린아이가 떼를 쓰고 있는 것 같아요."

라며 웃었다. 다다타카는 다시 영주인 쓰다 씨 집안에,

"꼭 은퇴하게 해 주십시오."

라고 청원서를 제출했다. 사위인 모리에몬은 더욱더 다다타카의 마음을 부추길 만한 내용을 보내왔다.

"막부 천문방은 달력을 고치기 위해 오사카에 있는 아사다 고류 선생의 문하생 다카하시 요시토키 씨와 하자마 시게토미 씨 두 사람을 초빙한다고 합니다. 막부에서는 아사다 선생을 초빙하고 싶었지만 아사다 선생께서 나이가 많다고 고사하시면서 문하생들을 추천하신 것입니다.

다카하시 씨는 오사카성의 도신^{同心, 하급무사}이고, 하자마 씨는 오사카 상인이라고 합니다. 내로라하는 막부 천문방 관리들의 학문은 부족한 반면, 다카하시 씨와 하자마 씨가 앞선 천문학을 익히고 있다는 사실은 근래에 없는 재미있는 현상입니다……"

모리에몬의 비평을 첨부한 이 편지에 이노 다다타카는 군침을 삼켰다.

모리에몬은 나아가,

"금년 윤 11월 11일에 네덜란드식 의학의 대가이자 에도 시내의 교바시京橋에 사설 교육시설을 열고 계신 오쓰키 겐타쿠大槻玄沢 선생이 동료들을 불러 '네덜란드의 정월' 모임을 마쳤습니다. 아무래도 11월 11일이 서양 달력으로 새해 1월 1일에 해당하는 것 같습니다. 에도도 많이 변했습니다……"

이 편지도 역시 다다타카의 마음을 부추겼다. 다다타카는 다시 지토 사무소로 가서,

"전날 부탁드린 은퇴 건은 어떻게 됐습니까?"
라고 재촉하는 한편, 이렇게 덧붙였다.

"이노 집안 및 사와라 지역이 협력해 온 것처럼 아들 대가 되어서도 지금까지 해온 것처럼 해나갈 것입니다. 그 점은 아무쪼록 안심하시기 바랍니다."

이는,

"자신이 은퇴해도 당신 집안에 대한 상납금은 변함이 없을 것이니, 아무쪼록 걱정하지 말고 나의 은퇴를 허락해주시오."
라는 의미다. 그 말을 듣고, 쓰다 씨 집안도 결국 결정했다.

"은퇴를 허락하노라."

1794년, 마침내 영주 쓰다 씨 집안은 이노 다다타카의 은퇴를 인정했다. 기쁨에 찬 다다타카는 그날로 자신의 이름을 '가게유勘解由'로 바꿨다. 가게유란 이노 씨 집안의 호주가 은퇴했을 때 칭할 수 있는 이름이다. 호주였을 때는 사부로우에몬이었지만 은퇴하면 가게유가 된다.

이 무렵, 다다타카의 신변에 또 하나의 사건이 일어났다. 그것은

임신한 노부가 출산을 위해 친정으로 가 있다가 난산으로 사망한 것이다.

다다타카는 너무 놀랐다. 노부와 살아온 세월이 그리 긴 것은 아니다. 그러나 의사의 딸답게 다다타카의 성격을 잘 이해하고 있었다. 기회가 있을 때마다,

"빨리 은퇴해서 정말 하고 싶은 일을 하세요."

라고 부추겼다. 최근에는 밤이 되면 노부 스스로 밖으로 나가,

"저기에 신기한 별이 나와 있어요. 어제까지는 있는 줄도 몰랐는데⋯⋯"

라고 말하고 집 앞을 흐르는 운하 근처로 다다타카를 데리고 나가기도 했다. 함께 하늘을 올려다보고 서 있는 두 사람의 모습을 마을 사람들은 자주 목격했다.

"저 부부는 다른 부부와 좀 다른 걸."

이라며 속삭였다. 때문에 노부는 지금까지 다다타카와 접촉한 사람 중에서도 시간은 짧았지만 다다타카의 본바탕을 가장 잘 알고 있었다고 할만하다. 그런 노부가 죽었다. 다다타카는 당황했다.

또 다른 사건이 일어났다. 그것은 장녀 이네의 남편이자 에도 지점의 모리에몬이 마가 씐 것인지 사업상 큰 잘못을 저지른 것이다. 다다타카가 민든 세 가지 가훈은 이노 씨 집인의 주인인 가게토시만을 염두에 두고 쓴 것이 아니다.

"가게토시뿐 아니라 이노 씨 집안에 관계되는 사람 모두 이 가훈을 지켜야 한다."

며 에도의 모리에몬에게도 보낸 바 있다. 따라서 모리에몬의 행동은 분명히 이 가훈을 어긴 셈이다. 다다타카는 화가 나서,

"모리에몬과 인연을 끊겠다."

라고 선언했다. 그러나 딸 이네가,

"남편과 헤어지기 싫어요."

라고 버텼다. 다다타카는 놀랐다. 언제나 고분고분하던 딸이 갑자기 아버지에게 반기를 든 것이다. 다다타카는 생각했다.

〈나는 이미 은퇴한 몸이다. 모든 것이 호주일 때처럼 만족할 만큼 정리하려 해도 마음대로 되지 않는다. 이 일은 가업을 이은 후계자에게 맡기자.〉

게다가 모처럼 쓰다 씨 집안이 은퇴를 인정해 주었다. 마음이 바뀌기 전에 빨리 천문학과 측량학의 세계로 뛰어드는 게 좋겠다. 노부의 죽음은 그의 그러한 마음을 더욱 재촉했다.

'생애 청춘'이라는 삶의 철학

6월이 되자, 이노 다다타카는 에도로 갔다. 후카가와深川의 구로에 쵸黑江町에 집을 마련했다. 그리고 곧바로 다카하시 요시토키의 댁으로 갔다.

"제자로 받아주십시오."

새롭게 막부 천문방 관리로 채용된 다카하시 요시토키와 하자마 시게토미는 아사쿠사浅草에 있던 달력국사천대(司天臺)[8]에 근무하게 되었다. 이는 에도로부터의 정보를 사전에 알아내어 자신의 상경 일시를 두 사람의 상경 날에 맞춘 것인지의 여부는 확인할 길이 없지만, 우연이라 해도 어쨌든 다다타카는 운이 좋았다.

다카하시 요시토키는 이때 32살이었으므로 자신보다도 20세 가까이 연상인 다다타카가 제자로 삼아달라는 말에 놀랐을 것이다. 그러나 대화를 나눠보니 이미 상당한 지식과 또 자기 나름대로 관측한 천체 운행에 대해서도 보통 사람은 미치지 못할 만큼의 사고방식과 이론을 갖추고 있었다.

〈간토關東에 이런 사람도 있었구나.〉

어쩌다 그 자리에는 하자마 시게토미도 있었는데 두 사람은 얼굴

---

8   천문 관측을 맡은 관청. 천문·역법·측후(測候)·각루(刻漏) 등의 업무를 담당했다.

을 마주보았다. 하자마가 고개를 끄덕였다. 눈은,

〈제자로 삼으시죠.〉

라고 말하고 있었다. 다카하시 요시토키는 수락했다. 요시토키의
천문방 교수법은,

* 먼저, 중국 역법을 가르친다.
* 그 후에 서양 역법을 가르친다.

는 방식이었다. 설사 정확하지 않아도 역시 중국 역법을 기본으로 공
부해두지 않으면 서양 역법을 이해하기 어렵다고 생각했기 때문이
다. 동시에 서양 역법이라 해도 외국어로 적힌 역법 책을 읽는 것이
아니라, 앞서 설명했듯이 한문으로 번역된 서양 역법을 배우는 우회
적 방식을 채택하고 있었다.

　앞서 밝힌 대로 아사다 고류와 그 제자들은 이미 서양 역법을 한문
으로 옮긴《역상고성曆象考成》이라는 책의 존재를 알고 있었다. 《역상
고성》은 전편이 상·하편으로 나뉘어 있었고, 후편도 속간되어 있었
다. 《역상고성》은 명말 중국에 간 예수교 선교사가 서양 역법을 중국
문자로 적은 것이다. 이것이 청대에 개정되었다. 내용은 천동설을 주
장하고 천체의 운행도 원운동의 조합으로 이루어져 있다고 설명한다.
그러나 후편 쪽이 일본에서는 희소가치가 있었다. 가치가 높은 만큼
좀처럼 손에 넣기 힘들었다. 그것을 호상인 하자마 시게토미가 구입
했다.

　다카하시 요시토키는 이노 다다타카에게 말했다.

　"당신은 중국의 역법을 배울 필요는 없습니다.《역상고성》부터

공부하세요."

라고 말했다. 다다타카의 학력이 그만큼 앞서 있었기 때문이다. 다다타카는 감사했다.

다카하시 요시토키에게 배우는 한편, 다다타카는 자기 나름대로 후카가와 구로에쵸深川黒江町, 지금의 도쿄 고토구(江東区) 몬젠나카쵸(門前仲町)에 천문대를 만들었다. 그리고 하자마 시게토미에게 부탁하여 측량에 필요한 기구를 속속 사들였다. 정확한 측량에 필요한 망원경, 방위판, 상한의象限儀[9], 수요구의垂揺球儀[10], 자오선의, 측식정분의測蝕定分儀[12] 등을 갖추게 되었다. 이 사실을 안 다카하시와 하자마는,

"우리 막부 천문대보다 이노 씨가 기구를 더 잘 갖추고 있군요."

라고 말하며 쓴웃음을 지었다. 관측기구의 대부분은 간사이 지역에서 구입했다. 그러나 연구열이 왕성한 다다타카는 사들인 기구를 에도의 전문기술자인 오노 야고로大野弥五郎와 야사부로弥三郎 부자에게 그대로 건네주며,

"이것과 똑같은 것을 궁리해 만들어주시게."

라고 부탁했다. 돈을 아낌없이 썼다. 그리고 중요한 사실이 또 있다. 그것은,

"이노 씨의 천문대가 막부 천문대보다 기구를 더 잘 갖추고 있군요."

---

9 18세기 말까지 자오선 관측에 쓰인 기계. 회전하는 축에 건 부채꼴 측정기를 자오선(남북) 방향으로 놓고 천체의 고도를 측정하는 장치다.

10 천체관측용 시계. 경도(経度)를 구하기 위해 일식·월식 시각을 측정하던 기계.

11 해달별의 남중(南中, 천체의 자오선 통과)을 관측하는 장치.

12 망원경 끝에 달아 일식·월식의 진행 상황을 알 수 있도록 한 기계.

라고 말한 스승 다카하시 요시토키의 말을 다다타카는 그대로 흘려
듣지 않았다. 다다타카는 사재를 털어 막부 천문대의 기구 정비에도
힘썼다. 다카하시와 하자마가 놀라서,

"제자인 이노 씨가 그렇게까지 할 필요는 없습니다."
라고 했지만, 다다타카는 고개를 옆으로 흔들며 미소를 지었다.

"나는 고령의 몸으로 선생님들께 폐를 끼치고 있습니다. 젊다면
좀 더 학문이 깊어지겠지만, 역시 나이가 나이인지라 머리가 굳어 예
전만 못합니다. 부디 송구한 제 마음의 표시로 이 정도는 하게 해주
십시오. 선생님들 입장에서 보면 처치 곤란한 제자일 테니까요."

그런 농담을 하고 막부 천문대의 기구 정비에 돈을 쏟아부었다.

이 대목은 정년 이후 제2의 인생을 보내는 현대인에게도 상당한
참고가 될 만하다.

최근에는 기업에서 '정년 이후의 삶'이라는 주제로 지위에 관계
없이, 정년인 60세가 되기 직전, 혹은 55세, 50세 식으로 해당 연령
대의 사원을 모아 연수하는 곳이 많아졌다. 저자도 곧잘 강사로 불려
가는데 기업이 준비하는 과목은 다음 세 가지다.

* 돈 관리
* 몸 관리
* 마음 관리

확실히 이 세 가지는 중요하다. 현재 일본의 사회보장제도가 반
드시 정년 이후, 안심하고 생활할 만큼의 시스템으로 자리 잡지 못한
점은 앞에서도 언급했다. 즉, 지금도 여전히,

"인생 50년"

이라는 사고방식이 어딘가에 똬리를 틀고 있기 때문이다. 사회보장 제도는 거액이 투여되는 까닭에 현실을 따라잡지 못하고 있다. 그렇게 되면 조직을 그만둔 사람은 정년 이후에도 스스로 자신의 생활비를 감당해야 한다. 따라서 '돈 관리' 즉, '재테크'는 간과할 수 없다. 또 몸 관리 역시 건강을 유지하는 것으로 이 또한 중요하다.

그러나 재테크를 하든, 건강 관리를 하든, 역시 '마음가짐', '각오'를 밝게 하여 평정을 유지해가는 '정신 관리'도 빼놓을 수 없다. 그리고 이것은 결국,

"나는 어떻게 살아갈 것인가?"

라는 개개인의 마음가짐으로 끝난다. 저자가 담당한 분야는 주로 마지막의 '마음가짐'인데, 그러나 말할 때마다 자신이 없다.

"이것은 쓸데없는 참견이 아닐까?"

라는 의문이 들기 때문이다. 어떻게 살아갈 것인가의 문제는 각자 60년이나 계속 생각해온 것으로 저마다 고유의 인생관이 있게 마련이다. 그런데 거기에 대고,

"나이를 먹으면 이런 식으로 살아가는 게 좋습니다."

라고 찬물을 끼얹는 짓은 오지랖이다. 나로서도,

"그런 것은 스스로 정하면 되는 것 아닌가."

라는 마음이 들지만, 그러나 부탁을 받고 냉정하게 뿌리칠 수는 없다. 그리하여 나는 경험상,

"정년 이후는, 이렇게 됩니다."

라고 말문을 꺼낸다. 예를 들면,

* 연하장이 줄어든다.

* 추석과 세모 인사가 줄어든다.

* 새해 인사하러 오던 사람이 오지 않게 된다.

* 전에 일하던 회사에 가도 어딘지 의례적으로 데면데면하게 대한다. 모두 바쁜 탓에 시간을 내어 상대해 주지 않는다.

말하자면,

"가장 먼저 찾아오는 것이 고독입니다."

라고 이야기한다. 그것은 정년 이후에 명함의 직함이 사라진 보통의 개인에서 출발해야 하는 상황으로 내몰린다는 의미다. 이는 처음부터 다시 시작해야 한다는 의미기도 하다.

"그럴 때는 어떻게 평정심을 유지할 것인가."

이를 위해서는

"인간은 언제나 '일기일회一期一會'¹³의 정신을 가지고 살아가는 것이 중요하다. 일기일회라는 것은, 사회에서는 항상 세 종류의 사람과 마주친다는 뜻이다. 세 종류의 사람이란 배운 사람^{스승}, 이야기 나눌 사람^{친구}, 배우게 하는 사람^{후배}을 말한다. 연령, 과거, 직위, 성별, 모두 관계없다. 새롭게 태어난 갓난아기가 되어 맨몸 상태에서 세상을 다시 보아야 한다."

고 이야기한다.

___

13 일본의 다도(茶道)에서 유래한 사자성어다. 다회에 임할 때 그 기회는 두 번 다시 오지 않는 단 한 번의 만남임을 알고 주인과 손님이 서로 성의를 다하는 마음가짐을 가져야 한다는 의미다.

이노 다다타카가 제2의 인생을 번드르르하게 출발했을 것이라 생각했다면 착각이다. 이노 다다타카는 사와라에 있었을 때도,

"구두쇠와 검약은 다르다. 나는 헛된 돈은 쓰지 않는다."

라고 주장했다. 구두쇠와 검약의 차이는 이미 적었듯이, 스승 다카하시 요시토키를 대하는 태도 역시 그 흐름의 연장선상에 있었다. 과거에 축제를 위한 기부도 거절한 바 있는 그가, 사와라 마을에 기근이 들었을 때, 털어 쌀을 사고, 그것을 여러 사람에게 나누어 주었다. 그러나 그 방법도 단순히 쌀 방출로 끝내는 것이 아니었다. 쌀에 관계된 사람은 소비자만이 아니다. 쌀장사도 있다. 또 돈이 없는 소비자가 담보를 맡기고 돈을 빌리는 전당포가 있다. 이렇게 생업을 영위하는 사람들이 함께 살아갈 수 있도록 상황을 만드는 것이 중요했다. 그렇게 하기 위해 그는,

* 간사이 지역에서 싸게 구입해온 쌀을 필요한 만큼 방출했다. 그러나 이 방출은 쌀가게를 대상으로 했다.
* 그 대신 쌀가게에는,
 "이런 때라고 해서 폭리를 탐내서는 곤란합니다. 이전까지의 가격으로 팔아주길 바랍니다."
* 전당포에 자금을 빌려주면서,
 "지금 소비자의 처지가 매우 곤란합니다. 전당 잡힐만한 것도 없습니다. 가령 냄비나 솥을 가지고 오더라도 돈을 빌려주시오. 이자는 드리겠습니다."

라고 부탁했다.

말하자면 이것은 '삼방일량득三方一兩得'이다.

그에 반해 '삼방일량손三方一兩損'이란 이름난 막부 부교奉行이자 에치젠越前의 태수 오오카 다다스케大岡忠相의 판결을 말한다. 오오카의 판결은 세 명이 1냥씩 손해를 보는 것으로 안정을 유지하지만, 이노 다다타카의 경우는 세 명이 1냥씩 이득을 보는 방법을 취했다. 다시 말해 소비자, 쌀가게, 전당포의 3자가 지금까지의 생활 태도를 바꾸지 않고 평온하게 이익을 얻을 수 있도록 장치를 마련한 셈이다.

다다타카는 다카하시 요시토키의 문하생으로 들어간 후, 많은 돈을 썼다. 월사금만이 아니다. 다다타카는 자신이 만든 후카가와 구로에쵸의 천문대에 많은 기구를 사들였다. 여기에도 막대한 지출이 있었다. 더불어 다카하시가 근무하는 막부 천문대에도 기부를 많이 했다. 이 또한 상당한 금액이었다.

다다타카는 이러한 비용이 지출 가능한 상태를 만들어 두었다. 그 무렵, 다다타카가 따로 수입원이 있는 것이 아니었기 때문에 당연히 사와라의 이노 씨 집안에서 나왔을 것이다 보통이라면,

"은퇴하신 분, 취미가 조금 지나치지 않습니까? 그렇게 물 쓰듯이 펑펑 돈을 쓰면 곤란합니다. 아무리 당신이 호주로 있었을 때 가업을 부흥시켰다 하더라도 계속 이러시다가는 도로아미타불입니다."

뒤를 이은 현재의 호주를 비롯한 친척 일동으로부터 핀잔이 나올 만도 하다. 그러나 다다타카의 경우, 그렇지 않은 것 같다. 가족 모두가 응원해주었는지 확인할 길은 없지만, 적어도 표면적으로는 저항 없이 다다타카가 원하는 대로 돈을 내주었다. 이는 말하자면 다다타카가 호주였을 때부터,

"은퇴 후에도 그런 돈을 지원하는 환경"

을 다져놓았다는 의미다. 이는 단순히 '구두쇠와 검약의 차이'에 대한 인식을 심어놓은 데 그치지 않은 것이다.

"다다타카님이라면, 그 정도쯤은 해도 된다."

는 응원의 마음을 갖게끔 다다타카가 처신해 왔음을 뜻한다. 그것은 단순히 눈에 보이는 것만이 아니다. 눈에 보이지 않는 부드러운, 정신적인 훈육도 다다타카가 오랜 세월에 걸쳐 실천해왔음을 의미한다. 결론적으로 막대한 자금 사용은 그가 은퇴 후 천문학과 역학을 배우고, 나아가 측량에까지 손을 뻗으려 한다는 사실을 모두가 즐거운 마음으로 지지하는 환경을 그가 이미 만들어둔 데서 비롯된 것이라 볼 수 있다.

이 대목이 소위 제2의 인생이라든가 여생을 살아갈 경우,

"내가 정말 좋아하는 것을 하고 싶다. 진짜 해보고 싶은 일을 하고 싶다."

고 생각한 때에 가장 중요한 사항이다. 좋아하는 것, 꼭 해보고 싶은 것을 하고 싶다고 해도 그것에 돈이 든다면 마음대로 돈을 쓸 수 있는 사람은 그리 많지 않을 것이다. 다다타카는 적어도 그런 사람 중의 한 사람이다. 그에게 그것이 가능했던 것은,

* 호주였을 때, 본업에 전념하고 노력한 점.
* 본업에 보통 사람 이상의 실적을 올려 온전히 집안을 부흥시킨 점.
* 집안의 부흥을 특히 재정 재건이라는 형태로 이루어낸 점.
* 자신의 집안은 물론 마을의 복지에도 충분히 이바지한 점.
* 인격적으로도 집안사람과 가까운 사람들의 존경을 얻기까지

자기 탐구에 매진해 온 점.
* 그가 은퇴 이후에 하고자 한 천문학과 역학에 대해서도 조금씩 그 재능을 보임으로써 사람들의 평가를 받고 있었던 점.

이러한 것들을 갖추고 있었기 때문이다. 따라서 다다타카가 은퇴 이후,

"나는 지금부터 천문학과 역학을 배우고, 측량의 길을 걷고자 한다."

고 했을 때도, 두 가지의 전혀 다른 사항이 갑자기 접속된 경우는 아니었다. 다다타카의 은퇴 이후의 사업은 본업을 수행하던 때부터 이어진 것이다. 본업에서 은퇴 이후의 사업으로의 이행은 참으로 매끄럽게 이루어졌다. 그렇게 되게끔 하려는 노력을 그는 51년 동안이나 쌓아온 셈이다. 이는,

* 합리 정신이 필요하다.
* 끈기가 필요하다.
* 돈이 필요하다.
* 사람들의 지지가 필요하다.

라는 조건이 어우러져 있다. 이것을 모두 갖추었다는 것은 다다타카의 정신력이 얼마나 강인하고 또 합리성이 풍부했던가를 보여 준다. 말하자면,

"은퇴 이후에 좋아하는 것을 하고 싶다."

고 해도, 은퇴 전에 준비를 해두지 않으면 안 된다. 그때까지 본업을

내팽개쳐 두고 가업은 종업원에게 내팽겨둔 채 자신은 취미에 정신이 팔려있던 사람이라면,

"앞으로 은퇴하면 진짜 하고 싶은 일을 하고 싶다."

고 선언해도 신뢰하지 않는다.

"여태까지 좋아하는 것을 실컷 해 오지 않았던가?"

라며 들은 척도 안 한다. 그런 의미에서 다다타카의 성과는 실로 빈틈이 없다. 층층이 쌓아 올린 작은 돌 하나하나가 말해준다. 니노미야 손토쿠가 말하는 '적소위대 積小爲大'다.

같은 말의 반복이지만, '자신이 좋아하는 것을 하겠다'고 하더라도 돈이 드는 것이라면 그 돈을,

"자신 내지는 주변 사람들이 준비할 수 있는 환경 조성"

이 전제조건이라는 것을 잊어서는 안 된다.

스승도 인정한 '스이호 선생'

다카하시 요시토키의 문하에 입문한 다다타카는 그저 배우는 것에 머물러 있지 않았다. 그의 머릿속에는 언제나 천체 관측에 관한 관심이 꿈틀대고 있어 안절부절 못했다.

〈지금쯤이면 금성이 정남쪽에 와있을 거라고 하던데 정말일까?〉

라거나,

"오늘 밤은 항성이 자오선을 통과한다. 그 시각과 수평고도를 알고 싶다."

라는 욕구가 연이어 솟구친다. 그렇게 되면 스승의 이야기도 귀에 들어오지 않는다.

"잠깐 실례하겠습니다."

라고 말하고는 다카하시의 공부방을 뛰쳐나갔다. 부리나케 후카가와 구로에쵸의 천문대로 돌아와 서둘러 망원경을 들여다본다. 이럴 때 그는 곧잘 다카하시의 공부방에 허리에 차는 호신용 작은 칼이나 지갑 등을 놓고 나왔다. 남아있던 문하생들은 크게 웃었다. 다다타카에게는 이미 별명이 붙어있었다.

"스이호推步 선생"

이 그것이다. 스이호란 역학의 수, 혹은 천체 운행을 관측하는 것을

이노 다다타카

말한다. 다다타카는 계산을 잘하여, 걸핏하면,

"잠시 스이호해 보겠습니다."

고 말하고 숫자를 써가며 계산하는 탓에 모두 다다타카를 미소 지으며 바라보고 있었다.

스승인 다카하시 요시토키도 오사카에서 아사다 고류의 문하에서 공부할 때, 차분하게 공부에만 전념할 수 없었다. 그러나 그의 경우는 집 뜰에 있는 감나무 열매를 누군가 따가지 않을까 하는 통속적인 걱정이었다. 그 때문에 스승인 아사다 고류가 요시토키의 처에게 감나무를 베어내게 했다. 그런 일을 떠올리며 요시토키는 하자마 시게토미에게 진지하게 말했다.

"이노 씨는 행복한 분입니다. 저의 오사카 시절과 비교하면 차원이 다르니까요."

하자마는 고개를 끄덕였다. 그러나 하자마 시게토미 역시 오사카에서는 손꼽을 만한 부자였기 때문에 다카하시 요시토키의 중얼거림을 이해할 수 있었는지의 여부는 알 수 없다. 하자마 시게토미도 아사다 고류의 문하에 있을 때, 아사다 공부방의 필요한 물품을 갖추는 데 사재를 투여했다. 필수 교재인《역상고성》의 후편을 나가사키에서 비싼 돈을 들여 사온 것도 하자마 시게토미였다.

그런 의미에서 이노 다다타카의 삶의 방식은 하자마 시게토미의 그것과 닮아 있었다.

다다타카가 이렇게 할 수 있었던 데는 그때까지 사와라의 나누시로서의 경험이 크게 작용하고 있음을 알 수 있다. 이렇게 단정해 버리면 너무 노골적일지 모르지만 실제로 그가 눈에 띄게 두각을 나타내고 실력을 드러낼 수 있었던 것은 돈의 힘이 컸다.

영주 쓰다 씨도 이노 다다타카와 나가사와 지로우에몬 등의 재력에 기댔고 그 앞에 굴복했다. 말하자면 무사의 권위도 상인이 가진 재력에는 당할 재간이 없었다. 그런 일이 누적되어 마침내 다다타카는,

"무사에게는 아무런 권위도 능력도 없다."

고까지 생각하게 되었다. 이는 범위를 넓혀 학문 분야에서도 같다고 생각하기에 이른다. 즉, 오사카의 상인인 하자마 시게토미를 막부가 천문방의 관리로 등용하지 않으면 안 될 정도로 무사에 비해 상인의 학력이 앞서 있었다.

〈나도 그중 한 사람이다.〉

라는 자부심이 강했다. 때문에 그는 자신감을 갖고 은퇴 이후 인생에 큰 걸음을 내디딜 수 있었다. 그런 의미에서는 절실히,

"돈의 힘에 감사할 따름이다."

라고 생각했다.

그렇다고 다다타카가 '배금주의자'였다는 말은 아니다. 돈의 사용법을 터득한 인물이었다는 의미다.

또 하나 중요한 것은, 다다타카가 이 정도로 합리적, 경제적으로 뛰어난 자질을 보이면서도, 그의 전인격은 그러한 도리와 돈에만 집착하지 않았다는 점이다. 다카하시 요시토키와 다른 문하생들이 웃듯이 다다타카는 측량 일이 생각나면 조급해져 공부방을 뛰쳐나갔다. 그때 무언가를 빠뜨리곤 했다. 이는 연구자의 소질이 다다타카에게 있었음을 말한다.

개인적인 생각이지만, 연구자라는 존재는 어딘가 조금 어리숙

한 데가 있다. 그런 것이 없는 사람은 진짜 연구자가 아니다. 세상 일에 신경이 고루 미쳐서,

"다른 이들이 나를 어떻게 생각하고 있을까."

혹은,

"이런 식으로 돈을 쓰면 누군가 불평할지도 몰라."

등의 신경을 쓰는 연구자는 진짜 연구자가 아니다. 자신이 추구하는 주제에 관해서는 못 견딜 정도로 안달이 나서 다른 사람의 눈은 물론 돈을 쓸 때도 거리낌 없이, 마차를 끄는 말처럼 한눈팔지 않고 돌진해 가는 열정이 연구자의 힘의 원천일 것이다. 이것이 없다면 다른 사람이 가지 않는 길을 갈 수 없다. 다른 사람이 하지 않은 일에 도전하지 못한다. 연구자라는 존재는 늘 개척자다. 위험을 두려워하지 않는다. 두려워해서는 새로운 것을 발견할 수 없다.

그렇게 보면, 이노 다다타카는 그야말로 '진짜 연구자'였다. 비록 고령이었지만 다카하시 요시토키와 하자마 시게토미는 그에게 경의를 표했다. 그런 까닭에 '스이호 선생'이라는 별명은 이노 다다타카에게 대단히 명예스러운 것이었다.

《역상고성》 후편을 통해 이노 다다타카는 오랜 세월 가지고 있던 의문을 상당히 풀 수 있었다. 그는 이미 지인에게 보낸 편지에서 프톨레마이오스, 코페르니쿠스, 케플러, 뉴턴, 카시니 등의 서양학자의 이름을 거론한 바 있다. 그리고

"이 책《역상고성》후편은 이러한 학자들이 하나씩 등장합니다. 그들은 지금까지의 이론에 부족한 대목을 보완하여 정밀하게 만들었습니다. 이 사람들의 저술이 청나라에 전해져 번역된 책이《역상고성》

후편입니다. 이 책에 적힌 이론은 그야말로 천체 운행과 정확히 합치하여 지금까지 그 유례가 없습니다. 실로 고금을 망라한 집대성이라 할 만합니다……"

라며 《역상고성》 후편에 대한 감상을 전했다.

이런 상황을 보고 있자니 역시,

"은퇴 후에 좋아하는 일을 하겠다."

고 생각해도,

* 하고 싶은 일을 이끌어 줄 사람과의 만남.
* 하고 싶은 일을 할 수 있는 상황과의 만남.

이라는 두 가지 '만남'이 중요하다는 것을 알 수 있다. 이들 만남은 '운'도 크게 작용했다고 할 만하다. 이노 다다타카는 운이 좋았다. 다카하시 요시토키와 하자마 시게토미라는 좋은 스승과의 만남은 그에게 얼마나 행복한 것이었겠는가. 그리고 다카하시와 하자마가 당시 막부가 주목한 바,

"간사이關西 지역 천문학의 권위자"

였던 것도 행운의 하나다. 막부가,

"간토關東의 천문방 관리들의 이론은 뒤떨어져 있다. 그에 비해 오사카의 천문학자들의 이론은 훌륭하다. 초빙하자."

고 한 자세는 대단히 겸허하면서도, 학문과 연구에 대한 열정이 얼마나 왕성했는가를 말해준다. 그렇다면 애당초 막부가 이러한 인식을 가진 것 자체가, 에도에서 멀리 떨어진 사와라의 이노 다다타카에게도 큰 행운이었던 셈이다.

두 번째로 '상황'운이 좋았다는 것은, 당시 일본 국가정책의 기본 방침인 '쇄국'을 고수하지 못하게 된 점이다. 유럽 열강의 아시아 진출이 빈번해졌고 얼마 지나지 않아 일본으로도 시선을 돌리기 시작했다.

당시 열강이 '아시아의 부富'로 생각하고 있던 나라는 이미 인도에서 중국으로 옮겨갔다.

"중국이야말로 최대의 시장이다."

라는 생각이 있었다. 특히 가장 먼저 산업혁명을 이룩한 영국은 과잉 생산되기 십상인 제품을 어떻게든 아시아에 강매하려 했다.

인도에 거점을 두고 있던 열강은 서쪽에서 동쪽으로 시장 확대를 도모하고 있었다. 일본은 그 중계지로서 주목을 받았다. 요컨대, 중국으로 향하는 무역선이 도중에 식량·연료·물 등이 부족했을 때 그것을 보급받을 수 있는 섬으로 인식한 것이다.

그러나 러시아는 달랐다. 러시아는 표트르 대제 이후, '부동항 확보'를 목표로 지속적으로 남하하여 종종 북방의 섬들과 에조홋카이도를 침범했다. 북방 방위는 일본의 국정과제로서도 크게 대두되기 시작하고 있었다. 막부 수뇌부도 북방문제에 눈을 돌리지 않을 수 없었다.

그와 관련하여, 이때는 아직 정확한 일본 지도가 없었다. 지켜야 할 에조의 땅이 도대체 어떤 지형이고, 어떤 지세를 이루고 있는지 자료조차 부족했다.

"올바른 북방의 지도와 아울러 전국의 정확한 지도를 만들 필요가 있다. 그러려면 우선 일본 전국의 토지측량을 해야 한다."

이런 생각이 역대 수뇌부에서 논의되었다. 그러나 좀처럼 실행자가 없었다.

그것이 메이와明和·안에이安永, 1764~1781 시기에 이르러, 로쥬 다누마 오키쓰구가 먼저 시행하려고 했다. 그가 부정한 정치로 실각한 후, 그 뒤를 계승한 로쥬 마쓰다이라 사다노부가 열심히 이 북방문제와 씨름했다. 그러나 사다노부는 후다이다이묘譜代大名로 막부 도쿠가와 집안에 충실한 다이묘였기 때문에,

"어떤 말을 해도 좋지만, 막부가 하는 방법에 대한 비판만은 용서하지 않겠다."

라는 엄격한 태도를 보였다. 그를 위한 언론통제도 실시되었다. 《해국병담海國兵談》[14]을 저술한 하야시 시헤이林子平가 처벌된 것은 그 때문이다. 그러나 한편으로 오쓰키 겐타쿠大槻玄沢 등이 1794년 윤 11월 11일에,

"오늘은 태양력으로 1월 1일에 해당한다."

는 '네덜란드의 정월'을 축하하는 일은 묵인했다. 그러한 모순되는 정책이 펼쳐지고 있었다.

그 와중에도 러시아의 남하는 계속되어 1797년에는 러시아인이 에토로후토択捉島 섬에 상륙했다. 급보를 접한 막부는 급히 북방 영토에 대한 실태조사를 위해 곤도 시게조近藤重蔵 등을 탐험대로 보냈다. 곤도 시게조가 에토로후토 섬에 상륙하여,

"여기는 대일본의 영토다."

라는 푯대를 세운 이야기는 유명하다. 이때, 곤도 시게조 등이 타고

---

14 네덜란드를 본받아 해군을 창설하고 에도만(灣)에 포대를 구축해 러시아의 침입을 막을 것을 주장했다. 민심을 혼란하게 하는 저서라는 이유로 출판을 금지했다.

갈 선박을 준비한 사람은 다카다야 가헤^{15}高田屋嘉兵衛다.

도쿠가와 막부는 마침내 히가시 에조치東蝦夷地, 홋카이도 동남부지방를 직할령으로 삼았다. 홋타 진스케^{16}堀田仁助가 오슈지방의 동해안과 에조치 남쪽 기슭을 측량했다.

---

15 해상운송선 업자. 구나시리토(国後島)·에토로후토 간의 항로를 개척, 어장 운영과 해상운송업으로 거액의 재물을 쌓아 하코다테(函館) 발전에 공헌한다.

16 에도막부 천문방에서 편력(編暦)·측량을 했다. 홋타의 에조항로 측량에 의해 이노 다다타카의 에조치 측량이 실현되었다.

'자오선의 수수께끼'를 풀다

이 무렵, 이노 다다타카는 정확한 달력 제작을 위해서 지구의 크기를 정확히 알 필요가 있다는 문제의식으로 자오선子午線, 북극과 남극을 지나는 가상의 선 1도의 길이에 대한 탐구에 편안한 날이 없었다. 막부가 북방으로 보낸 사람들이 측량을 하고 있었으므로 다다타카는,

"에조치蝦夷地, 아이누족의 거주지/홋카이도처럼 탁 트인 땅에서, 자오선 1도를 실측하면 정확한 값을 알 수 있지 않을까?"
라고 생각했다. 막부의 에조치 책임자는 마쓰다이라 다다아키松平忠明라는 인물이었다. 다다타카는 마쓰다이라에게 청원서를 제출했다. 다음과 같은 내용이었다.

"지도를 제대로 만들기 위해서는 북극의 위도와 방위가 중요합니다. 정확성을 높이기 위해서는 자오선의 문제를 소홀히 해서는 안 됩니다. 여기에는 자오선의, 상한의 등의 대도구는 물론, 또 지평경의地平経儀, 방위판 및 망원경, 자석 등을 사용해야 합니다.

그러나 이 기구들만으로는 해결되지 않습니다. 역시 이 기구들에 숙달된 이의 안력眼力으로 파악하는 것이 중요합니다. 동시에 그것은 자연과 풍경으로 들어간 관측자의 집중력에 따라 치밀함에 치밀함이 더해질 것이라 생각합니다."

요컨대,

"지도는 이렇게 만들어야 한다."

는 것을 자신의 이론과 경험에서 마쓰다이라에게 호소한 셈이다. 그리고

"저는 다카하시 사쿠자에몬作左衛門, 요시토키의 문하생이며, 이미 6년 동안 밤낮없이 연구하고 있습니다. 요즘은 측량 등에서 전혀 오차가 나지 않게 되었습니다. 또 필요한 여러 도구를 갖추기 위해 신분에 맞지 않는 비용을 지출했습니다."

라고 썼다. 어떻게든 그는 에조의 땅홋카이도으로 건너가 자오선 문제를 해결하고 싶었다. 그 것이 일본전국지도를 만드는 일이며 근본적으로 빠뜨릴 수 없는 문제라 생각했다.

그러나 막부는 시큰둥했다. 마쓰다이라 다다아키 등은,

"이노라는 이름은 나도 들은 바 있다. 농민이지만 열심히 연구하는 천문학자이고, 측량학자라고도 들었다. 천문방의 하자마 시게토미도 원래는 상인이었으므로 이노의 청을 들어주어도 좋지 않겠는가?"

라고 했지만, 주위 사람들은 좀처럼 수긍하지 않았다.

"일개 농민이 수많은 다이묘의 영지에 들어가, 지도 제작에 필요한 여러 측량을 하는 일은 큰 반발을 초래할 것이다."

라는 것이 그 이유였다. 그러나 천문방의 다카하시 요시토키와 하자마 시게토미는 열심히 협상에 나섰다. 결국, 마쓰다이라도 허가를 내주었다. 이노 다다타카의 신분은,

'공적으로 추천받은 자'

가 되었다. 단,

"측량기계는 전부 자비로 갖출 것"

그리고

"측량 비용은 막부에서 20량밖에 줄 수 없음."

이라는 이야기를 들었다.

"감사합니다."

다다타카는 엎드려 큰절을 했다. 어쨌든,

'공적으로 추천받은 자'라는 막부 공인 측량인이 된 것만으로도 감지덕지했기 때문이다.

1800년 윤 4월 19일부터 10월 21일에 이르는 제1차 에조치 측량은 이렇게 이루어졌다.

그는 에조치로 건너가자 걸음수로 거리를 측정했다. 자침으로 방위를 정하고, 밤에는 가지고 있던 자전상한의로 항성의 높이를 측량했으며 그 위치를 확정했다. 이것을 반복하고 또 반복하면서 측량을 이어갔다.

그러나 에조치는 전혀 모르는 곳이어서 걷는 것조차 쉽지 않았다. 당연히 데이터도 완전한 것을 얻을 수 없었다.

측량을 끝낸 다다타카는 에도로 돌아와, 다카하시 요시토키의 문하생 가도쿠라 하야타門倉隼太, 히라야마 군조平山郡蔵, 글씨를 잘 쓰는 구보키 세이엔久保木清淵과 그의 제자 에이榮의 도움을 받아 지도 작성에 착수했다. 이 사람들은 눈썰미로 갖춘 측량 지식이 있었고, 동시에 다다타카를 존경했다. 12월 21일에 크고 작은 2장의 지도를 완성하여 막부에 제출했다.

이때 측량 데이터에서 핵심적인 자오선 1도의 길이는 27리 106.036km 정도였다.

그러나 다다타카 자신도 이 수치의 정확성에 자신이 없었다. 왜

냐하면 에조치의 지세가 불규칙하기 때문에 생기는 보폭 문제와 걸을 때 다른 일에 정신이 팔렸기 때문이다. 과연 걸음짐작만으로 확정해도 좋을지 자신이 없었다. 에도로 돌아와서,

〈밧줄을 사용하면 좋았을 텐데……〉

라고 후회했지만 이미 때는 늦었다.

이렇듯 측량에 대해 아쉬운 점이 있어서였는지 그는 곧 2차 측량에 대한 청원서를 올렸다.

"1차 측량에서는 부족한 점이 많았으므로 더욱 정확성을 기하겠습니다. 이번에는 관측기기도 필요한 것을 모두 가지고 가겠습니다. 한 번 더 에조치 측량을 허가해 주십시오."

그러나 막부는 이를 허가하지 않고,

"에조치는 안 된다. 본토의 동해안을 측량하라."

는 명령이 내려졌다. 막부 측에서도 다다타카의 노력은 충분히 인정한 까닭에 경비도 이전보다 많이 지원해 주었다. 1801년 4월 2일부터 12월 7일까지 약 8개월 동안 이즈伊豆, 시즈오카(静岡県)의 동남부에서 도호쿠東北 일대의 해안을 측량했다. 이때는 대방위판과 중방위판을 사용하고, 밧줄 대신 쇠사슬로 거리를 재는 등 다양한 궁리를 했다.

그리고 다다타카 자신이 고안한 양정거量程車[17]도 사용했다. 이 양정거는 현재 가토리 시香取市의 이노 다다타카 기념관에 전시되어 있다. 바퀴의 회전수로 거리를 측정하는 장치로 자동차의 주행거리 미터기 같은 것이다.

그러나 실제 측량에서는 원활하게 기능하지 않았다. 평지가 아

---

17 동륜(動輪)과 연동하는 톱니바퀴를 이용하여 측량점 간의 거리를 측정하는 도구다.

니면 도움이 되지 않았던 것 같다. 이때의 관측 결과에서는 자오선 1도의 길이가 28.2리 ¹⁸110.749km였다. 이 값에 대해 다다타카는 확신을 가졌다. 그러나 스승인 다카하시 요시토키는,

"진짜 자오선 1도의 길이는 조금 더 짧을 것 같은데요. 나는 27.5리 108km 정도라 생각합니다."

라고 했다. 이때 처음으로 다다타카가 다카하시 요시토키에게 화를 냈다고 한다. 자신이 열심히 고생해서 자오선 1도의 문제를 계속 이야기해왔는데, 스승 다카하시 요시토키는 그런 고생도 하지 않고 다른 사람이 한 일에 트집이나 잡는다고 생각한 것일까.

그런데 서양의 랄랑드력서 Lalande曆書를 살펴보았더니 자오선 1도의 길이는 28.2리인 110.749킬로미터라고 표기되어 있었다. 이노 다다타카의 측량치와 완벽하게 일치한다.

---

18 현대 측정으로 적도부근 위도 1도가 111.3㎞, 지구 둘레가 4만68㎞이다. 위도 35도에서 위도 1도의 길이는 110.941㎞, 위도 40도에서는 111.034㎞이다.

이노 다다타카

반원방위반 지상 측량기구
먼 산이나 섬의 방위를 재기 위한 방위 자석반이다. (이노 다다타카 기념관 소장)

상한의(소)

비탈길의 기울기를 측정하는 기구다.(이노 다다타카 기념관 소장)

양정거 지상측량 기구
땅에 놓고 끌면, 아래에 붙어 있는 바퀴가 돌고, 거리를 나타내는 숫자가 새겨진 톱니바퀴가 돌아, 거리를 파악할 수 있다.(이노 다다타카 기념관 소장)

장선방위반
지팡이 끝에 단 방위 자석반이며 다다타카가 가장 많이 사용한 기구 중 하나다.
(이노 다다타카 기념관 소장)

상한의(중)
측량지의 위도를 구하기 위해 북극성 등의 고도를 관측한 기구.
(이노 다다타카 기념관 소장)

측식정분의

천체 관측 기구로 일식·월식이 진행되는 모습을 관측하기 위해 이용되었다.

(이노 다다타카 기념관 소장)

수뢰구의
진자의 닿은 수를 기록하는 기구이며, 경도를 구하기 위해 일식·월식 시간을 측정하기 위해 사용되었다. 이 기구는 다다타카의 손자 다다노리(忠誨)가 사용한 것이다.
(이노 다다타카 기념관 소장)

지바 현 가토리 시 사와라 소재 이노 다다타카의 고택에는 천체 관측에 사용된 기구들이 전시되어 있다. 오른쪽부터 대형 상한의(象限儀), 반원방위반(半円方位盤), 측량이 막부의 공적 사업임을 나타내기 위해 내건 공무용 깃발(御用旗).
(마이니치신문 히로세노보루広瀬登 촬영)

시란도신년회도(芝蘭堂新元会図, 이치카와 가쿠잔(市川岳山) 작, 100×144cm, 1795
년 신년, 와세다 대학 도서관 소장). 신란도는 에도시대 후기 난학자 오오쓰키 겐타쿠가
에도에 문을 연 사설 난학교다. 당시 난학(네덜란드 학문) 연구의 중심이었다.

이노 다다타카 미타라이 측량도(伊能忠敬御手洗測量之図, 히로시마 현 구레 시 유형문화재).
1806년 2월 30일~3월 2일까지 이노 다다타카는 미타라이(御手洗) 시바야 다네쓰기(柴屋
種次)의 집에 머물며, 세토나이카이(瀬戸内海) 중부에 있는 오사키시모지마(大崎下島)의
해안선을 측량하는 모습을 담은 그림이다.(《伊能忠敬》, 星埜由尚 著, 平凡社, 2018, 111p.)

能令餘慶在兒孫
知是勤渠不朽事
地域成圖報國恩
家門餘業萬前烈

唐智賀會宗衛洞拜書

이노 다다타카의 유일한 초상화
다다타카 사후 손자인 다다노리
가 《대일본연해여지전도》를 막부
에 헌상할 때 다다타카의 제자 아
오키 가쓰지로(靑木勝次郎)에게
그리게 한 것이라 한다.(이노 다다
타카 기념관 소장)

6장 : 장대한 「필생의 사업」 실현

일본 각지의 측량

도쿠가와시대^{에도시대}의 정치체제를,

  "막번체제"

라고 한다. 막幕이란 도쿠가와 막부幕府를 말한다. 번藩은 다이묘大名 가문이다. 이 시대는,

  "중앙집권과 지방자치의 혼합시대"

라고 일컬어진다. 결국, 도쿠가와 막부는 중앙집권제도를 취하고 각 번은 지방자치제도를 실현하고 있었다는 의미다. 게다가 번이라는 것은 원래 '울타리 혹은 담'을 뜻한다. 따라서 번과 번 사이에는 국경관리를 위해 엄중한 국경과 검문소가 설치되어 있어 사람과 물자의 흐름을 엄격히 통제한다. 번은 각각의 지배구역을,

  "구니国"

라고 한다. 이 표현법은 현재에도 남아있다. 예를 들어,

  "당신의 구니는 어디입니까?"

라고 물으면 에치고越後, 지금의 니가타 현(新潟県)라든가, 난부南部라든가, 사누키讃岐라든가, 사쓰마薩摩라고 대답하는 사람이 있다. 이것은 막번체제 시대의 각 행정구역을 말하던 관습이 그대로 남아있음을 의미한다.

  또, 당시의 번은 지금식으로 말하면,

"완전자치제十割自治制"

였다. 완전차지란,

"자신의 영역 내에서 필요로 하는 경비는 모두 스스로 조달해야 한다."

는 의미다. 국가로부터의 지방교부세와 보조금 등은 한 푼도 없다. 자연히 각각의 번 안에서는 여러 가지 비밀이 생긴다. 요컨대,

"그 번의 총 자원과 경제적 능력은 도대체 어느 정도인가?"

라는 말은 인구 문제를 비롯해 가지고 있는 자원의 내용·수량 등을 극비로 한다는 의미다.

이노 다다타카가,

"위도 1도는 거리로 얼마나 될까?"

를 알기 위해 측량을 시작한 때에는 지방의 나누시이자 경영자이기도 했다. 그런 그가 국내 정치체제에 대해 그다지 깊은 지식이 있었다고는 생각되지 않는다. 따라서

"위도 1도가 어느 정도의 길이인지 측량하기 위해 여기저기에서 실측"

하는 것에 대해 여러 장해가 가로막을 것이라고는 상상도 못하고 있었을 것이다. 에도 시내는 차치하고라도 지방까지 측량을 하게 되면 긱긱의 번은 경계한다.

"이노는 도대체 어떤 목적으로 큰길의 거리를 재거나 촌락과 촌락의 거리를 재는 건가. 보아하니 촌락의 인구수, 가옥 수 등도 조사하는 것 같다. 왠지 수상하다."

는 식으로 흘러간다. 이는 분명히,

"막부의 특명을 받은 첩자가 아닐까."

라는 의심을 받는다. 그렇게 되면 필연적으로,

  * 이노 다다타카의 측량 목적은 무엇인가.
  * 측량한 내용은 어떻게 사용되는가.
  * 측량을 거부할 수 있는가.
  * 거부할 수 없다면 이노 다다타카에게 어떤 대우를 해야 하는가.

등의 문제가 생기게 된다. 이노 다다타카는 1800년(55세)부터 1816년(71세)까지 17년 동안 10차례 일본 국내를 측량했다. 그러나 10차례의 측량조사에서 다다타카가 가장 고심한 것은,

  "국내 측량의 목적을 어떻게 설정할 것인가, 그것을 실행하는 자신의 신분은 어떻게 규정할 것인가, 또 측량에 지장이 없도록 각 지역의 협력을 어떻게 얻을 것인가."

라는 것이었다. 가뜩이나 사농공상士農工商의 신분제는 굳게 확립된 데다 상하관계가 매우 세분화되어 있었다. 신분이 조금 달라도 대우가 전혀 달랐다. 따라서 나중으로 갈수록 다다타카에 대한 대우는 친절하고 정중해졌지만 처음에는,

  "천상 촌놈"

취급을 받았다.

  원래대로라면 막부의 명령에 따라 국내 측량을 하는 것이므로 사전에 각 지역 책임자인 번의 관청으로,

  "이번에 이노 다다타카라는 사람이 그쪽으로 측량하러 갈 것이니 협력해주기 바란다."

라는 사전 공문이 갔을 것이다. 그리고 다다타카가 도착하게 되면 그

나름의 마중이나 숙박시설 제공 및 측량 도구 운반에 필요한 노동자 제공 등이 준비되어 있어야 한다.

그러나 처음 5년 정도는 전혀 이런 제공을 받지 못했다. 다다타카는,

"개인적 신분으로 시험 삼아 일본 측량을 허가받은 자"

의 대우를 받았다. 따라서 막부 천문방의 그의 스승 다카하시 요시토키가 원래 할 측량을 문하생인 다다타카가 대신 하는 정도의 대우였다.

그러나 스승인 다카하시는,

"자신을 대신하여 이노가 측량하는 것이므로 가능한 한 편의를 도모해주기 바랍니다."

라며 끈질기게 막부를 설득했다.

막부 측에서 그 창구 역할을 한 곳은 간죠 사무소다. 간죠 사무소는 간죠부교가 그 대표자로 일본 전국의 막부 영지의 재정을 취급하고 있었기 때문에 연공세금 수입이 순조롭게 걷히기만 하면 그 이상의 문제는 일으키지 않는 곳이다. 따라서

"왜 지금, 일본 각지에 대한 측량을 실시하는가?"

라는 의문은 줄곧 가지고 있었다.

다카하시의 열의에 의해 이노 다다타카의 제1차 측량조사에 대한 허가는 내주었지만,

"적극적인 협력은 하지 않겠다. 현지에도 요청하지 않겠다."

는 생각이었다.

애초 다카하시와 이노 다다타카를 포함한 문하생들은,

"지구는 대체 어느 정도의 크기일까?"

라는 주제가 화제였다. 지구가 공처럼 둥근 모양인 것은 이미 그들도 알고 있었다. 그러나 크기 이야기로 바뀌면 여러 사람이 서로 다른 생각을 말하기 때문에, 쇄국 하에 있던 다카하시와 같은 선진 과학자들도 알지 못했다.

다카하시가 근무하는 달력국은 아사쿠사 구라마에浅草蔵前에 있었다. 원래 이 달력국이 만들어진 것은 제8대 쇼군 도쿠가와 요시무네德川吉宗가,

"일본의 달력은 엉터리다. 오차가 너무 심하다."
라고 한 데서,

"정확한 달력을 만들자."
라고 한 것이 역법을 고치게 된 동기였다. 요시무네는 흔히 '쌀 쇼군'이라고 불린다. 요즘도 일본의 각지에

'신덴新田'
이라는 지명이 많이 남아 있다. 그 대부분이 요시무네의 소위 교호개혁享保改革 시대에 만들어진 새로운 논밭이라고 한다. 그를 '쌀 쇼군'이라 부른 이유는 농지 확대를 목적으로 각지의 황무지를 끊임없이 개간했기 때문이다. 그 이유는 단순히 쌀 증산을 도모하는 것은 물론,

"쌀값을 안정시키면 다른 물가도 안정된다. 그리고 쇠퇴하여 힘이 미약해진 도쿠가와 막부의 권위도 다시 회복할 수 있다."
라고 생각했다. 그 때문에 그가 쇄국주의, 중농주의 쇼군이었다고 회자되지만, 결코 그렇지 않다. 요시무네는 쇄국이라 해도 나가사키 항구를 열어 여전히 중국과 네덜란드와 교류하고 있는 사실에 눈을 돌렸다.

이노 다다타카

"일본인의 과학지식을 높일 수 있는 서적과 계기류計器類는 계속 수입하라."

고 명했다. 그러나 그 동기는 역시,

"국내에서 미곡 생산을 비약적으로 늘리고 싶다. 그러기 위해서는 과학의 힘을 빌리자. 특히 정확한 달력을 만드는 일은 농민의 생업에 박차를 가할 것이다."

라고 생각했다.

그러므로 아사쿠사 구라마에에 달력국을 설치한 것은 쌀 증산과 관련된 백성의 생업을 위한 것이었다고 해도 좋다.

그러나 설령 동기가 그렇더라도 시대가 지남에 따라 설치된 달력국의 연구개발은 독자노선을 걷는다. 다카하시 요시토키의 시대에 이르자 독립된 천문학자 집단이 됐다. 이노 다다타카는 어렸을 때부터 별을 좋아했기 때문에 사와라의 이노 씨 집안에 데릴사위로 들어가기 전부터 천문학에 관심을 갖고 있었다. 또 수학의 천재이기도 했다. 천문학을 배우는 데 수학의 천재라는 것은 호랑이에게 날개를 단 격이다. 그렇기 때문에 스승인 다카하시도 51세에 찾아온 그를,

"좋습니다."

라며 문하생으로 받아들인 것이다. 동시에 다다타카는 재력이 있었으므로 다카하시가 갖고 싶어도 손에 넣을 수 없는 계기류를 대신 구입해 주었다. 재능이 있을 뿐 아니라 재력도 있어서 관청이나 그곳의 소장들이 갖고 싶어 하는 계기류를 사비를 들여 구입해 주는 문하생은 아무도 없다. 소장인 다카하시는 물론 다른 문하생들에게도 이노 다다타카는 고마운 존재였다.

지구의 크기는 어느 정도일까를 논하는 사이에,

"그것은 위도 1도가 어느 정도의 거리인가만 확정하면 계산할 수 있을 것이다."

라는 데까지 이르렀다. 이것을 듣고 있던 다다타카는

"좋아, 내가 직접 위도 1도의 거리를 산출해 보자."

고 생각했다. 그리하여 처음에는 이노 씨 집안의 에도 점포와 자신의 집이 있는 후카가와 구로에쵸에서, 아사쿠사 간논浅草観音, 센소지(浅草寺)의 본당 근처를 대상으로 실험해 보았다. 즉, 후카가와 구로에쵸에서 오나기가와大名木川, 다테가와竪川를 건너, 스미다가와隅田川 왼쪽 강변을 북으로 올라가 아즈마바시吾妻橋 다리에서 오른쪽 강변으로 이동해 아사쿠사 간논의 본당 앞을 지나 가미나리몬雷門에서 남쪽으로 내려와 달력국으로 돌아오는 방법을 선택했다. 거리를 재는 방법으로,

"걸음짐작步測"을 썼다. 걸음짐작이란,

* 자신의 보폭 거리를 하나의 척도로 삼는다.
* 자신의 보폭 거리는 미리 확립된 특정 지역의 거리를 몇 걸음만에 걸을 수 있는가에 따라 산출한다.

이 방법으로 다다타카는 위도 1분1도의 60분의 1은 1631미터라고 계산했다. 현재의 1분은 1849미터여서 오차가 상당히 크다.

다카하시는 믿지 않았다.

"후카가와 구로에쵸에서 아사쿠사까지의 거리로는 너무 가까워서 제대로 된 값을 얻을 수 없습니다. 더 먼 거리를 측량해서 수치를

확인해야 합니다.”
라고 말했다.

　“후카가와와 아사쿠사는 너무 가깝다. 더욱더 먼 거리를 측량해야 한다.”
는 다카하시의 말에 지기 싫어하는 다다타카는,

　〈좋아, 그렇다면 에조까지 걸어가서 수치를 산출해 보자.〉
는 결심을 하게 됐다. 이런 점은 어릴 때부터 유복한 집에서 자랐고 다소 불행한 가족 관계가 있었다고 하더라도 근본은 철부지다. 하물며 은퇴하기까지는 사와라의 나누시라는 촌장이었다. 본래 그는 지시만 하던 사람이라 해도 좋다. 또한 천문학에 밝고 수학의 천재며, 동시에 재력도 있어서 달력국이라는 막부의 정식 관청에 자신의 돈을 들여 다양한 계기류들을 기부했다. 그러한 그의 입장에서 보면 다카하시 요시토키의 말이 심기를 불편하게 했을 것이다. 그래서 그는,

　“도호쿠東北에서 에조치蝦夷地까지를 측량해서 위도 1도의 거리를 산출해내고 싶다.”
고 결심했다. 이 계획에 스승인 다카하시 요시토키는 아마 쓴웃음을 지었음에 틀림없다. 그러나 이 무렵 일본의 북방은 러시아에 의해 빈번히 침범당하고 있었다. 러시아는 표트르 대제 이후,

　“얼지 않는 항구”
를 찾아 계속 남하 정책을 펴고 있었다. 표적이 된 곳이 일본이었다. 그 때문에 로쥬 마쓰다이라 사다노부오슈 시라가와 번주는 특히 이 문제에 관심을 가졌고, 마쓰마에 번松前藩을 도호쿠東北로 옮기고 에조치 전체를 막부 직할령으로 삼았다. 때문에 다카하시가 막부에 허가 신청

을 할 때,

　"북방 수비를 견고히 하기 위해서도 에조의 현재 상황을 아는 것이 급선무입니다. 따라서 우리 문하생인 이노 다다타카를 그 지역의 측량을 위해 보내고자하니 잘 부탁합니다."

라는 내용이었음에 틀림없다. 다다타카로서는,

　"스승을 감동시킬 수 있는 측량을 해보고 싶다."

고 생각하고 있었다. 그 목적은 어디까지나,

　"위도 1도의 거리를 확정한다."

는 것이다.

　"각 지역을 관리하는 번 관청과의 갈등"

이 처음에는 오히려 적었다. 그도 그럴 것이 다다타카 자신의 측량목적이,

　"위도 1도의 거리를 잰다."

는 것이었기 때문에, 나중처럼 범천梵天이라 불리는 깃발이 달린 장대를 세우고 본격적으로 계기류를 사용하여 측량하지는 않았다. 겨우 금속으로 만든 쇠사슬을 땅바닥에 끌면서 걷고, 그 집계로 거리를 재는 정도였다. 혹은 걷기짐작을 활용했다. 걷기짐작을 활용하면 그저 여행자가 걷고 있는 것처럼 보이기 때문에, 측량 중인 각 지역에서도 그다지 신경 쓰지 않았다.

체감을 통한 거리 확정

그러나 다다타카는 그것으로 만족하지 않았다. 그는,

"나는 막부 관리로서 위도 1도의 거리를 측량한다."

는 자긍심이 있었다. 그 때문에 어디를 가든,

"막부의 공무"

라는 깃발을 높이 세웠다. 이는 긁어 부스럼이나 다름없었다. 그렇지만 다다타카의 입장에서는,

"지역 사람들의 눈을 피해 가며 몰래하는 측량은 하고 싶지 않다."

라는 자부심이 있었다. 따라서 이노 다다타카는 처음부터,

"나는 사적으로 측량하는 게 아니라 막부의 공적 측량 관리로서 지역을 실측하는 것이다."

라고 생각했다. 그 생각의 밑바닥에는 이미 사와라의 나누시로서 지역을 관리한 경험도 작용하고 있었다. 그에게는 처음부터 이런 '공무원 의식'이 매우 강했다. 공공의 업무에 최선을 다하고 그에 따라 기쁨을 얻는다는 인간적 특성이 있었다. 그는 관리 체질이었다. 그러나 이번의 측량 사무에 대한 대우는,

"내가 하는 업무의 중요성에 비해 너무 가볍다."

라고 업무의 목적과 대우의 불균형이 참을 수 없을 정도로 불공평하다고 느꼈다. 요컨대,

〈현지 관리는 아무것도 모른다.〉

라는 불만이 있었다. 그러나 그는 섣불리 현지 관리에게 손을 비비며 편의를 봐 달라는 식의 방법은 취하지 않았다. 그는 정면으로,

"내가 하는 일은 공무다."

라는 점을 주장했다.

"공무"

라고 염색한 깃발을 높이 세우고 오슈부터 에조치까지 뚫고 갔다.

막부 측에는 이때,

"에조치의 지도를 만든다."

는 취지로 신청된 것 같다. 그 때문에 담당은,

"에조치의 지도는 이미 어느 정도 완성되어 있다. 그것으로는 충분하지 않은가?"

라고 천문방의 다카하시 요시토키에게 문의했다. 다카하시는,

"충분하지 않다. 좀 더 정확성을 기하고 싶다."

고 대답했다. 하는 수 없이 에조치 관리는 이노 다다타카의 측량을 허락했지만,

* 어디까지나 이노 다다타카 개인의 측량 시도 기획이다.
* 따라서 공무에서와 같은 현지에서의 대응은 하지 않는다.
* 도구를 운반하는 말과 인부에 대한 도움은 주겠지만, 그에 따른 실비를 지불할 것.
* 여행에 필요한 경비도 일체 자부담으로 처리할 것.
* 인가하는 바는 오슈가도에서 인부 3명, 말 2필. 에조치에서는 인부 3명, 말 1필.

* 그러나 측량 목적이 전혀 사적인 것이라 단정할 수 없으므로 수당을 지급한다. 수당은 1일 7.5몬메^{7匁5分}로 한다.
* 이노 다다타카의 신분은 일단 사와라에서 묘지타이토를 하사받았으므로 '전 농민, 현 낭인^{浪人}'이라 한다.

는 것이었다.

이 측량 기간은 180일이 걸렸다^{에조 체류 117일}. 따라서 막부에서 지급 받은 수당은 22량 2분이었다고 한다. 여기에 이노 다다타카가 자신의 돈을 부담한 금액은 77량 2분이었다.

인부와 말의 수당으로 막부가 제공한 것은,

"첨부문서¹"

라는 것으로 살가운 것이 아니었다. 다만,

"이 자가 그곳을 방문하거든 이렇게 해주기 바란다."

는 정도의 참고 문서다. 지시나 명령이 아니다. 그러나 다다타카는 이 첨부문서의 권위를 주장하며 강제로 인부와 말을 준비하게 했다.

그의 제1차 측량인 오슈가도와 에조치의 조사는 편도 약 4000리^{里, 약 1600km}가 된다. 이것을 대략 1일 100리^{약 40km}의 평균속도로 조사했다. 조사는 걸음짐작, 측량 줄자^{間繩}와 양정거^{量程車} 등으로 이루어졌다. 측량 줄자는 60척^{尺, 약 18m}짜리 밧줄이다. 밧줄은 6척마다 표시가 되어 있었다. 이것을 도로에서 쭉 잡아당겨 거리를 잰다.

양정거는 수레에 달린 계측기인데 길 위를 끌고 다닌다. 그러나 당시는 지금처럼 길이 말끔히 포장되어 있지 않았다. 요철이 많아 그

1　각 역참(驛站)으로 하여금 미리 필요한 인마(人馬)를 준비케 한 명령서.

다지 도움이 되지 않았다고 한다. 걸음짐작은 다다타카 자신의 보폭에 따른 걸음 수로 산출했다. 다다타카의 보폭은 한 걸음이 2척 3촌^약 70cm이었다고 한다.

그러나 그 당시 여행자의 평균속도는 '하루에 100리'였다고 하니, 다다타카 측량대원의 속도는 상당히 빨랐다. 측량을 위한 보행이었으므로 매일 매일의 고생은 말이 아니었을 것이다. 게다가 현지에서 사람들의 대응은 형편없었다. 의심하는 눈이 많았다.

때문에 그는 처음에,

"걸음짐작에 중점을 두자. 그러면 아무렇지 않게 걷고 있는 것처럼 보여 의심받을 일이 별로 없을 것이다."

라고 판단했다. 다다타카의 성격은 꼼꼼하고 빈틈이 없다. 따라서 걸음짐작과 측량 줄자로 산출한 수치를 그대로 신용하지 않았다. 반드시 경·위도를 알기 위한 천체측정 즉, '천측天測'을 실시했다. 여기에는 위도를 재는 상한의와 나침반을 사용했다.

그러나 이노 다다타카의 측량방법이 당시로서는 그다지 기발하거나 새로운 것이 아니었던 것 같다. 시코쿠四国의 아와 도쿠시마 번阿波徳島藩에도 다다타카와 비슷한 측량가가 있었다. 다다타카가 아와 방면으로 측량하러 갔을 때 정성껏 협력했다. 다다타카가 떠나고 난 후, 아와 도쿠시마 번주가,

"이노의 측량방법에 무언가 새로운 것이 있었는가?"

라고 그 측량가에게 묻자, 그는,

"아니요, 특별한 것은 없었습니다. 극히 일방적인 측량방법입니다."

라고 대답했다.

제1차 측량에서 이노 다다타카가 오슈 가도奥州街道를 이용해 에조치로 건너간 것은 오로지,

"어떻게든 먼 곳으로 시야를 넓혀 위도 1도의 거리를 확정해야 한다."

는 생각뿐이었다. 따라서 그는,

"한 지역에 오랫동안 머물면서 상세하게 조사한다."

는 것보다,

"에도로부터 조금이라도 더 멀리 가는 것이 중요하다."

는 것에 열중했다고 봐야 할 것이다. 그 때문에, 측량을 계속 하면서도 보통의 여행자가 걷는 것처럼,

"1일 100리"

라는 여정을 거뜬히 소화해냈다. 그 자신은 결코 건강한 몸이 아니었다. 병이 나기 쉬운 체질이었다. 그럼에도 이 여행을 거의 매일같이 해낸 것은 자신의,

'고집'

혹은 지금 식으로 말하면,

'열정'

가 얼마나 보통 이상이었는지를 대변한다.

그가 하려고 한 것은, 이 무렵 역사 탐구 분야에서 조금씩 사용하기 시작한,

'체감'

이라는 방법이다. 체감이란,

"역사적 상황을 재현하여 그 속에 몰입하여 자기 자신이 과거의 인물과 같은 경험을 한다."

는 의미다.

예를 들면, 운명을 건 싸움인 세키가하라 전투關が原合戦에서[2] 전쟁터로 향한 병사들이 그 세찬 비바람 속에서 얼마나 지쳤을까? 다음 날 양쪽 군대가 적과 싸울 만큼의 체력이 남아있기나 했을까? 등을 과학적으로 검증하는 방법이다.

혹은 에도 중기의 개혁자 요나자와 번주米沢藩主 우에스기 요잔上杉鷹山이,

"검양옻나무가 자라지 않는 도호쿠 지방에서 검양옻나무 대신 옻나무를 백만 그루 심어 밀랍 생산을 도모했다."

고 전해지는데 그렇다면,

"옻나무 백만 그루에서 도대체 어느 정도의 밀랍을 얻을 수 있었을까?"

라는 것을 실험해보는 것이다. 이 실험에서는 야마카타山形대학의 학생들이 하루 종일 불과 20그램의 밀랍밖에 생산할 수 없었기 때문에,

"아마 그토록 대단한 요잔으로서도 이 사업은 실패로 끝났을 것이 분명하다."

는 결론에 도달했다. 이러한 방법은 문학과 사상에서도 활발했다. 예를 들어 모토오리 노리나가本居宣長가,

"만요슈万葉樹의 시가를 이해하는 데는, 만요 시대로 거슬러 올라가 추체험을 해봐야 진정한 의미를 알 수 있다."

---

2   1600년 일본 전국의 다이묘들이 두 세력으로 나뉘어 벌인 전투로 도쿠가와 이에야스(德川家康)가 패권을 장악해 에도 막부 정권을 세우는 기반이 되었다.

이노 다다타카

고 말한 것도 이를테면,

"와카和歌의 세계에서 이루어지는 체감"

일 것이다. 또 오규 소라이荻生徂徠와 이토 진사이伊藤仁斎가,

"공자나 맹자의 사상을 이해하는 데는, 그 후의 사상가들이 글귀에 대해 여러 해석을 내놓은 것을 읽는 것보다 공자와 맹자가 산 시대를 재현하고, 그 속에 들어가는 것이 중요하다."

며 종래의 해석학을 뛰어넘어, 별안간 그들이 산 시대는 어떤 것이었는가를 탐구하려는 노력을 계속한 것도,

"사상에서 이루어지는 체감에 대한 실험"

이라고 해도 좋다.

이노 다다타카가,

"하여간 에조치까지 빨리 걸어가야 한다."

는 설레는 마음으로 일반 여행자 이상의 속도로 걸어간 것도 이 체험의 일종이었다고 할만하다. 요컨대 그는,

"체감을 통해 위도 1도의 거리를 확정하고 싶다."

고 생각하고 있었다. 이 열렬한 집념이 있었기에 행선지마다의 현지 관리들의 차가운 대응에도 아랑곳하지 않고 측량을 완수할 수 있었을 것이다. 스승인 다카하시 요시토키가,

"후카가와와 이사쿠사를 걸음짐작으로 간단히 위도 1분의 거리를 확정할 수 있는 게 아니다. 좀 더 먼 데로 가야한다."

고 한 조언이 그의 심기를 건드렸다.

"좋아. 그렇다면 에조치까지 가보자."

고 결심한 기백은 도저히 55세의 나이라고는 생각하기 힘들다. 바로 청년의 그것이다. 그의 마음을 떠받치고 있었던 것은,

'호기심과 정열'
이었다.

이노 다다타카를 대장으로 한 다섯 명의 대원으로 구성된 측량대가 오슈 가도를 따라 떠난 것은 1800년 윤 4월 19일 아침이다. 보슬비가 내리고 있었다.

아침 8시경, 후카가와의 집을 나온 다다타카는 가까운 도미오카 하치만구富岡八幡宮 신사에 참배하고 무사히 여행을 다녀올 수 있기를 빌었다. 그는 이후, 10차에 걸쳐 전국 측량을 했는데 출발할 때는 반드시 도미오카 하치만구 신사에 참배했다.

그 후, 아사쿠사에 있는 달력국에 들러 스승 다카하시 요시토키에게 출발 인사를 하고, 정오 무렵에는 걸어서 센쥬千住에 도착했다. 이곳에서는 사와라에서 온 사람을 포함한 친척들과 가볍게 작별 인사를 나누고 닛코 가도日光街道를 걷기 시작했다. 오후가 되자 비가 그쳤다. 소우카草加宿 역참日光街道 2번째은 통과하고, 오후 6시경에 고시가야越谷의 오사와大沢 역참日光街道의 19번째에 도착했다. 이곳에서 1박을 했다. 그리고 다음날 20일, 역시 오전 8시경 숙소에서 나와 드디어 가스카베春日部에 도착했다.

이날 잰 거리는 센쥬에서 소우카까지 약 8.73킬로미터, 소우카에서 고시가야까지 약 6.98킬로미터, 고시가야에서 가스카베까지 약10.9킬로미터다.

훗날 다다타카가 막부로부터 명받은 일본 각지의 측량은, 주로 일본의 해안선을 명확하게 하는 것이었다. 내륙부의 측정은 중요시하지 않았다. 그 때문인지 그가 만든 지도의 내륙부는 지명이 간단

하게 기록되었고, 또 산과 호수, 강 등이 그려져 있다. 다다타카의 지도는,

"보면 즐거운 지도"

이다. 수채화처럼 엷은 터치로 일본 각지의 도로가 그려져 있다. 그 필치가 흐르는 것 같다. 유동성이 넘친다. 어딘가 새로운 목표의 땅을 찾아 정열적으로 앞으로 전진하는 다다타카의 마음이 그대로 드러나 있는 듯하다. 그런 의미에서 그의 여행은 언제나,

"앞을 보고 계속 전진하는 역동감 넘치는 여행"이었다고 해도 좋다. 가장 전형적인 것이 바로 제1차 측량이었다.

1800년 4월 20일에는 도네가와利根川 강을 건너 후루카와古河 죠카마치城下町, 영주의 거성을 중심으로 형성된 번영한 마을로 들어갔다. 그곳에서 1박을 하고, 다음날 21일에는 오야마小山, 신덴新田, 고가네이小金井, 스즈메노미야雀宮 등의 역참을 차례로 통과한 후, 우쓰노미야宇都宮의 죠카마치에서 하룻밤을 묵었다. 22일에는 조금 일찍 일어나 7시경에 우쓰노미야를 출발했다. 기누가와塊怒川 강을 건너, 우지이에氏家에서 기쓰레가와喜連川 역참을 통과했다.

전하는 바에 의하면, 이렇게 바삐 서두른 여행을 계속하면서도 이노 다다타카는,

"반드시 그 지역의 명승고적을 찾아 구경했다"

고 한다. 그렇다면 그의 눈은 똑바로 에조를 향하고는 있었지만, 그렇다고 해서 혈안이 되어 있었던 것은 아니다. 여행은 서둘렀지만 마음은 그런대로 여유를 갖고 있던 셈이다.

'다양한 목적을 동시에 추진'

하는 재능은 역시 그가 어릴 때부터 고생한 인생경험에도 있을 것이

고, 동시에 오랫동안 사와라의 나누시를 역임한 것도 작용했을 것이다. 다양한 문제를 접하게 되면 그 해결책을 스스로 생각해 내고,

"이것이 좋다."

라는 식으로 상대를 설득하기 위해서는 다양한 기술이 필요하다. 말하자면,

"인간관계"

가 정교해야 한다. 그런 의미에서 이노 다다타카는 더할 나위 없이 인간관계에 능숙한 사람이었다. 그는 10차례의 일본 전국 측량 동안 성실하게,

"측량일기"

를 기록했다. 그러나 개인적으로 구경한 것이든 각지의 명승고적에 대한 감상은 한마디도 적지 않았다. 사무적으로,

"몇 월 며칠, 몇 시경에 어디 어디를 출발해서, 어디를 통과하고 어디 어디에 도착했다."

는 식의 간단한 기술로 일관했다.

이렇듯 마음 설레는 여정을 연이어 소화하여, 출발 5일째인 23일에는 도호쿠東北로 가는 현관인 시라카와白河에 도착했다. 당시 시라카와 번주는 후다이다이묘인 마쓰다이라 가문이었다. 그리고 다다타카에게 본격적인 측량을 명한 로쥬가 이곳의 번주인 마쓰다이라 사다노부다. 사다노부는,

'시라카와 라쿠오白河樂翁'

라고 일컬어지는 명군이었다. 그는 8대 쇼군 도쿠가와 요시노부의 손자에 해당한다. 노인을 존중하여 매년 일정한 날에 죠카마치에 사는 노인들을 성으로 초대했다. 그리고

"저의 정무政務에 대해 솔직한 의견을 말씀해주시기 바랍니다."

라며, 지금으로 치면,

'노인들의 의견을 행정에 반영'

하려고 노력했다. 사다노부는 난코南湖 공원을 만들었다. 이는 지금의 국립공원의 시초다. 이 공원을 만들 당시, 실업 대책 차원에서 많은 실업자를 고용하여 임금을 주었다. 동시에 이 공원 안에 설치한 연못의 물은 가뭄 때 관개용수로 사용되었다.

이노 다다타카가 지나던 오슈 가도는 지금의 후쿠시마 현福島県의 '나카도리中通'

제1차 측량
(1800년)

니시베쓰

구시로

무로란

에리모 곶

요시오카
하코다테

마쓰마에
민마야

아오모리

모리오카

(오슈가도)

센다이

후쿠시마

우쓰노미야

에도

에 해당하는 길이다. 후쿠시마 현은 그 장소에 따라 하마도리浜通, 나카도리, 아이즈会津의 세 지방으로 나뉜다. 일기예보도 세 갈래 길로 나누어 전한다.

니혼마쓰二本松 죠카마치를 통과한 이노 다다타카 일행은 마침내 시로이시白石 죠카마치로 들어갔다. 여기는 다테伊達 가문의 중신 가타쿠라片倉 가문의 지배지다. 그리고 4월 27일에는 명문 다테 가문이 지배하는 센다이仙台 죠카마치로 들어갔다.

센다이에서 북으로 가는 길은 난부 가도南部街道, 혹은 모리오카 가도盛岡街道라 불리고 있었다. 점점 가속도가 붙어 4월 29일에는 후루카와古川 역참에서, 아라야荒谷, 다카시미즈高清水, 스키다테築館, 미야노宮野, 간나리金成의 각 역참을 통과했다. 이치노세키一関 역참을 거쳐 야마노메山目, 마에사와前沢 역참을 지나갔다. 이때는 아닌 게 아니라 그다지 여유가 없었을 것이다. 히라이즈미平泉의 후지와라藤原 3대[3]의 유적은 보러 가지 않았다. 그가 미나모토노 요시쓰네源義経[4]의 비극을 전하는 다카다치高館의 유적을 찾아간 것은 제2차 측량 때다. 이해 4월의 기록은 29일자로 끝나고 다음 날은 5월 1일로 되어 있다. 5월 2일에는 미즈사와水沢 역참에 있었다. 3일에는 하나마키花巻 역참에 도착했다. 기타카미가와北上川 강의 다리를 건너, 모리오카盛岡 죠카마치로 들어갔다. 난부南部 씨의 지배지다. 여기에서 머물고

---

3 도호쿠 즉, '오슈'를 지배하던 후지와라 가문의 지방정권이다. 금과 명마가 산출되어 3대가 번영을 누렸다. 당시 오슈의 중심지 히라이즈미는 교토에 버금가는 도시였다고 한다.

4 헤이안시대 말기, 가마쿠라시대 초기의 무장으로 가마쿠라 막부의 초대 쇼군인 미나모토노 요리토모의 이복동생이다. 형 요리토모와 갈등하던 도중 쫓겨나 결국 히라이즈미에서 자살한다.

4일 아침 일찍 역참을 나왔는데 비가 내리고 있었다. 얼마 지나지 않아 막 쏟아지기 시작했지만, 다다타카는 멈추지 않고 기타카미가와 강을 거슬러 올라가며 측량을 계속했다. 그 후 시부타미渋民를 빠져 나갔다.

5월 5일은 단오의 절기다. 그러나 그런 일을 축하할 겨를이 없다. 측량대는 고쓰나기小繁, 이치노헤一戸의 역참을 빠져나가 저녁에 후쿠오카福岡 역참에 도착했다. 여기에서 다다타카는,

"명승지인 스에노 마쓰야마末の松山를 보았다."

고 썼다. 예로부터 와카和歌의 소재가 된 명승지를 우타마쿠라歌枕라 하는데, 이곳은 그 사적지인 동시에 마쓰오 바쇼도《오쿠노 호소미치奥の細道》[5]에서 언급한 장소다.

산노헤三戸는 매우 번화한 역참 마을이었지만, 일행은 여기도 그대로 빠져나갔다. 그리고 1880년 5월 7일에 마침내 노헤지野辺地에 도착했다. 그리고 여기서 북으로 올라가 오슈 가도의 최종지점인 민마야三厩 역참 마을에 도달했다. 여기서 배를 타고 바다를 건너 에조치로 갈 예정이었지만, 계절풍[6] 때문에 일행은 9일간 발이 묶였다. 마음이 바빠 견딜 수 없던 다다타카는,

"어지간하면 배를 내어주시게."

라며 재촉했다. 민마야 사람들은 하는 수 없이 결국 배를 내주었다. 그러나 에조치로 건너간 배는 예정지를 훨씬 벗어난 지점에 일행을

---

5   마쓰오 비쇼(松尾芭蕉)의 하이쿠(俳諧) 기행문. 1694년경에 만들어져 그의 사후인 1702년에 간행되었다. 1689년 3월 하순 에도를 출발하여 간토(関東)·오슈(奥州)·호쿠리쿠(北陸)를 돌아 8월 하순에 오가키(大垣)에 도착하여 이세로 향했다.

6   동북지방 태평양 측에서 봄부터 여름에 동쪽에서 불어오는 차갑고 습한 바람.

내려주었다. 후대 사람들은 그들의 상륙지점이 마쓰마에군松田郡 후쿠시마쵸福島町 부근이었을 것이라 추정한다. 어쨌든 일행은 해안선을 따라 도보로 22일 밤에 하코다테函館에 도착했다.

이때의 측량대는 대장 이노 다다타카 이외에 제자 가도쿠라 하야타門倉隼太, 히라야마 소헤이平山宗平, 이노 슈조伊能秀藏 세 명의 측량원, 자질구레한 일을 맡은 요시쓰케吉助와 죠쓰케長助 두 사람이 따르고 있었다.

가도쿠라 하야타는 오사카 출신으로 다다타카의 스승인 다카하시 요시토키의 하인이다. 히라야마 소헤이는 다다타카가 이노 씨 집안에 데릴사위로 들어갔을 때 수양아버지가 되어준 사와라의 히라야마 도우에몬의 손자에 해당한다. 그리고 이노 슈조는 다다타카의 서자인데 이때는 아직 14살의 젊은이였다. 때문에 결속이 잘 되었다. 이런 장거리 측량조사에도 일행은 불평불만도 없이 마음을 모아 다다타카의 지시를 따랐다. 그러나 하인들은 그렇지 않았다. 특히 죠스케가 하코다테에서,

"몸 상태가 좋지 않으니 에도로 돌아가게 해 주십시오."

라고 말을 꺼냈다. 다다타카는,

"이 사내는 게으른 자."

라고 생각하고 있었던 탓에 허락하고 여비를 주어 돌려보냈다.

죠스케로서는,

〈아무 즐거움도 없는 이런 여행은 이제 질렸다.〉

고 생각했을 것이다.

하코다테에서는 계속 천측만 했다. 에도의 도시에서는 볼 수 없는 수많은 별이 밤하늘 가득 반짝이고 있는 것을 보자 다다타카는 제

자들에게,

"위도가 점점 높아진다."

라고 알려주었다. 문하생들도 고개를 끄덕였다.

다다타카는 이때의 측량하는 모습을 일기에 다음과 같이 썼다.

"1800년 7월 2일, 하늘이 얇은 구름으로 덮임. 새벽 5시경, 사마니様似를 출발했다. 해변은 모래와 자갈이 섞여 있어 걷기 힘들었다. 해안에는 뾰족하고 큰 바위를 오르내려야 하는 장소가 많아 위험했다. 썰물 때를 기다렸다 빠져나가야 하는 장소도 있었다. 안내해줄 아이누인[7]을 데리고 갔지만 만조 때문에 건너지 못했다. 300~400미터를 되돌아와 아이누인만 왕래하는 넨부쓰자카念仏坂라는 험한 산을 넘었다. 호로만가와幌満別라는 강도 건넜다. 그곳에 휴게소가 있었다.

그로부터 해변 길을 약 12킬로미터 정도 걸었다. 그중 약 4킬로미터는 밤길을 걸어야 했다. 호로이즈미幌泉에 도착했을 때, 그곳의 토지감정평가 관리 사토 모헤이佐藤茂兵衛 선생이 에조 관청의 지배인에게 공무 제등提燈을 들게 하고 마중을 나와 주었다. 그때는 정말 '지옥에서 부처님을 만난 것 같은 기분'이었다. 현지에서는 측정 거리가 70리라고 했지만 실제로는 80리 이상인 것 같았다."

그러나 일본 각 지역에서의 떨떠름한 대우에 비해, 이 북쪽 끝에서 만난 관리들은 친절했다. 다다타카는 밤길에 사토 모헤이가 제등을 들고 마중을 나와 준 일이 어지간히 기뻤던 것 같다. 그 때문인지 원래대로라면 네무로根室로 가서 측량을 계속하려고 했지만, 연어잡

---

7   일본의 홋카이도와 러시아의 사할린, 쿠릴 열도 등지에 분포하는 소수 민족.

이 관리를 하고 있던 막부 간죠 사무소 관리인 오시마 에이지로^{大嶋栄}
治郎^{가,}

"지금은 연어잡이가 한창이다. 네무로에 가봐야 아무도 없다. 모두 여기로 와서 연어잡이를 하고 있다. 모두가 바쁘기 때문에 자네들을 네무로로 보내기 위해 배와 사람을 내줄 상황이 아니다. 측량을 단념해줄 수 없겠는가."

라는 말을 듣고 다타다카는

"알겠습니다. 그렇게 하지요."

라고 수긍했다. 보통의 그였다면, 관리의 의견을 이렇게 산뜻하게 승낙할 리가 없다. 그 누가 뭐라 해도 억지를 부려 네무로 행을 주장했을 것이다. 그러나 이때는 단념했다. 그로서는,

"이 이상 멀리 가지 않아도 위도 1도가 어느 정도의 거리인지는 대충 확정할 수 있다."

는 자신이 있었다.

"멀리도 왔다"

며 일본 본토를 떠나 바다 건너 미지의 땅으로 온 것이 그런 마음을 들게 한 것이다.

이노 다다타카는 이 측량조사 이후, 두 번 다시 에조치에 갈 일은 없었다. 그가 막부로부터 명받은 것은 본토 안의 측량이었다.

솔직히 말해 이노 다다타카는 이때의 측량조사에 대해 만족하지 않았다. 중요한

"위도 1도의 거리"

를 정확히 관측하기 어려웠기 때문이다. 그러나 그는 이때의 측량데이터를 바탕으로 지도를 그렸다. 대축척지도 21장이다. 오슈 가도

11장, 에조치 10장이다. 에조치 부분에는 착색이 이루어졌고 지명, 지형, 역참, 유명한 표적 등을 정확하게 그려 넣었다. 그러나 오슈가도 부분은 그저 한 줄의 선으로 간단히 지명과 역참 등을 기입하는 정도였다. 이는 역시 각 역참에서의 조사에 대한 협력이 뜻대로 이루어지지 않았음을 의미하는 것이리라. 그러나 다다타카는 억지로 자기주장을 관철하지 않았다.

"이것이 마지막은 아니다. 앞으로도 기회가 있을 것이다."

라고 생각했기 때문이다. 그때를 위해서라도,

"이번 측량조사에서 얻은 결과를 상세하게 보고 하자."

고 생각했다. 때문에 부족한 조사 결과를 그린 오슈 가도의 도면도 측선測線, 트래버스선/인접한 측점을 잇는 선분의 양쪽에 밭이라든가, 마을의 모습, 성, 도시의 모습, 시골 풍경 등을 그려 넣었다. 앞서 밝힌 것처럼,

"보고 즐길 수 있는 지도"

를 마음에 새겼다.

이때 다다타카의 예상이 들어맞았다. 완성된 지도를 본 막부 관리들의 눈은 휘둥그레졌다. 서로 얼굴을 마주 보며,

"일본이 이렇게 아름다운가!"

라며 만족해했다고 한다. 이것은 다다타카에게 절호의 기회였다. 결국 막부는 다다타카에게,

"다음은 이즈伊豆부터 오슈의 동해안을 측량하라."

며 '제2차 측량조사' 명령을 내렸다.

이 무렵, 다다타카 측량대원이 들렀던 오슈 시라가와 번의 관리자 마쓰다이라 사다노부는 로쥬 우두머리로 올라, 이른바 '간세이

개혁'을 전개하고 있었다. 게다가 사다노부는 국내 정치만 신경 쓴 것이 아니다. 외교문제에도 힘을 다했다. 특히 북방 방비에는 더 관심을 기울이고 있었다. 이를 위해 마쓰다이라 사다노부는 마침내,

"에조의 막부직할화"

를 단행했다. 마쓰마에 번松前藩에는 도호쿠 지방에 대체지를 주었다. 쌀이 나오지 않는 에조치에서 연어와 청어가 주수입원이었던 것에 착안하여 마쓰마에 번이 담당해온,

"어장관리"

를 막부 간죠 사무소가 관할하려 했기 때문이다.

6장 장대한 「필생의 사업」 실현

제2차 측량
(1801년)

시리야자키
만마야
아오모리
고노헤
모리오카
(오슈가도)
미야코
가마이시
센다이
이시노마키
긴카산
후쿠시마
우쓰노미야
에도
시나가와
조시
누마즈
다테야마
시모다

각지에서 벌어진 실랑이들

이노 다다타카의 제2차 조사는 1801년 4월 2일부터 같은 해 12월 7일까지 230일에 걸쳐서 이루어졌다. 조사 대상 지역은 미우라三浦 반도를 한 바퀴 돌아 쇼난湘南 해안에서 오다와라小田原, 아타미熱海, 이즈伊豆 반도 동해안에서 시모다下田에 이르렀다. 또 이즈반도 서해안을 조사하고, 누마즈沼津에서 도카이도東海道 도로를 따라 다시 에도로 돌아왔다. 계속해서 에도만江戸灣을 끼고 동으로 향해 보소房総 반도의 해안을 측량한 후, 가시마나다鹿島灘에서 북으로 올라가, 이와키磐城, 마쓰시마松島, 긴카산金華山에서 산리쿠三陸 연안을 측량했다. 가마이시釜石, 마야코宮古를 지나 시리야자키尻屋崎, 시모키타下北 반도를 한 바퀴 돌아 이전에 갔던 노헤지野辺地를 향해 떠났다. 계속하여 아오모리青森에서 오슈 가도의 종점인 민마야에 도착했다. 이미 가본 지역이므로 다다타카로서는 만감이 교차했을 것이다. 에도로 돌아온 것은 그해말 12월 7일이었다.

이때는 제1차 측량조사와 비교하면, 약간 대우가 달라졌다. 그것은 제1차 조사 때는 각지에 대한 협력 요청이 단순히,

　　"첨부문서"

였던 것이 이번에는,

　　"협조공문"

으로 바뀌었다. 그리고 고시告示 발행자가 그때는 에조 관청의 관리였지만, 이번에는 도츄부교道中奉行[8]와 간죠부교로 바뀌었다. 그 내용은,

* 도중에 인부와 말은, 4명의 인부가 짊어지는 직사각형의 짐 상자 1짝, 인부 2명, 말 1필로 한다.
* 징발하는 인부와 말에는 정해진 임금이 적용된다.
* 수당은 1일에 은 7몸메匁 5분分에서 10몸메[10匁=37.5g]로 증액한다.

등이었다. 그러나 다다타카는 불만을 호소했다.

"제1차 조사에서도 말 2필, 인부 6명이 필요했습니다. 이번 조사에서는 도구가 많아 짐 상자 한 짝이 더 필요합니다. 아무쪼록 짐 상자 한 짝 분의 인부와 말을 늘려주십시오."

라고 부탁했다. 그런데 에조 관청의 관리가 고개를 좌우로 흔들었다.

"그것은 불가능합니다. 이번은 우리가 아니라 도츄부교와 간죠부교가 담당하게 되었으므로 그쪽에 말하시오."

라고 대답을 회피했다. 다카다카는 타협책을 꺼냈다.

"그러면 짐 상자 한 짝 분은 막부의 도움을 받겠소. 다른 한 짝 분은 내가 자비로 내겠소. 그렇지만 각 역참으로 보내는 협조공문에는 두 짝 분을 예약해주셨으면 하오. 그렇게 하지 않으면 현지에서 좀처럼 인부와 말에 대한 협력을 얻을 수 없소."

---

8 로쥬의 지배 하에서 다섯 가도(東海道·中山道·日光道中·奧州道中·甲州道中) 및 주요 지선도로 역참의 여관·파발 단속, 도로 관리, 소송 등을 담당했다.

라고 했다. 에조 관청의 관리는 이미 제1차 조사의 실적이 있고, 에조 관청의 명성도 높았기 때문에 이를 승낙했다.

그러나 실제로 조사를 시작해보니, 사전에 합의한 내용은 대부분 지켜지지 않았다.

이번 측량대는 다다타카를 대장으로 히라야마 군조平山郡蔵, 히라야마 소헤이平山宗平 형제와 이노 슈조, 또 하인 시부야 가스케渋谷嘉助 등 전과 같이 여섯 명이었다.

시나가와品川를 출발한 후 가와사키川崎에 도착하자 당장 실랑이가 벌어졌다. 그것은 아와 도쿠시마 번주인 하치쓰카 공蜂須賀公이 숙박지 전부를 사용하는 바람에 다다타카 측량대원은 머물 곳이 없었다. 불평을 했지만 아무 효과가 없었다. 다다타카 측량대는 결국 음식점 한 구석을 빌려 거처로 삼았다.

협조공문은 완전히 무시되었다. 게다가 다다타카의 측량방법은,

"분담 측량"

이어서 대원이 2개 조로 나뉜다. 그러나 나뉜 대원 부분에 대해 막부 측은 무관심했다. 다다타카도,

"분담 측량은 자비로 부담할 수밖에 없다."

고 생각한 까닭에, 그 부분은 단념했다. 그러나 뭔가 답답하고 개운치 않았다.

네부카와根府川의 검문소를 통과할 때 실랑이가 벌어졌다.

"통행증을 보여 주시오."

라고 하자, 다다타카는,

"그런 것은 없소."

라고 했다. 그리고

"도츄부교와 간죠부교가 협조공문을 보내왔을 것이오."

검문소 관리는 고개를 끄덕였다.

"분명히 협조공문은 와 있소. 그러나 통행증을 보여 주시오."

라고 요구했다. 왜 그러느냐고 묻자, 검문소 관리는 다다타카에게 떨떠름한 표정을 지으며,

"설령 협조공문이 와있더라도 시골에 거주하는 상인이 통과할 때는 증명서가 필요하오."

라고 말한다. 다다타카는,

"나는 시골에 거주하는 상인이 아니라 막부의 관리요."

라고 하자, 관리는 코웃음 쳤다.

"협조공문에는 그런 것이 적혀 있지 않소. 당신은 시골에 거주하는 상인이라고 적혀 있소."

라고 말했다. 다다타카는 가슴 속으로 혀를 찼다.

〈또 그런 이유였군.〉

경솔했다. 이전보다 대우가 좋아졌기에 당연히 다다타카의 신분도,

"막부의 무사 신분"

이라고 생각하고 있었다. 그러나 신분과 자격에 대해 막부 측은 여전히 다다타카를,

"전직 농민이며 낭인"

으로 밖에 생각하지 않은 것이다.

〈거듭 확인했어야 했는데 낭패로군.〉

이라며 자신의 일처리가 야무지지 못했던 점에 화가 났다. 그리고

〈다음부터는 자격과 신분을 확실히 해 두어야겠다.〉

며 예상하지 못한 쓸데없는 갈등에 두 손을 들었다. 그리고는 막무가 내로,

"우리는 공무를 수행 중인 막부의 측량대다."

라고 말하고, 수행원에게 공무용 깃발을 꺼내 높이 들게 한 다음, 일행을 향해,

"가자."

고 명하고 질서정연하게 검문소를 빠져나갔다. 검문소 관리는 어이가 없어 말없이 지켜만 보고 있었다.

측량기구 취급에 대해서도 각 역참에서는 신경을 써주지 않았다. 측량대를 푸대접했다. 특히 기계 취급이 거칠어 대원들이 전전긍긍했다. 대방위판은 무거운데 인부를 충분히 보내주지 않아 에도로 돌려보내기로 했다. 그런데 다다타카 측량대가 에도로 돌아왔을 때도 아직 도착해 있지 않았다. 조사해보니 현지에서 무책임하게 다루어 선박 운송이 늦어지고 있었다. 재촉하여 간신히 손에 넣을 수 있었다. 대원 모두가 이리저리 훑어보고 확인한 뒤에야 한시름 놓았다.

그 후 도호쿠로 향했다. 센다이 주변 바다에서는 해상에 밧줄을 쳐놓고 측정했다. 마쓰시마 만松島灣은 지반이 가라앉거나 해면 상승에 따른 침수로 생긴 골짜기와 작은 섬이 많았다. 일일이 측량 할 수 없었다. 그래서 원측遠測을 활용하여 대강의 위치를 쟀다.

이때 센다이 번은 막부가 보낸 협조문서를 제대로 받아들였고 번청 관리 또한 그에 따라 응대해 주었다. 그러나 모리오카 난부 번의 영지에서는 분명히 도츄부교와 간죠부교가 보낸 협조공문이 도착해 있는데도 불구하고 번의 관리가 그것을 함부로 다루었다. 그 때문에 막부에서 보낸 협조공문 사본이 현지에 도착해 있지 않은 것은

물론, 번청 측으로부터,

"이 협조공문대로 해주기 바란다."

는 첨부 문서도 보내지 않은 상태였다. 그러나 번의 관리 중에 이해하는 이가 있었다.

"측량은 중요한 일이다."

이들 관리가 타협책을 제시했다.

"번의 상층부로부터 명령이 없는 이상, 협력은 불가능하오. 그러나 마을의 관리들이 협력할 수는 있소이다."

라고 말하고, 그들이 분주하게 뛰어다니며 마을의 관리들에게 필요한 인부와 말을 지원하게 하는 데 성공했다. 동시에,

"낯선 곳은 마을 관리가 안내할 것이오."

라며 안내인을 파견해 주었다. 그들로서는 어디까지나,

"번청의 입장에서 무사가 협력하는 것이 아니다. 마을 관리의 자유의사로 협력하는 것이다."

라는, 이른바 변명이 될 구실을 준비하고 있었다. 이처럼,

"나쁜 관료주의"

가 일본 전체에 자리를 잡고 있었다.

이노 다다타카가 측량하는 데 있어 어려움은, 지리나 지형의 복잡함이나 험한 길 때문만이 아니었다. 오히려 이,

"일본 국내의 막부나 각 번에 있는 팽배한 관료주의와의 싸움"

에 상당한 힘을 소진했다. 평소 몸이 건강하지 않아 신경이 예민한 다다타카에게는 이 관료주의와의 싸움이 얼마나 화가 나고 부조리한 것이었는지 모른다.

"공적으로 명령받은 측량에, 어째서 일일이 트집을 잡아 협력해

주지 않는 것인가.”

라는 초조함과 분노가 항상 따라다녔다.

　그러나 조사를 하는 과정에 모리오카 난부 번에서 막부에 여러 문의를 한 모양이다. 그들은 다다타카가 한 말이 진짜라는 사실을 알았다. 그로 인해 대우가 확 달라졌다.

　그리고 번의 관리들이 어느 날 다다타카 측량대가 머물고 있는 숙소로 와서는,

　“이것은 번에서 드리는 선물입니다.”

라며 금품을 내밀었다. 다다타카는 정중히 거절했다.

　“마음만 받겠소이다.”

라고 말했다. 그리고

　“받아도 되는지 어떤지 직접 막부에 확인해 주시오.”

라며 확실하게 매듭을 지었다. 이런 점은 사와라의 나누시로 일한 만큼 금품수수에 대해서는 엄격했다.

　“대단히 감사합니다.”

라며 넙죽 받는 행동은 절대 하지 않았다. 게다가 다다타카는 측량에 상당한 돈을 자부담하고 있어서 경리와 관리에 꼼꼼했다.

　난부 번 쪽에서는 다다타카가 금품수수를 거부한 것에 대해 걱정했다.

　“설마 우리들의 대우가 좋지 않았다는 사실을 막부에 보고할 작정은 아니겠지요?”

라고 눈을 부릅뜨고 물었다. 다다타카는,

　“그런 짓은 하지 않소이다. 그보다는 내일 날씨가 더 걱정입니다.”

다다타카의 걱정은 빗나가지 않았다. 도호쿠 북부는 세찬 눈발이 덮쳐 눈이 많이 쌓였다. 아무리 바다 위를 측량한다고 해도 뜻대로 되지 않았다. 민마야三厩에 도착했을 때는 결국 측량을 단념했다.

이때 소지도 1장, 중지도 4장, 대지도 32장이 제작되었다고 한다. 그러나 중지도가 겨우 남아 있을 뿐이고, 소지도와 대지도는 어디로 갔는지 알 수 없다. 또 중지도도 에조, 무쓰陸奥 남부[9], 이즈, 간토의 4장 구성이었다는데 간토 부분이 분실되었다고 한다.

1802년 6월 3일, 이노 다다타카에게 이번에는,

"우에쓰羽越 해안[10]과 에치고越後 해안 측량을 명한다."

는 지시가 내려왔다. 명령을 내린 이는 와카도시요리若年寄[11]인 홋타 마사아쓰堀田正敦다. 다다타카의 스승 다카하시 요시토키는 기뻐했다.

"선생의 측량이 드디어 본궤도에 접어들었습니다."

라며, 막부 상층부의 명령을 전했다.

이번 대우는,

* 비용으로 60량의 수당을 지급한다.
* 여행길에는 인부 5명, 말 3필, 짐 상자를 지는 인부 4명의 이용을 인정한다.
* 단 숙박비는 자부담으로 할 것.

9　지금의 아오모리 현(青森県)과 이와테 현(岩手県) 북부.

10　데와노쿠니(出羽の国, 지금의 秋田·山形의 두 현)와 고시노쿠니(越の国, 지금의 新潟·富山·福井 등의 여러 현에 걸침).

11　로쥬를 보좌하고, 하타모토를 통솔하였다.

이었다. 그리고

    * 이들 사항에 대해서는 도츄부교와 간죠부교가 각 지역에 협조
       공문을 보낸다.

지금까지와는 달리 상당히 개선된 대우였지만, 다다타카에게는 걱정거리가 하나 있었다. 그것은 말할 필요도 없이 그가,

"어떤 신분과 자격으로 측량을 추진할 것인가."

라는 점이었다. 이 점을 다카하시 요시토키에게 확인해보니 다카하시는 조금 떨떠름한 표정을 지었다. 그리고

"그 일은 너무 깊이 따지지 않는 것이 좋을 것 같습니다. 숙박비를 제외하고 측량에 집중할 수 있는 것만으로도 감사할 일이지요."

라고 했다. 다카하시는 그 나름대로 다다타카의 신분에 대해 상부층과 상당한 협의를 했다. 그러나 상부층의 인식은,

"신분 따위는 아무래도 좋지 않은가. 측량을 위해 도츄부교와 간죠부교가 협조공문을 보내는 것만으로도 후한 대우다. 그 이상의 분에 넘치는 요구는 불가하다."

라고 했다. 아무래도 간죠 사무소에서는 다다타카에 대해 좋지 않은 정보가 들어가 있던 모양이다.

"농민 주제에 건방지다."

라든가,

"현지에서 공무용 깃발을 곧추세우고 하는 일마다 말썽을 일으키고 있다."

는 정보가 잇따라 날아든 것 같았다. 따라서 간죠부교 사무소 관리는

닷피자키

오카 반도

아키타

요코테

사카타

신죠

가시와자키
니가타

다카다

아이즈와카마쓰

시라카와

젠코지

구마가야

에도

이노 다다타카에 대해 그다지 좋은 느낌을 가지고 있지 않았다. 다카하시 요시토키는 그러한 분위기를 감지한 탓에,

"억지로 신분과 자격을 강요하면 일이 틀어질 수 있습니다."

라며 측량 그 자체가 취소될 것을 두려워했다.

그러나 에도성 안에서의 정치적 의혹이야 어찌되었든 현장에서 실제로 측량을 해야 하는 이노 다다타카 일행에게는 이래저래 유쾌하지 않은 일이 일어났다.

제3차 측량조사 때에도 아키타 번秋田藩의 사타케佐竹 가문에서도 작은 실랑이가 벌어졌다. 사타케 가문은 번의 관청이 이미 도츄부교와 간죠부교가 보낸 협조공문을 받고 영내에 지시를 내렸다.

* 고시한 대로 인부와 말은 지체하지 말고 내줄 것.
* 일행이 통과할 때 역참의 관리 2, 3명이 하카마^{주름 잡힌 하의}를 착용하고 배웅할 것. 숙박할 여관의 주인은 하카마를 착용하고, 문 앞에서 맞이할 것. 숙박은 보기 흉하지 않은 집으로 준비할 것. 현지에서는 실례가 되지 않도록 두 명 정도가 안내할 것.
* 그들이 에도로 편지를 발송할 때는 그 편지를 곧바로 번청으로 보낼 것.
* 강을 건널 경우에는 관리 2, 3명이 출장을 가서 지시할 것.

"이상의 일을 관계자에게 잘 전달할 것. 여기에 적힌 대우는 우리 번 안에서는 물론 다른 영지에서도 같다고 하니 명심하고 대기할 것."

이라는 추신이 달려 있었다. 그러나 아키타 죠카마치에 들어간 다다

타카는 '측량일기'에 다음과 같이 서술했다.

"죠카마치의 대우는 매우 좋지 않았다. 천체관측 장소에 대한 준비도 미흡했다. 관리는 마중 나오지 않았고, 도착했을 때 겨우 마을 일을 돕는 조장과 여관 주인이 인사하러 왔을 뿐이다. 그래서 곧바로 나누시를 불러 주의를 주었다. 짐 정리를 하고 천측 준비를 시켰다."

다다타카가 이때 불평한 것은,

"천체관측 준비가 갖추어지지 않았다."

는 사실이었다. 그러나 아키타 마을 입장에서는 천체관측의 이야기뿐만이 아니다.

"측량대 일행은 어떤 자격을 가지고 있고 또 어떤 대우를 해주면 되는가."

라는 문제로 머리가 아팠다.

아키타 번에서는 사전에 이 일을 막부에 확인했다. 그러나 확인한 곳이 간죠 사무소였다. 간죠 사무소는 앞에서 언급한 대로 이노 다다타카 측량대에게 좋지 않은 감정을 가지고 있었다. 그 때문에 이 문의에 대한 답변으로,

"뭐, 하급 관리랄까, 묘지타이토를 하사받은 부유한 농민 정도로 생각하면 된다."

라고 대답했다. 실제로 이노 다다타카의 신분은 사와라의 나누시였으므로 이 답변이 결코 틀린 것은 아니다. 그러나 다다타카로서는,

"막부의 명령에 따라 측량 조사를 하고 있으므로 당연히 막부의 관리 대우를 받고 싶다."

는 바람이 있었다. 그의 바람은 제3차 조사에서도 이루어지지 않았다. 결국 그가 항상 불평한 대상은 각 지역의 하급관리들이지 무사가

아니다. 이는 이전의 조사에서도 간죠 사무소의 관리가,

"하급관리들이 자발적으로 협력하는 것은 괜찮다."

라는 표현을 쓴 것과 마찬가지다. 다다타카는,

〈여전히 관리들의 생각이 고지식하고 애매모호하다.〉

며 화를 냈다.

　이러한 대우는 쓰가루津輕의 히로사키弘前 죠카마치에서도 똑같았다. 죠카마치에 들어섰는데도 마중 나온 자가 없다. 우왕좌왕하고 있자 가까운 여관에서 호객꾼이 나와 안내했다. 여관에서는 주인이 단지 하카마를 입고 맞이했다. 그런데 이 여관은 싸구려 여인숙 같았다. 많은 상인과 예능인들이 큰 방 하나에 가득 차 있었다.

　다다타카는 화가 났다. 그래서 관리를 불렀더니, 고작 노인 한 사람이 나타났다. 이쪽에서 묻는 것에는 아무것도 대답하지 않고 다만,

"지금 이 지역에는 영주님이 유람을 와 계시기 때문에 여관마다 손님으로 가득 차 있소. 가능하면 숙박처를 오하마大浜로 바꾸어 주었으면 하오."

라는 말을 꺼냈다. 다다타카는 노여움을 꾹 참고, 이번 측량의 목적을 자세히 알리는 한편, 도츄부교와 간죠부교로부터 협조공문이 번의 관청에 이미 도착해 있을 것이라 설명했지만 노인은 전혀 들으려하지 않았다. 자신이 생각하고 있는 것만을 중얼거릴 뿐 다다타카의 말에는 귀를 기울이지 않았다. 시치미를 떼고 있는 건지, 아니면 정말로 이해하지 못하는 건지, 알 수 없었다.

　그러나 다다타카의 노여움이 담긴 설득이 먹혔는지 다음날, 번의 관청에서 무사 한 명이 찾아왔다.

"대단히 실례했습니다. 그 정도로 중요한 측량이라고는 생각하

지 못했습니다. 부디 무례를 용서해 주십시오. 협조공문에 따라 보살펴 드리겠습니다."

그렇게 말하고,

"이것은 번주께서 보내신 것입니다."

라며 과자를 내밀었다.

다다타카 측량대는 이미 전날 밤에 온 노인의 의견에 따라 오하마 쪽으로 숙박지를 옮기기로 했는데, 이번에는,

"아오모리青森에 머물러 주시기 바랍니다."

라고 했다. 다다타카는 거절했다.

"측량 준비를 모두 그쪽에 해두었기 때문에 이제 와서 아오모리로는 옮길 수 없소."

라고 했다. 그나마 분풀이였다. 그리고 마지막에,

"이 일은 상세하게 에도에 보고할 작정이오."

라고 했다. 그 말에 번의 관리는 새파랗게 질렸다.

그날은 그대로 돌아갔지만 다음날,

"측량하여 그린 지도를 꼭 저희 번에서 사들일 수 있게 해주십시오."

라고 요청했다. 이것은 정말로 지도를 갖고 싶은 것인지 아니면,

"지도를 사들임으로써 다다타카의 분노를 조금 가라앉히자."

고 생각한 것인지는 알 수 없었다. 필자가 아는 어떤 선배는 이를,

"구매를 통해 다다타카가 막부에 보고하지 않기를 바란 것이려니."

라고 추측했다.

제4차 측량
(1803년)

사도

노도 반도

이즈모자키

데마도마리

가나자와

이토이가와
도야마

미쿠니 고개

후쿠이

구마가야

쓰루가

에도

오가키

누마즈

오마에자키

'동일본 연해지도' 완성

이노 다다타카는 1803년 2월, 이번에는 도카이^{東海} 지방과 호쿠리쿠 北陸 지방의 해안선 측량을 명받았다. 측량대원은 히라야마 군조, 이노 슈조, 무라쓰 오오에^{村津大兄}, 오카타 게이스케^{尾形慶助}, 오노 료스케^{小野良助}, 이노 요시베^{伊藤吉兵衛}와 하인 규베^{久兵衛} 모두 8명이었다.

이때는,

* 수당으로 82량 2분을 지급한다.
* 현지에서 인부와 말의 수는 이전과 동일하고 무임으로 한다.
* 인부는 5명, 말은 3필, 짐 상자는 한 짝으로 한다.
* 이 일들에 대해서는 도츄부교와 간죠부교가 협조공문을 보낸다.

이 조사에서는 오와리 도쿠가와^{尾張徳川} 가문의 대우가 아주 좋았다. 오와리 도쿠가와 가문에서는 이노 다다타카 일행을,

---

12 일본 중부지방 이동(以東)의 간토, 도호쿠, 홋카이도 각 지방을 포함한다.
13 혼슈 중앙부에 위치하는 중부지방 가운데 동해에 접한 지역이다.
14 도쿠가와 씨의 분가인 도쿠가와 고산케 중 으뜸인 가문으로 시조는 도쿠가와 이에야스의 9남 도쿠가와 요시나오(義直)다.

"공무로 찾아온 막부 관리로서 대우한다."

고 했다. 다다타카 일행은 이때 나고야名古屋의 죠카마치에서 양정거를 사용했다. 양정거는 끌고 다니는 수레로 톱니바퀴의 회전수에 따라 거리를 측정할 수 있다. 이것을 사용했다는 것은 나고야 죠카마치의 도로 정비가 좋았다는 의미다. 세키가하라에 갔을 때는 요로의 폭포養老の滝를 보기도 하고 명승고적을 여러 곳 견학했다.

그러나 가가 번加賀藩에 들어가자, 또 대우가 형편없었다.

가가 번 역시 사전에 막부 간죠 사무소에,

"이번에 저희 영내를 측량하러 올 이노 다다타카의 신분과 자격을 알려주십시오."

라고 문의했다.

"천문방 다카하시 사쿠자에몬高橋作左衛門의 문하생이고, 정식으로 막부의 공직에 있는 자는 아니다. 따라서 귀하게 대우할 필요는 없다."

고 회답했다. 아직 다다타카에 대한 간죠 사무소의 나쁜 감정은 불식되지 않았다. 그 때문에 가가 번에서는 관계지역에 다음과 같이 공지했다.

 * 일행이 도착했을 때는 마을 관리가 응대한다. 그 수준은 하급 관리를 대하는 정도면 된다.
 * 안내는 마을 관리가 한다. 측량대원이 이동할 때는 마을 관리가 입회한다.

---

15 기후 현(岐阜県)에 있는 낙차 32m, 폭 4m의 폭포다.

* 숙소에는 마을 관리 1명, 하급무사 十村役, 다른 번의 나누시에 해당가 시중을 들면 된다.
* 여관 주인은 하카마를 착용할 것. 예복은 입지 않아도 된다.
* 마을의 총 미곡수확량, 가옥 수, 촌락의 경계에서 바닷가까지의 거리 등은 번의 지시가 없는 한 절대로 답하면 안 된다.

가장 나빴을 때와 다름없는 대우였다. 문의가 왔을 때 간죠 사무소 관리의 대답 여하에 따라 대우가 바뀌었다. 가가 번 측도,

"영내의 사항은 결코 자세하게 알리고 싶지 않다."

며 비밀로 하고 싶어했다. 문제의 열쇠를 쥐고 있는 것은 간죠 사무소 관리의 응대법이었다. 이노 다다타카를,

"막부가 정규로 의뢰한 관리가 아니다. 묘지타이토를 하사받은 부유한 농민 정도다."

라고 대답한 것이 전체를 지배해 버렸다.

가가 번에 갔을 때, 다다타카에게는 기대하는 바가 있었다. 다름이 아니라 스승 다카하시 요시토키의 공부방에서 함께 천문학을 배운 측량가 니시무라 다츄 西村太沖가 가나자와 金沢에 살고 있었기 때문이다. 그래서 다다타카는,

"가가 번에 가면, 니시무라 다츄의 협력을 얻어야지."

라고 생각했다. 그러나 번 측에서 먼저 손을 썼다. 니시무라 다츄에게,

"병가를 내라. 이노 다다타카에게 협력하면 용서하지 않겠다."

고 선수를 쳤다.

그러나 가가 번에서 대우가 안 좋았는가 하면 꼭 그렇지만도 않

았다. 그도 그럴 것이 마중 나가는 것을 면제받은 하급무사가 마음을 써주었기 때문이다. 그들은 간죠부교가 보내온 고시를 정확하게 이해하고 있었다. 그런 이유로 각 마을에 다음과 같은 지시를 내렸다.

* 도로와 다리는 통행에 지장이 없도록 수리할 것.
* 측량대는 해변에 주안점을 두고 있으므로 곶과 섬을 건널 수 있도록 준비해 둘 것.
* 선박은 물론 질문을 대비해 해상의 거리도 조사해 둘 것.
* 높은 산과 성 터를 목표로 삼을지도 모르므로 가는 길과 방향을 조사해둘 것.

빈틈이 없는 사전 조사였다. 또 협력자에 대해,

* 인부는 보기 흉하지 않게 상투와 면도를 말끔히 할 것.
* 임시로 놓은 다리는 보강해둘 것.
* 만약을 위해 가마와 말을 준비해둘 것.
* 관리는 하오리^{짧은 겉옷}를 착용할 것.
* 안내 담당 관리와 앞장서서 길을 치우는 자^{先払}는 일행보다 70~80미터 앞을 걷고, 예의 없는 행동을 하지 않도록 주의할 것.
* 일행의 숙소에는 주야로 장대 끝 높이의 제등을 밝히고, 불침번을 설 것.

이때 준비한 인부는 길을 치우는 자 1명, 길 안내 2명, 측량 도우미 6명~12명, 측량 도구를 옮기는 자 3명, 그 밖의 짐을 들어 주는 자가 25명이었다고 한다. 융숭한 대접을 받았다.

아마 가가 번의 하급무사도 시간이 흐름에 따라 사정을 파악하고,

"이노 선생은 사와라의 나누시라는 자격으로 인해 가는 곳마다 냉대를 받을 것이다. 냉대하는 이들은 모두 무사인 번의 관리다."
라고 예상하고 있었다. 말하자면,

"같은 입장의 사람들끼리 느끼는 이해와 동정"
의 마음이 하급무사의 가슴에서 우러난 것이다. 때문에 도츄부교의 협조공문 이상의 배려와 준비를 해주었다. 이러한 배려가 다다타카 측량대에게 얼마나 마음의 치유가 많이 되었는지는 알 수 없다. 그러나 가가 번의 하급무사가 보인 이해와 협력은 어디까지나,

"이노 다다타카와 같은 입장에서 그 괴로움과 슬픔을 자신들의 것으로서 이해."
하는 사람들에 한한다. 그러나 다카다 영지에서는 이토이가와 사건 糸魚川事件과 같은 실랑이가 일어나기도 했다. 이것은 또 다른 가가 번의 하급무사들과는 다른 이른바,

"현장의 말단 관리"
의 꼬인 심사가 반발심이 되어 지배층인 다다타카 측량대에게 심술궂은 짓을 한 경우다.

"현장에서 지배하는 자로 여겨지는 이"
의 심리적 차이가 이러한 사건을 초래한 것이다.

이노 다다타카의 가슴 속 잔가시 같은 번뇌나 혹은 신경을 찌릿찌릿 어지럽히는 독약 같은 이러한 처우가 완전히 불식된 때는 1804년 9월 6일의 일이다.

1800년 윤 4월에 이루어진 제1차 측량조사로부터 5년 후의 일이었다. 그 사이에 그가 벌인 측량조사의 결과를 '동일본 연해지도'로 완성하여 막부에 제출했다. 이 지도는 대지도 69장, 중지도 3장, 소지도 1장으로 만들어졌다. 대지도 1장은 다다미 1장 정도 크기로 69장을 연결하면 오와리에서 동쪽 지역의 모든 연안과 주요 도로를 확실히 알 수 있다.

다다타카의 측량은 원래,

"위도 1도의 거리를 확정한다."

는 것과

"일본의 해안선을 밝힌다."

는 것이었기 때문에 '해안지도'라는 이름이 붙었다. 게다가 이것 역시,

"보면 즐거운 지도"

를 목적으로 삼아 회화적 요소가 반영된 덕분에 평판이 아주 좋았다.

이날 에도성의 대응접실大広間에서 각각의 지도를 연결하여 공개하였다. 그리고 제11대 쇼군 도쿠가와 이에나리德川家斉가 지도를 보았다. 요컨대,

"쇼군의 상람上覽에 이르렀다."

는 영예를 얻었다. 입회한 인물은 로쥬 도다 우지노리戸田氏教, 와카도시요리, 홋타 마사아쓰, 간죠부교 나카가와 다다테루中川忠英 등이다. 쇼군 이에나리는 지도의 가장자리를 따라 뱅글뱅글 돌면서,

"음, 훌륭하다!"

"그렇군, 이 지방은 이러한 모양을 하고 있었던가?"

라며 한 곳 한 곳 고개를 끄덕이며 감탄했다.

물론 이노 다다타카는 쇼군을 만날 수 있는 자격이 없었기 때문에 집에서 그 결과를 기다릴 뿐이었다.

쇼군이 지도를 상람한 결과는 성공적이었다.

직후인 9월 10일, 와카도시요리 홋타 마사아쓰가 다다타카를 불러들였다. 그리고

"동일본 연안지도 작성의 공로로 고부신구미小普請組[16] 조직원이 될 것을 허락한다. 또한 10인 부치十人扶持, 연 수입 쌀 약 2660kg를 지급한다."

라고 알렸다. 이로써 이노 다다타카가 정식으로,

"도쿠가와 가문의 지키산直參, 주군을 직접 섬기는 신하[17]"

에 등용된 것이다. 게다가 직접 상사가 되는 고부신구미의 대표인 오가사와라 노부나리小笠原信成로부터,

"천문방의 다카하시 가게야스高橋景保, 다카하시 요시토키의 장남의 하급 관리로 명한다."

고 알려왔다. 이는 다카하시 가게야스의 부하가 되어,

"막부 천문방의 정식 관리"

로 임명되었다는 의미다. 그리고 기세를 몰아 1804년 12월 25일에,

"서일본 지도를 만들라."

라는 명을 받았다. 이때는,

"수당을 증액한다."

라는 전언이 있었다. 또한 이번은 도츄부교와 간죠부교의 협조공문

---

16 3000석 이하의 하타모토, 고케닌(御家人) 중에 직책이 없는 자로 편성된 가신단이다.

17 에도막부의 하타모토, 고케닌의 총칭. 에도시대 쇼군에 직속하고 1만 석 이하의 토지 (知行地) 또는 봉록인 구라마이(蔵米)를 받은 집안을 가리킨다.

이노 다다타카

없이 로쥬의 명령으로,

  * 도로 연변의 각 번, 부교, 다이칸 등은 이노 다다타카 측량대를
    원조할 것.
  * 도로 연변의 역참에 대해서는 로쥬가 필요한 인부와 말을 제공
    하라는 취지의 협조공문을 보낼 것임.

이라는 내용이 전해졌다.

　이것이 이노 다다타카의 5차 조사다. 즉, 제1차부터 4차까지 현지에서 겪은 충돌과 의식적인 냉대 등은 이 5차 조사부터는 완전히 불식되었다. 이노 다다타카가 인솔하는 측량대는,

　"로쥬의 명령"

이라는 도쿠가와 막부 최고 권위자의 명령에 의해 전국적으로 협력을 얻을 수 있게 되었다.

　지난 5년간 다다타카의 노력이 여기에 이르게 했다. 다다타카는 분명 현지에서 화가 난 나머지,

　"우리들은 막부의 공무를 수행 중인 측량대다."

라고 깃발을 머리 위로 높이 세우기도 하고, 더러는,

　"에도에 보고하겠다."

며 공갈로 위협하는 태도를 취할 때도 있었다. 그러나 이는 그가 사와라의 나누시를 역임할 때 배운 것으로,

　"세상을 살아가는 데 필요한 난관 처리법"

이었다. 그는 분명히 정열과 호기심이 넘친 과학자였지만 그렇다고 해서,

제5차 측량
(1805~1806년)

오키

아이오후타지마손

와카사 만

쓰루가

에도

마쓰에

교토

구사쓰

히로시마

오카야마

오사카

시모노세키

기이 반도

1805년
1806년

"쓸데없이 권위를 휘두르는 어리석은 사내"
는 아니었다.

"이렇게 하면 이렇게 된다."

"이렇게 말하면 이렇게 응답할 것이다."
라는 것을 잘 알고 있었다. 그것은 오랜 기간의 경험을 통해 많은 사례를 습득하고 있었기 때문이다. 몸이 그다지 건강하지도 않고 걸핏하면 건강을 해칠 만한 여러 상황을 이겨내면서 그가 일본 전국을 측량하며 걸어 다닌 에너지는 정말 경탄할 만하다. 그러나 현지에 갈 때마다 벌어지는 실랑이를 끈기 있게,

"절대로 자부심을 잃지 않고."

계속 대응한 정신력 또한 칭찬할 만하다. 그리고 그가 허약한 체력에 아랑곳하지 않고 최후의 최후까지 목적 달성을 위해 일본 전국을 걸어 다닌 엄청난 에너지의 근원도 이 정신력에 있었다고 볼 수 있다.

1802년이 되자, 막부는 이노 다다타카의 노력의 성과를 높이 평가하고 다시금 간토와 도호쿠 지방으로 이어지는 지역에 대한 측량을 명했다. 이는 막부 측이 이노 다다타카에게,

"이 지역을 측량하라"

고 명한 것으로 이노 다다타카가,

"측량하게 해주십시오."

라고 청원한 것이 아니다. 막부의 명령으로 다다타카는 정식으로 측량을 할 수 있게 되었다.

1802년 6월 11일에 다다타카는 문하생을 데리고 에도를 출발했다. 시라카와에서 동해안 East sea 으로 나가 아오모리까지 올라갔다. 그리고 남하하여 나오에쓰直江津로 나와 에치고越後, 신슈信州, 나카센도中山道 [18] 도로를 경유하여 에도로 돌아왔다. 막부는 경비로 60량을 제공해 주었다.

이듬해 4월에는 도카이도東海道 [19] 도로를 이용해 오와리尾張로 들어가 호쿠리쿠北陸로 갔다. 이때는 다다타카가 그 전체를 측량한 것은

---

18 교토에서 중부 지방의 산악부를 거쳐 에도에 이르는 길.
19 도쿄에서 교토까지의 해안선을 따라 교토에 이르는 간선 도로.

아니다. 제자인 히라야마 군조는 노토能登 반도로 갔다. 나나오七尾에서 합류하여 나오에쓰에서 사도佐渡 섬으로 건너갔다. 이 측량으로 일본 혼슈本州의 동일본 해안선은 모두 측량이 완료됐다.

이렇게 이노 다다타카의 일본 각지에 대한 측량은 차례차례로 진행되어 간다.

1801년, 57세 때에는 이즈伊豆에서 무쓰陸奧까지 혼슈의 동해안과 오슈奧州 가도를 측량했다.

1802년, 58세 때에는 데와 가도出羽街道, 무쓰에서 에치고까지의 해안, 에치고 가도 등을 측량했다. 이때, 자오선 1도의 길이는 28.2里, 110.749km 로 산출했다.

1803년, 59세 때에는 스루가駿河에서 오와리尾張까지, 또 에치젠越前에서 에치고越後까지의 해안과 그 지방의 주된 도로와 사도가시마佐渡島를 측량했다. 다만 이때는 이토이가와糸魚川에서 측량 중 현지의 마을 관리와 충돌하여 간죠부교 사무소에 고소당했다.

1804년, 60세 때에는 동일본 연해지도를 작성하여 막부에 제출했다. 막부는 이노 다다타카를 정식 관리로 채용했다. 그리고 서일본의 측량을 명했다.

이 해에 스승인 다카하시 요시토키가 사망했다. 41세였다. 그의 아들 가게야스가 뒤를 이어 막부 천문방에 등용됐다.

1805년, 61세가 되어 도카이도 도로 연변의 도시에서 이세伊勢, 기이紀伊 반도, 비젠備前, 오카야마 현(岡山県)까지의 해안, 요도가와淀川 강줄기, 비와코琵琶湖 호수 주변 등을 측량하고 예기치 않게 오카야마岡山에서 새해를 맞이했다.

1806년, 62세 때는 산요山陽의 해안과 세토나이카이瀬戸内海 바다의 섬들, 산인山陰과 와카사若狹 해안, 오키隱岐 섬 등을 측량했다.

1808년, 64세가 되면, 시코쿠四国와 아와지淡路의 해변, 야마토大和 및 이세 가도 등을 측량했다. 이때는 이세의 야마다山田에서 새해를 맞이했다.

1809년, 65세가 되면, 나카센도와 신요도의 도로 연변을 측량하고 규슈九州의 고쿠라小倉에서 새해를 맞이했다.

1810년, 66세가 되어 규슈의 부젠豊前, 분고豊後, 휴가日向, 오스미大隅, 사쓰마薩摩, 히고肥後 등의 해안과 구마모토熊本에서 오이타大分까지의 도로를 측량했다. 이때는 오이타에서 새해를 맞이했다. 이해, 에도에서 모리에몬과 결혼생활을 하던 장녀 이네가 사와라로 돌아와 불문에 귀의했다.

1811년, 67세 때는 주고쿠中国 지방의 주요 도로와 미노 미카와美濃三河에서 시나노信濃로 가는 도로 그리고 고슈 가도甲州街道를 측량했다. 후반기에는 규슈로 향해 셋쓰 고리야마摂津郡山에서 해를 넘겼다.

1812년, 68세 때는 규슈로 건너가 지쿠젠筑前, 지쿠고筑後와 히젠肥前 일부의 해안, 다네가지마種子島, 야쿠시마屋久島, 규슈의 여러 도로 등을 측량했다. 그리고 히젠에서 해를 넘겼다.

1813년, 69세 때는 규슈의 남은 해안과 도로, 이키壱岐, 쓰시마対馬, 고토五島의 열도부 그리고 주고쿠中国 지방의 나머지 여러 도로 등을 측량했고, 히메지姫路에서 해를 넘겼다. 이 해에 장남인 가게타카가 죽었다. 47세였다. 불초의 자식이다. 그는 다다타카 정도의 능력은 없었고 평범한 후계자라는 평판이 있었다.

1814년, 70세 때는 긴키近畿 지방과 쥬부中部 지방의 남은 도로를 측량했다. 에도에서의 거처를 핫쵸보리八丁堀의 가메지마亀島町로 옮

제6차 측량
(1808~1809년)

에도

나고야

오사카 교토

아와지시마

쇼도시마

나라

구스나 제도

나루토

이세

요시노야마

기이 반도

사다미사키

호류지·다이마데라

무로토 곶

—— 1808년
—— 1809년

제7차 측량
(1809~1811년)

교토

미요시

야마구치

오카야마

히로시마

고쿠라

구마모토

오이타

아소

아마쿠사

시시지마

고시키지마

가고시마

사쿠라지마

다카사키

스와

에도

고후

나고야

제8차 측량
(1811~1814년)

요나고
미야즈
교토
쓰시마
히라도   이키
고토   고쿠라
히로시마   오카야마
후쿠에지마
나가사키   구루메
구마모토   노베오카
가고시마   히토요시
야쿠시마   다네가시마

이야마

다카야마

다카사키

마쓰모토

고후

에도

나고야

하코네

제9차 측량
(1815~1816년)

구마가야
하치오지
에도
아쓰기
아타미
미사키
시모다
스자키
도시마
시키네지마
니지마
고즈시마
미야케지마
미쿠라지마
하치죠지마

—— 1815년
—— 1816년

겼다.

1815년 71세가 되면 에도 고부나이江戸御府内 즉, 에도 시역의 예[20] 비 측량을 했다. 측량대원에게 이즈 시치토伊豆七島, 이즈 반도 남동쪽에 있는 화산 열도를 측량하게 했다. 이제는 다다타카도 늙어 체력이 쇠약해진 탓에 이즈 반도 아래쪽 화산 열도로 가는 일은 단념했다.

---

20 에도 마치부교(町奉行)의 지배에 속한 에도의 시역으로 1818년에 정해졌다.

제10차 측량
(1815~1816년)

▎2년에 걸쳐 에도 시역을 예비측량한 지도.

1816년 72세가 되어 에도 고부나이를 세부까지 측량했다. 그리고 《대일본연해여지전도大日本沿海興地全図, 일본 전국 실측지도：이노즈伊能図》에 착수했다. 이 해에 하자마 시게토미가 죽었다.

1817년 73세가 되어 《대일본연해여지전도》작성을 계속 이어갔다. 그러나 건강이 갑자기 쇠약해졌다.

1818년 74세. 쇠약해진 건강은 결국 회복하지 못한 채 4월 13일에도 핫쵸보리의 가메지마에서 사망했다. 유언에 따라 스승 다카하시 요시토키의 묘 옆에 안치되었다.

"다카하시 요시토키는 쇼군을 직접 뵐 수 있는 막부의 무사다. 가령 막부의 관리라 해도 농민 출신인 이노 다다타카를 다카하시 선생 묘 옆에 안치할 수 있는가?"
라고 불평하는 사람도 있었지만, 막부 수뇌부의 슬기롭고 용기 있는 결단으로 허가가 내려졌다.

이것이 이노 다다타카의 후반 업적이다. 《대일본연해여지전도》는 그가 사망한 3년 후인 1821년에 완성되었다. 막부는 이를 가상히 여겨 이노 다다타카의 공로를 칭찬하고 손자에게 5인 부치五人扶持, 연수입 쌀 약 1330kg와 에도의 저택, 또 영구히 칼을 찰 수 있게 허락해 신분 상승을 공인했다.

그러나 지금까지 서술한 다다타카의 전국 측량도 결코 자신이 생각한 대로 순조롭게 진행된 것이 아니다. 고생한 이야기는 많이 남아 있다.

이노 다다타카의 측량 여행에 참여한 사람들은 앞에 쓴 대로 다다타카의 제자와 스승 다카하시 요시토키의 제자로 구성되어 있었다. 맨 처음에 에조치 측량을 했을 때의 측량대원은 6명으로, 조수는 3

명이 참가했다. 가도쿠라 하야타, 히라야마 소헤, 이노 슈조다.

가도쿠라 하야타는 오사카 출신으로 다카하시 요시토키의 하인이었다. 히라야마 소헤는 다다타카가 이노 씨 집안에 데릴사위가 되었을 때 수양부모인 히라야마 도우에몬의 손자에 해당한다. 다다타카를 맞이한 딸인 미치가 죽고, 세월이 흐른 뒤 센다이 번의 의사 구와바라의 딸 노부를 맞이하기까지 다다타카에게는 내연의 처가 있었는데, 노부가 이노 씨 집안으로 들어 올 무렵에 스스로 떠났다. 이 여성의 이름은 알려지지 않았으나 그가 나은 아들이 이노 슈조다.

다다타카가 에조치에 갔을 때, 슈조는 아직 14살 소년이었다. 그러나 학문적 소양이 있어 다다타카가 소중히 여겼다. 즉, 다다타카의 속마음을 알고 그만큼 서로 일하기 편한 사람들이 모였다고 할 수 있다.

그리고 에도로 돌아온 뒤부터 다다타카는 에조치의 지도 작성에 몰두했다. 이때 그를 도운 이는 가도쿠라 하야타, 히라야마 군조, 구보타 세이엔이고, 또 다다타카가 에도에 가서 비공식으로 맞이한 내연의 처 에이*등이었다.

이 지도 제작에 참여한 사람들도 다다타카의 속마음을 잘 아는 동료들이었다. 가도쿠라 하야타는 에조치에 실제로 동행했다. 또 히라야마 군조는 에조치에 동행한 히라야마 소헤의 형에 해당한다. 구보타 세이엔은 다다타카가 은퇴하기 직전에 이세 신궁을 참배했을 때부터 알게 되어 서로 마음을 터놓고 지내는 사이였다. 그는 서예가 특기였는데 지도 위에 작은 글씨를 써 넣었다.

다다타카의 지도는 매우 양심적인 것이었다. 그는 산이 험하거나 혹은 눈앞에 바다가 보여도 거기에 갈 수 없는 경우에는,

"측량불능"

이라고 정직하게 기입했다. 구보타 세이엔은,

"지도에 측량불능 등의 설명을 적어 넣은 것은 아마도 이 지도가 처음이 아닐까요?"

라고 웃었다. 그러나 다다타카는,

"측량하지 않은 것을 한 것처럼 추측으로 기입하게 되면, 결국 부정확한 지도가 됩니다."

라며 자기 의견을 고집했다. 내연의 처인 에이는 한자와 수학에 소질이 있었다고 한다. 그림지도도 잘 그렸다. 또한 상한의의 눈금을 읽을 줄 알았다. 이러한 부분이 다다타카의 마음에 들었을 것이다. 에이와의 관계는 단순히 남녀 사이라기보다 오히려 천문학과 역학을 같이 배우기도 하고, 혹은 다다타카가 밤마다 빼놓지 않은 천문관측을 도왔음에 틀림없다. 내연의 처이면서 동시에 다다타카의 훌륭한 조수였을 것이다. 그러나 역시 몇 년 후에는 스스로 어디론가 떠나버렸다고 한다.

다다타카가 처음으로 추진한 에조치의 측량에 대해 그 절반은 그의 자발적인 행동에서 비롯된 것으로 보인다.

"제가 에조치를 측량할 수 있도록 허락해 주십시오."

라고 청원하자 막부가,

"허가한다."

고 답했다. 요컨대 '청원'과 '허가'의 형태였다. 그로 인해 막부의 원조금은 거의 없었고, 다다타카의 자부담이 많았다.

그러나 첫 번째 에조치 측량의 성과와 막부 천문방의 스승 다카하시 요시토키의 추천이 더해져 이후의 측량은 모두 막부의 공식측량

으로 전환할 수 있었다. 그러자 대우도 완전히 바뀌었다. 이노 다다타카는 에조치에 갔을 때부터,

"공무측량測量御用"

이라는 깃발을 세우고, 마치 막부의 공식적인 조사임을 선전하는듯한 행동을 취했다. 물론 에조치에서는 상대하는 사람 대부분이 아이누인들이었기 때문에 그런 위협이 효과적이었을 것이다.

세계열강이 일본 주변으로 몰려오는 빈도가 잦아 막부뿐 아니라 각 다이묘 가문도 '국토방위'에 대한 인식을 점차 강화했다. 국토방위를 위해서는 뭐니 뭐니 해도 일본의 전 국토에 대한 지도 작성이 급선무였고, 그에 따라 측량 사업을 벌여야 한다는 인식이 널리 퍼졌다.

때문에 이노 다다타카의 측량대가 일본의 전 국토를 돌아다니기 시작한 무렵은, 각 다이묘의 태도도 변한 상태였다. 도사 번土佐藩, 사쓰마 번薩摩藩, 서 북해안 쪽의 하마다 번浜田藩, 시마네 현(島根県) 등은 적극적으로 협력했다. 측량대가 자신의 영지 안으로 들어올 때는 번의 무사가 입구까지 나와 정중히 맞이했다. 숙소에서도 극진한 환대를 받았다. 또 다양한 선물을 받기도 했다. 이들은 모두 다이묘가 다다타카에게,

"비밀리에 지도를 만들어 줄 수 있는가?"

라며 부탁한 것과 연계되어 있었다. 다다타카는 고향으로 보내는 편지에,

"나가사키長崎에서 여러분에게 줄 선물을 살까 생각했는데, 다이묘들로부터 받은 선물이 많아 이것으로 충분할 것 같다."

라는 내용을 써서 보냈다.

그러나 처음에는 그렇지 않았다. 역시 측량대의 성격을 잘 알지 못했기 때문이다. 맨 처음 문제가 발생한 사건은 1803년의 에치고越後 이토이가와糸魚川에서 발생했다.

이때 다다타카는 도카이도 도로 연안에 대한 측량을 끝냈기 때문에 호쿠리쿠北陸를 돌며, 그쪽 방면의 측량을 위해 에치고로 들어 갔다.

수고해준 사람은 이토이가와의 강변 중개업자 하치에몬八右衛門이라는 인물이다. 이토이가와의 측량 계획을 의논하던 다다타카는,

"이토이가와 주변의 해안 측량 준비를 부탁하고 싶소."
라고 말했다. 그러나 하치에몬은,

"이 앞에 있는 히메가와姬川 강은 물살이 센 곳입니다. 바다에 가까워지면 강폭이 약 180미터나 넓어지기 때문에 배로는 도저히 건널 수 없습니다. 어떻게든 상류로 올라가 큰 도로로 건너십시오."
라고 했다. 그러나 그렇게 하면 측량의 의미가 없으므로 다다타카는 몇 번씩이나,

"하구에서 배로 건널 수 있게 조치해주시오."
라고 부탁했지만, 하치에몬은 절대로 안 된다며 들어주지 않았다. 화가 난 다다타카는,

"그렇다면 좋소이다. 우리가 알아서 하겠소."
라고 말해 협상은 결렬되고 말았다.

다음날 다다타카는 측량대를 인솔하여 강 하구로 갔다. 그러나 전날 들은 이야기와는 전혀 달랐다. 강폭이 넓지 않았다. 측량대원들은 거뜬히 건널 수 있었다. 그리고 측량을 마치고 돌아 온 다다타카는 하치에몬과 역참 관리를 호출했다.

"너희들은 상관인 우리 측량대에게 거짓말을 했다. 강폭이 180 미터나 되어 건널 수 없다고 했지만 실제로는 18미터 정도가 아닌가. 왜 그런 거짓말을 하여 우리를 방해하는가?"

라고 엄하게 꾸짖었다. 하치우에몬 등은,

"대단히 죄송합니다."

라고 엎드려 사과했다.

이 일은 이렇게 끝난 줄 알았는데 그게 아니었다. 다다타카가 사도佐渡, 니가타 현(新潟県) 섬에서 측량을 마치고 에도로 돌아가려는데, 아사쿠사의 달력국에서 스승 다카하시 요시토키의 편지가 도착했다. 한 통은 공문이고, 한 통은 사적인 편지였다. 공문에는,

"당신이 얼마 전 에치고 지방의 이토이가와를 지날 때, 마을 관리들의 대응이 소홀하다 하여 엄하게 꾸짖었다고 들었습니다. 그 일로 인해 이토이가와 번의 영주 마쓰다이라 나오쓰구松平直紹가 막부에 항의를 해왔습니다. 마쓰다이라 선생도 예전부터 그런 일이 있으면 안 된다고 생각하고 있던 터라 엄중하게 조사한 결과 그런 사실이 전혀 없었다고 합니다. 물론 이는 당신의 입장도 들어봐야 해서 속단할 수는 없지만, 만약 마쓰다이라 선생이 한 말이 정말이라면 당신은 공무 측량을 조금 과장하여 상대에게 알린 셈입니다. 조금 진정해야 할 것 같습니다. 막부의 측량대로서 당치 않은 일입니다."

라고 엄중한 문체로 되어 있었다. 다다타카는 망연자실했다. 사적인 편지에는 좀 더 부드러운 내용으로 다다타카의 건강과 향후의 측량 등에 대한 세세한 걱정이 길게 적혀 있었다. 그러나 여기에서도 이토이가와에서 다다타카의 태도가 유감이라는 말이 적혀 있었다.

다다타카는 곧바로 답장을 썼다.

"마쓰다이라 선생의 주장은 사실이 아닙니다. 역참 관리들은 막부 측량대의 측량을 방해했습니다. 이것이 사실입니다. 또 제가 권위를 방패삼아 그들에게 강권을 행사한 적은 없습니다."

라고 써서 보냈다.

그리고 에도로 돌아와서 정식으로, 여행 도중에 생각해온 장문의 변명을 막부에 제출했다.

그러나 다다타카의 변명만 맞는 것이 아니었던 것 같다. 그도 그럴 것이 다다타카는 어쨌든 막부로부터 정식으로 측량을 명받은 까닭에 그런 의식이 상당히 세게 표출된 상태였다. 그 때문에 가령,

"측량대에 5명의 노무자를 제공할 것"

이라고 되어 있었음에도 다다타카는 40명을 요구했다. 역참 측도 대단히 난처했으나 어찌어찌 37명까지 동원했다.

이토이가와의 경우에는 강변중개업자인 하치우에몬을 비롯해 마을 관리들이 최선을 다해 협력해주었지만, 좀처럼 생각만큼 잘 대응하지 못한 점도 있었던 것 같다. 예를 들면, 도호쿠 지방을 측량할 때에는 신죠 번新庄藩, 구보타 번久保田藩, 아키타 현(秋田県), 히로사키 번弘前藩 등에서는 마중과 안내에 미흡한 부분이 있을 때마다 마을 관리들을 불러 꾸짖었다. 꾸짖을 때는,

"이 괘씸한 놈"

이라든가,

"언어도단"

이라는 단어를 사용한 것 같다. 매서운 호통 소리에 마을 관리들이 무서워 움츠러들었다. 그러나 나중에 다다타카의 신분을 알고는,

"측량 대장이라고 뽐내지만, 듣자 하니 이노 다다타카 자신도 시

모우사 사와라下総佐原의 농민이더만.''

이라고 떠들어댔다.

뭐든 그렇지만, 사전에 어떤 설명도 없이 일이 벌어졌을 때는 이런 갈등이 벌어진다. 막부 측도 그런 점을 생각하여 마침내 다다타카 측량대가 출발할 때는 미리 상대 측에,

"첨부문서"

라고 해서 측량 목적과 내용 및 그 범위를 고지하거나 측량에 필요한 인부와 말 등을 준비해달라는 의뢰장을 보냈다. 이것이 효과를 발휘하여 그런 문제는 생기지 않았지만, 다른 성가신 일이 생겼다.

그것은 측량의 범위가 넓어짐에 따라 막부 측도 정식 관리를 측량 대원에 포함하게 되어 인원이 늘어났다. 이 때문에 다다타카와 함께 일해 온 가족 같은 제자들과 막부 관리 사이에 대립하는 분위기가 형성되었다. 그것은 막부 관리에 대한 대우와 다다타카의 제자에 대한 대우가 현저한 차이가 났기 때문이었다.

가령 1804년, 다다타카가 60세가 되었을 때, 막부는 다다타카를 정식으로 막부 관리로 채용하고 서일본의 측량을 명했다. 이때, 스승인 다카하시 요시토키가 죽어 그 아들 가게야스景保가 대를 잇고 막부 천문방에 등용되었다. 그런 일도 있어서 다다타카의 서일본 측량은 1805년, 그가 61세가 되어서야 이루어졌다. 도카이도에서 이세, 기이 반도, 비젠까지의 해안, 요도가와 강줄기, 비와코 호수 주변 등을 측량하고, 오카야마에서 해를 넘긴 후, 나아가 산요의 해안과 세토나이카이 바다의 섬들과 서북쪽 해안 그리고 오키 섬 등을 측량했다.

이때 측량대에 포함되어 있던 막부 측 관리와 다다타카의 제자 사

이에 갈등이 빚어졌다.

　측량대를 맞이한 지역에서는 다다타카를 비롯한 막부 관리를 위해서 말을 1필씩 준비했다. 막부 관리의 숙소는 방도 좋고, 맛있는 음식도 나왔다. 그러나 제자들에 대한 대우는 그렇지 않았다. 그 때문에 제자들도 점차 자포자기하여 숙소에서 술을 마시거나 혹은 여관 측에,

　"음식이 맛없다."

고 불평을 했다. 또 마을에서 선물을 사고 나서 값을 지불하지 않는 일까지 벌어졌다.

　다다타카는 건강 체질이 아니어서 여행지에서도 자주 누워있던 까닭에 거기까지 눈이 미치지 못했다. 그리하여 막부 관리 측이,

　"이노 대장의 제자들이 무례한 짓을 하고 있다."

고 고발해 버렸다. 그 때문에 아버지의 뒤를 이은 천문방의 다카하시 가게야스가 몇 번씩이나 다다타카에게,

　"당신 제자들의 태도가 해이해져 있다는 보고가 자꾸 들어온다. 좀 더 엄중하게 단속하라."

는 주의를 주었다. 다다타카는 골치가 아팠다.

　1808년 11월에 서북쪽 해안 측량을 끝낸 다다타카가 에도로 돌아오자, 막부는 여행 중 제자들의 행동에 대해,

　"엄중하게 처분할 것"

이라고 다다타카에게 명했다. 그는 하는 수 없이,

　* 파문: 히라야마 군조 및 고사카 간페<small>小坂寛平</small>
　* 근신: 이노 슈조, 가도쿠라 하야타, 오카타 게스케<small>尾形慶助</small>

이렇게 할 수밖에 없었다. 다다타카로서는 정말이지 석연치 않은 기분이었다. 제자들에게는,

"왜 좀 더 참지 못하였느냐?"

라고 불만을 토로했다. 막부에 대해서도,

"같은 측량을 하는데 내 제자와 막부 관리 사이의 대우에 차별을 두었기 때문이다."

라는 노여움을 품었다.

파문당한 히라야마 군조의 변명을 들어 보면,

"내가 이런 처분을 받은 것은 숙소에서 음식에 불평을 하거나 무엇을 했기 때문은 아닙니다. 아마도 제가 무능한 막부 측 관리에게 측량하는 과정에서 반론을 주장하고 여러 불평을 했기 때문이라 생각합니다."

그렇게 대답했다. 분명히 그랬을 것이다. 그러나 지금은 다다타카도 막부의 정식 관리가 되어 있다. 막부의 명을 어길 수는 없다.

"잠시 참고 있으려무나. 어떻게든 해보겠다."

고 위로했다.

이 부분의 사정은 히라야마 군조의 변명이 옳을 듯하다. 천문방에 남아서 스승의 아들 가게야스를 돌보고 있던 하자마 시게토미가 일부러 군조에게 편지를 썼다.

"관리는 공무원이므로 급여만큼만 일한다. 그에 비해 너와 나는 스스로 하고 싶은 일을 하고 있기 때문에 관리들과 여러모로 생각이 맞지 않는 것도 당연하다."

하자마 시게토미 쪽이 훨씬 사정에 밝음을 알 수 있다.

그러나 히라야마 군조는 다다타카의 오른팔이라 해도 좋을 만한

인물이었다. 그에게나 다다타카에게 이 파문 결정은 참으로 억울한 일이었다.

10년 후인 1816년에 다다타카는 사망했지만, 그 전에 군조를 다시 불러들인 일은 다다타카에게 무엇보다 기쁜 일이었을 것이다.

이렇게 다다타카의 일본 측량 여행에는 측량의 고심은 물론, 인간관계에 대한 말할 수 없는 고민이 있었다. 그러나 다다타카는 그 하나하나를 충실히 받아들이고 대응했다.

이 책의 목적은 이노 다다타카의 '생애 청춘'을 모티브로 한 까닭에 가능한 한 그의 전반생에 대한 묘사에 힘을 기울였다. 후반생의 측량가로서의 업적에 대해서는 많은 책이 다루고 있어 생략했다.

다만 하나 덧붙여 두고 싶은 것이 있다. 그것은 측량가로서 유명한 마미야 린조間宮林蔵[21]와 이노 다다타카와의 교유交遊다.

마미야 린조는 히타치노쿠니常陸国 쓰쿠바고오리筑波郡 가미히라야나기 마을上平柳村, 현재 이바라기 현 쓰쿠바 미라이 시 출신이다. 어렸을 때부터 천문학에 관심을 갖고 에도로 나가 무라카미 시마노죠村上島之充에게 '지리학'을 배웠다. 마침내 막부에 등용되어 에조치 탐험을 떠났다. 마쓰다 덴쥬로松田伝十郎와 함께 발견한 해협에 의해, 사할린이 대륙과 연결되어있지 않은 섬임을 선언한 이야기는 유명하다. 성격이 다소 고집불통인 면이 있어서 주위 사람은 린조를,

"괴짜"

라 불렀다. 그런데 이 린조가 이노 다다타카와 꽤 마음을 터놓고 지

---

21 사할린이 섬인 것을 확인하고 마미야해협(間宮海峡)을 발견한 인물이다.

냈다. 다다타카도 린조를 좋아했다. 린조는 다다타카를 측량의 선배로 대했다. 그리고 무슨 일이 있으면,

"이번에 여기를 측량하게 되었습니다. 이 점에 대해 가르쳐 주십시오."

라고 겸허하게 가르침을 청했다. 다다타카도 자신의 경험과 이론을 아낌없이 린조에게 전해주었다.

다다타카의 사망 10년 후인 1828년 지볼트사건이 일어났다. 지볼트는 독일인으로 네덜란드 상관의 의사였다. 다카하시 요시토키의 아들인 가게야스와 친하게 교류하여 다양한 정보를 교환하고 있었다. 이 과정에서 다카하시 가게야스는 지볼트에게 서양의 자료를 얻기 위해 이노 다다타카가 만든 지도 복사본과 마미아 린조가 아무르 강Amur River을 건너 탐험한 여러 기록 등을 지볼트에게 넘겨 주었다. 그 때문에 다카하시 가게야스는 체포되어 옥사했다.

당시의 처단은 엄격했다. 가게야스의 두 아들과 많은 부하뿐 아니라 다다타카의 측량에 종사한 시모가와 린에몬下河林右衛門, 나가이 진에몬長井甚右衛門, 가도쿠라 하야타門倉準太, 가와구치 겐지로河川源二郎 등도 그 대상이 되었다. 처분은 육지에서 멀리 떨어진 섬으로의 귀양이나 추방 등이었다.

사실 이 사건은 마미야 린죠의 밀고에 의해 발각되었다고 한다. 그 때문에 마미아 린조는,

"그는 막부의 첩자였다."

"측량이라는 이름을 빌어 각 지역의 다이묘들의 동정을 살폈다"

고 보기도 한다. 진위의 정도는 알 길이 없다. 그러나 이노 다다타카와의 관계에 한정하여 말하면, 린조는 마음 깊이 다다타카를 경애하

고 있었다. 다다타카 측도 린조에게 깊은 신뢰와 애정을 가지고 있었다. 두 사람 사이에 정신적인 응어리는 없었다.

만약 린조가 이 일을 막부에 알렸다고 한다면, 린조로서는 저 정도로 고생한 '이노 다다타카의 일본지도'와 또 자신의 '아무르 강 탐험기'가 막부 관리인 다카하시 가게야스에 의해 쉽게 외국인에게 건네졌다는 사실에 원통하고 분한 감정을 느낀 것은 아닐까. 더구나 이노 다다타카는 죽고 없다. 마미야 린조로서는 치가 떨릴 정도로 속상한 사건이었음에 틀림없다.

〈다카하시 가게야스는 다른 사람의 고통스런 노동의 결과물을 부정 유출할 때 아무 생각도 없었단 말인가.〉

라는 격분의 감정이 고발로 이어지게 한 것이 아닐까.

좌우간 은퇴 후의 삶을 꿋꿋이 버텨낸 이노 다다타카가 마미야 린조와 교유 기회를 얻은 것은,

"제2의 인생에서 새 친구를 얻음"

이라 해도 좋을 것이다. 그렇게 생각하면 인간의 생애는 죽을 때까지 무슨 일이 일어날지 모른다.

정년으로 업무상의 지인을 잃는 일이 있을지 모르지만 남은 사람도 있다. 잊을 수 없는 사람도 있다. 동시에 새로 얻을 수도 있다. 그렇게 생각하면, 인생이란 무한한 가능성을 내포하고 있다.

이노 다다타카는 그 무한한 가능성에 대해, 항상 정면으로 도전하여 그 나름의 성과를 얻었다. 게다가 다른 사람, 다른 지역 혹은 일본 전체, 나아가서는 국제적으로 영향을 준 인물이었다.

만년의 빛은 젊을 때부터 노력

노인 파워가 화제다. 각 사회의 피로회복의 계기가 될 수 있는 기세다. 일반적으로 은퇴 후에는 분재나 게이트볼, 봉사활동 등을 하는 것이,

"고령자의 삶의 방식"

이라고 생각하기 마련이었지만, 그 양상이 완전히 달라졌다.

이 새로운 '노인의 삶의 방식'을 기이하게 여기는 시각은 고정관념이랄까. 전제가 잘못되어 있었던 것은 아닐까? 한마디로 말하면,

"인생 50년"

이라는 생각이다.

역사상의 인물들의 사망연령을 따져봐도 장수한 이들이 많다. 노후의 활약도 활발하다. 도대체 무슨 근거로,

"인간은 50세에 죽는다."

고 생각하게 된 것일까?

요즘은,

"생애현역"

이라고 한다. 나 자신도,

"기승전결 起承轉結이 아니라 기승전전 起承轉轉"

이라고 주장한다.

　이노 다다타카는 이 일을 훌륭하게 실행했다. 불우한 유소년 시절, 다른 집의 양자, 기운 가업의 부흥, 지역을 위한 봉사 등 보통사람은 좀처럼 할 수 없는 풀 코스를 꿋꿋하게 걷고 난 후에 은퇴했다. 옛날식으로 말하자면,

　"성공하고, 명성을 얻은 지역의 명사"

다. 그러나 그는 이에 만족하지 않았다. 52세 때부터 또다시 천문학을 배워 일본 각지의 측량에 나섰다. 요컨대 그것이 그의,

　"정말로 하고 싶었던 일"

이었기 때문이다.

　인간은 누구나 '진짜 하고 싶은 것'이 있다. 그러나 죽을 때까지 그것이 가능한 사람은 몇 명이나 될까? 여기에는 하늘의 때(운)·땅의 이치(조건)·사람의 조화(인간관계)라는 세 가지 요소가 필요하기 때문이다. 이것들을 갖추기란 쉬운 일이 아니다.

　다다타카는 전부 갖추었다.

　"다른 사람에 비해 좋은 조건들을 갖추고 있었기 때문에 가능했다."

라고 하면 간단하다. 그러나 다다타카의 경우는,

　"그 조건을 모두 자신의 노력으로 갖추었다."

고 할 수 있다.

　"천릿길도 한 걸음부터"

의 정신이다. 이것을 일관하고 있다.

　그런 의미에서 나의 관심은,

　"일본 전국을 발로 누빈 이노 다다타카"

보다도,

"왜 그는 일본 전국을 걸어야 했고 걸을 수 있었는가."
라는, 특히 조건을 갖추기 위한 노력에 집중되었다. 그리고 나서,

＊ 왜 천문학에 마음을 둔 것일까?
＊ 왜 측량에 관심을 가진 것일까?
＊ 은퇴 후 상당히 많은 돈을 들인 덕분에 좋아하는 일을 할 수 있었던 것인가 라는 동기 파악에 눈이 갔다. 더불어,

"빛나는 만년을 보내기 위해 전반생에서 어떤 축적을 했는가."
라는 것을 파헤치고 싶었다. 이 책은 그러한 각도에서 본 이노 다다타카의 전기다.
나 자신에 대한 자책을 포함해서,
"노후에 좋아하는 일, 하고 싶은 일을 하기 위해서는 젊은 시절부터 그것을 준비하는 한편, 강인한 노력이 필요하다."
는 것이다.
"로마는 하루아침에 이루어지지 않았다."
라는 말은 그대로 인간의 생애에도 들어맞는다. 만년에 하고 싶은 것을 위한 준비란 세 가지다.
'돈(경제)·신체(건강)·마음(정신력)'이다.

제2 인생의 족적

스에쿠니 요시미 末國善己·문예평론가

이노 다다타카는 1800년부터 1816년까지 햇수로 17년에 걸쳐 일본의 전국토를 걸어서 측량하고 역사상 처음으로 일본의 정확한 형태를 밝힌 지도《대일본연해여지전도》를 완성한 것으로 유명하다.

다다타카의 위업은 일본의 경제성장을 지탱한 높은 과학지식과 기술력의 원점으로 평가되어 왔다. 최근에는 다다타카가 은퇴를 한 52세 때부터 본격적으로 서양 천문학을 배우고, 55세에 측량을 시작한 것에 주목하여, 다다타카의 라이프 스타일을 참고로 은퇴 후의 '제2의 인생'을 기획하려는 이들이 늘고 있는 모양이다.

이 책《이노 다다타카》도 새로운 사업에 계속 도전하고, '생애청춘'을 실현한 다다타카의 일생을 그리고 있지만, 은퇴 후만을 클로즈업하고 있는 것은 아니다. 저자는 불행했던 소년 시절에서 시작하여 기울어져 가는 이노 집안을 일으킨 청년 시절, 마을의 지도자로서 덴메이 기근 등을 극복한 장년 시절 그리고 염원이 이루어지길 바라며 천문학 연구를 시작한 은퇴 시절까지, 다다타카의 인생 여정을 더듬어가면서 각각의 연대에서 현대인이 배울 수 있는 교훈을 추출하고 있다.

저자는 청춘소설과 직업소설, 과학·기술소설의 진수를 도입하면서 만년에 위대한 공적을 남길 때까지 다다타카가 거듭 쌓아온 고뇌를 깊이 파고 있어 '제2의 인생'을 모색하는 은퇴세대는 물론, 업무에 시달리는 직장인, 장래에 불안을 느끼는 청년들에게 참고가될 것이다. 그런 의미에서 이 책은 모든 세대에게 보내는 성원이라하겠다.

가즈사노쿠니 야마베군 오제키 마을의 나누시인 오제키 리에몬의 3남으로 태어난 다다타카는 아버지가 데릴사위로 간 집안에서 상속 문제로 두 명의 형들만 데리고 집을 떠났는데 무슨 일인지 오제키집안에 남게 된다. 그 후 아버지에게 떠밀려 몰락한 이노 집안의 데릴사위로 들어가게 된다. 저자는 결코 행복했다고 볼 수 없는 다다타카가 자신의 불행을 자기향상의 에너지로 전환하여 자신이 경험한고생을 다른 사람은 하지 않도록 매진했다고 한다.

격차가 커진 현대 일본에서는 약자가 더 약한 사람을 괴롭히는 상황이 계속되고 있다. 특히 익명성이 높은 인터넷에는 차마 눈 뜨고볼 수 없는 온갖 욕설이 가득하다. 약자로서 온갖 고생을 경험하면서악순환의 고리를 자신의 힘으로 끊어 보인 다다타카는 어떻게 하면사람으로서 아름답게 살 수 있는지를 잘 보여주고 있다.

이노 집안의 주인이 된 다다타카는 오제키 집안의 방식을 답습하지 않고 새로운 가풍에 친숙해지려고 이노 집안의 기록을 조사하기시작한다. 그 과정에서 측량이 특기였던 3대 선조인 가게토시景利가그와 관련된 기록을 남겨놓은 사실을 알게 된다. 다다타카는 이노 집안의 선조에게 깊은 존경심을 품게 된다. 이것이 이노 집안의 부활과 마을의 나누시로서 존경을 받을 만큼 출세의 발판이 되지만, 그의 자세를 통해 우리는 미래를 개척하기 위해서는 역사 학습이 중요하다는 점을 새삼스럽게 실감하지 않을 수 없다.

나누시로 활약한 다다타카는 덴메이 기근으로 마을사람들이 곤궁에 빠지고, 또 식재료를 구하기 위해 외지의 사람들이 마을로 몰려오는 위기에 직면했을 때, 돈과 물건을 효과적으로 운용하는 한편, 지역 공동체의 힘을 빌려 이를 극복했다. 행정과 지역주민이 일체가 되어 훨씬 어려운 사람을 구한다는 구도는 동일본지진2011년 3월 직후 지원의 고리를 연상케 하여 가슴이 뭉클해지는 대목이다.

저자는 다다타카가 어렸을 때부터 천문학에 흥미를 가지고 있었기 때문에 사물을 관찰하는 과학적인 객관성과 "밤하늘의 별 운행에 비교하면, 인간세계는 별것 아니다"라는 일종의 허무적 세계관을 가지고 있었기에, 어떤 역경도 합리적 판단으로 극복하는 사고의 원점이 되었다고 주장한다.

흥미로운 사실은 다다타카의 합리 정신이 마을 시스템을 근본부터 바꾸는 구조조정을 단행했다는 지적이다. 일본에서 구조조정이라고 하면 사원을 해고함으로써 경영 안정화를 도모한다는 의미로 사용되는 경우가 많다. 그런데 저자는 본래 구조조정이란 검약으로 확보할 수 있는 자금을 활용하여 고객의 요구가 사라진 사업을 중지하는 한편, 새로운 사업에 사람과 예산을 과감하게 투입하는 조직개혁을 의미하므로, 다다타카가 이룬 사업의 재편이야말로 진정한 구조조정이라고 주장한다.

저자가 다다타카를 '구조조정의 명인'이라 한 것은 개혁이라는 미명 하에 정규직을 해고하고 비정규직을 증원하여 청년들이 꿈을 가질 수 없도록 절망하게 만들고 있는 현대 경영자에 대한 비판이라 생각해도 틀림없을 것이다.

나누시로서 많은 업적을 남긴 다다타카지만, 결코 교만해서는 안 되고 아래 사람의 이견도 들으라는 가훈을 남겼다고 한다. 이 마음가짐은 은퇴 후 19살이나 어린 다카하시 요시토키에 사사한 것과도 연결된다. 사람은 조금이라도 순조로우면 자만하기 마련인데 소년 시절부터 남몰래 천문학에 흥미를 갖고, 취미가 더해져 만년에 《대일본연해여지전도》를 만든 담박했던 다다타카를 대하면 겸허함이야말로 인생을 풍족하게 해주는 것임을 알 수 있다. 그러므로 누구나 자신의 삶을 되돌아보는 계기가 되지 않을까.

이노 다다타카와 도몬 후유지

저자도 밝히고 있듯이 이 책은 이노 다다타카의 삶과 그가 《대일본 연해여지전도》를 작성하기까지 일본 전국을 걸어다니며 측량한 과정을 서술하고 있다.

이노 다다타카가 어려서부터 천문에 흥미를 느끼고 있었고, 에도 막부가 새 달력을 만드는 계획을 세워 일본 전체에 대한 측량을 추진하게 되자, 일개 농민에 지나지 않던 그가 합류하여 대업을 완수했다는 것이 이 책의 전체 맥락이다.

어떤 어린아이든 밤하늘의 별자리를 보고 좋아하지 않는 경우는 없을 것이다. 문제는 다다타카처럼 천문학을 좋아하는 데 그치지 않고 한걸음 더 나아가 그것을 얼마나 깊이 파고드는가에 있다. 그는 제 것으로 만들기 위해 만사 제쳐놓고 스승을 찾아가 배우려 했다. 이 점이 밤하늘의 별자리를 좋아하는 다른 이들과의 다른 차이를 낳게 했을 것이다. 별을 좋아한 어떤 아이는 시인이 되었거나 화가가 되기도 했을 것이다. 저자는 그런 이들은 논외로 하고 과학으로서의 천문학자에 대한 이야기를 풀어나간다.

저자는 이 책에서 이노 다다타카를 상당히 계몽적으로 묘사하고 있다. 얼핏 위인전기를 다루는 듯한 글쓰기다. 게다가 다다타카가

52세의 나이에 자신의 숙원 하는 바를 이루어 낸 대목은 어쩐지 저자 도몬 후유지의 삶과도 일맥상통한다. 잠시 그의 경력을 살펴보기로 하자.

그는 1927년 도쿄에서 태어나 도카이대 부속 구제 중학교를 졸업하고 해군소년집행병예과련의 특공대에 들어간다. 하지만 출격하지 않은 채 종전을 맞이한다. 도쿄도 공무원이 되어 메구로구청을 거쳐 도쿄도립대 이학부 사무장, 도쿄도 홍보실 과장·기획관계부장·지사 비서·홍보실장·기획조정국장·정책실장을 역임하였다.

재직 중에 도쿄도 미노베 료키치美濃部亮吉 도정 3기 12년을 지사의 연설 집필자speech writer이자 도청 중역으로 활약했다. 미노베의 지사 퇴임과 동시에 1979년에 퇴직하여 전업 작가가 되었다.

참고로 당시 도쿄도 지사 미노베 료키치는 일본의 마르크스 경제학자로 대북 재일동포와 관련하여 일본 전국의 도도부현 가운데 가장 먼저 재일본조선인총연합회총련 등 북한과 가까운 관련 단체의 고정자산세를 면제해주었다. 한편 1968년에는 일본 최초로 도쿄 소재 조선대학교를 각종학교로 인가한 인물로 유명하다. 1971년에는 현직 지사로는 유일하게 평양을 방문하여 김일성 주석과 회담을 한 바 있다. 도몬 후유지의 이야기를 마무리하자.

1960년 그는 《어두운 강이 손뼉을 치다》로 제43회 아쿠타가와 상후보에 오르는 등 젊은 날 이미 필력을 인정받은 바 있다. 재직 중 축적한 인간관리와 조직의 실학을 역사 속에서 재확인하고, 소설·논픽션 분야에서 신경지를 개척했다는 평가를 받는다. 퇴직 당시까지 작품 수만 30여 권이다. 보통의 작자라도 적지 않은 양에 해당한다. 그러나 이후 발표한 것은 350종을 넘는다. 이노 다다타카처럼 만 52세 이후에야 비로소 본격적인 활동을 벌였다고 해도 과언이 아니다.

대일본연해여지전도

무엇보다도 이 책에 등장하는《대일본연해여지전도》에 대한 해설이 필요할 것 같다. 아무래도 이 책이 평전의 성격을 띠고 있는 까닭에《대일본연해여지전도》에 대한 해석이 불충분하기 때문이다. 이하의 내용은 일본 위키피디아를 발췌하여 한국어로 옮긴 것이다.

　본문에서 확인하였듯이《대일본연해여지전도》는 다다타카와 그의 제자들이 만들었다. 《이노즈伊能圖》라고도 한다. 축척 36,000분의 1인 대지도, 216,000분의 1인 중지도, 432,000분의 1인 소지도가 있다. 대지도는 214장, 중지도는 8장, 소지도는 3장으로 측량 범위를 아우르고 있다. 이 밖에 특별 대지도나 특별 소지도, 특별 지역도 등이 존재한다.

　《이노즈》는 일본 최초의 실측 일본 지도다. 그러나 주로 해안선과 도로에 측량이 한정된 탓에 내륙부에 대한 기술은 부족하다. 측량하지 않은 곳은 공백으로 처리되어 있지만 에조치에 대해서는 마미야 린조의 측량 결과를 도입했다. 지도에는 길가의 풍경과 산 등이 그려져 회화적으로 아름다운 작품이 된 점도 특기할만 하다.

다다타카는 1818년에 지도의 완성을 보지 못하고 죽었다. 그러나 다카하시 요시토키高橋至時의 아들 다카하시 가게야스高橋景保가 마무리 작업을 감독하여 1821년 8월 7일《대일본연해여지전도》가 완성되었다. 그리고 이 지도는 전국 주요 지점의 지명 및 위도를 수록한《대일본연해실측록》과 더불어 막부에 제출되었다.

막부에 제출된《이노즈》는 에도성江戸城 모미지야마문고紅葉山文庫에 보관되어 일반인들은 접근할 수 없었다. 지도가 너무 상세해서 국방상의 문제로 막부가 유포를 금지했기 때문이다. 1828년 모미지야마문고를 소관하고 서적 봉행이기도 한 다카하시 가게야스가 나가사키 네덜란드 상관商館 소속 의사인 지볼트에게 금서에 해당하는《이노즈》를 건네준 것이 드러나 다카하시는 체포되어 이듬해 3월 옥사했다.

일본에서 추방당한 지볼트는 자국으로 돌아가 1840년에《이노즈》를 네덜란드에서 메르카토르 도법Mercator projection으로 수정한《일본인의 원도 및 천문관측에 근거한 일본국 지도日本人の原図および天

文観測に基づいての日本国図》를 간행했다. 지도가 매우 정밀하여 당시 일부 유럽 지식인들이 일본의 높은 측량 기술을 인식하는 계기가 되기도 했다.

일본 개국 후인 1861년, 영국의 해군 측량함 악타이온Actaeon호가 "양이파攘夷派를 너무 자극하지 않는 것이 좋다"는 막부의 권고를 무시하고 일본 연안에 대한 측량을 강행하려던 차에, 우연히 막부 관리가 소유하고 있던《이노 소지도伊能小図》사본을 보게 되었다. 그들은 그 우수함에 놀라 측량 계획을 중지하고 막부로부터 그 사본을 입수함으로써 물러났다고 한다. 또한 이때의《이노즈》사본을 바탕으로 1863년에 영국에서《일본과 조선 근방의 연해도日本と朝鮮近傍の沿海図》가 간행된 뒤 일본에 역수입된 것을 가쓰 가이슈勝海舟가 1867년에《대일본국 연해약도》로 목판을 간행하였다. 이로 인해《이노즈》를 은닉할 의미가 사라지게 되자 막부는 같은 해 막부 가이세죠幕府開成所에서《이노 소지도》를 바탕으로《관판 실측 일본지도官板実測日本地図》를 발행하였다. 그리하여 일반인들에게 제공할 수 있게 되었다.

메이지유신으로 에도막부가 무너진 뒤 그들이 보관하던《이노즈》또한 새 정부로 이양되었다. 1870년에는 가이세죠를 개명한 다이가쿠 난코大学南校에서《관판 실측 일본지도》가 재판됨과 동시에

《대일본연해실측록》도 간행되었다.

《이노즈》의 원본은 1873년 일본 천황이 사는 고쿄皇居 대화재 때 소실된다. 그리하여 이노 씨 집안伊能家이 보관하고 있던 사본부본을 이듬해 정부에 헌납하게 되었다.

이 부본에 의해 1877년 9월에는 소지도를 바탕으로 문부성으로부터 《일본전도》가 발행되었다. 1878년 6월에는 중지도를 바탕으로 내무성 지리국에서 《실측기내전도実測畿内全図》가 발행되었다. 또한 같은 국으로부터 중소지도를 토대로 1880년에는 864,000분의 1 도인 《대일본전도》가 간행된다. 그리고 1884년에는 대지도·중지도가 육군참모본부 측량부일본 국토지리원의 전신 중 하나에 의해 작성된 《집제 20만분 1도輯製20万分1図》의 기본도가 되었다. 그 밖에도 각 부현에서 발간한 관내 지도 대부분이 이노 대지도·중지도를 바탕으로 작성되는 등 근대 일본의 행정지도에서 《이노즈》의 존재는 명실상부한 것이었다.

그 후, 이노 씨 집안이 헌납한 《이노즈》 사본은 도쿄 제국대학 부속 도서관이 소장하고 있었는데 이마저도 1923년에 일어난 관동 대지진으로 모두 소실되어 버렸다. 이후 장기간에 걸쳐 《이노즈특히 대지도》는 '잃어버린 지도'로 기억되고 있었다. 오로지 지바현 사하라시千葉県佐原市, 지금의 가토리시(香取市)의 이노 다다타카 기념관伊能忠敬記念館

312
이노 다다타카

에 보관되어 있던 사본의 일부 총 214장 중 약 60장과 도쿄국립박물관이 소장하던 중지도 사본이 남아 있을 뿐이었다. 그러다가 2021년에 열도를 세 장으로 묶은 소지도 부본이 발견되었다고 일본지도학회 전문부회가 발표했다.

2001년 3월에 미합중국 의회도서관에서 이노 대지도伊能大圖 중 207장그중 169장은 채색 없음이 발견되었다. 이는 위의 일본 육군이 《집제 20만분의 1도》의 작성을 위한 골격도로 모사한 것이 미국으로 건너간 것으로 보고 있다.

또 남은 7장 중 지바 현 사쿠라 시佐倉市 국립역사민속박물관에서 2장, 국립국회도서관에서 1장이 발견되었다.

마지막 남은 4장도 2004년 5월 일본 해상보안청 해양정보부가 보관 중이던 축소판 사본 속에 포함된 사실이 판명되었다. 해상보안청의 전신인 구 해군 수로부海軍水路部가 메이지 초기에 해도海圖를 제작할 목적으로 모사한 것이라 한다. 이러한 발견으로, 이노 대지도 214장의 전모를 알 수 있게 되었다. 이에 따라 2006년 5월에 일본 국토지리원 소관 재단법인 일본지도센터가 《이노대지도총람伊能大図総覧》을 간행하면서 《이노즈》를 일반인이 볼 수 있게 되었다.

연도	나이	주요내용
1745	0	가즈사노쿠니上総国 야마베군山辺郡 고세키 마을小関村(지금의 지바현千葉県 산부군山武郡 구쥬쿠리마치九十九里町 고세키)의 나누시 고세키 고로자에몬 씨 집안小関五郎左衛門家에서 태어났다.
1751	6	어머니(미네)가 사망, 데릴사위였던 아버지는 친가인 무사군武射郡 온즈미 마을小提村 진보 씨 집안神保家으로 돌아온다.
1755	10	친가인 진보 집으로 돌아와 있던 아버지의 곁으로 왔다.
1762	18	가즈사노쿠니下総国 가토리군香取郡 사와라 마을佐原村에서 양조업을 하는 이노 씨 집안 데릴사위로 들어간다.
1781	36	사와라 마을佐原村 혼쥬쿠 조本宿組의 나누시가 된다.
1783	38	덴메이 대기근天明の大飢饉 때 사재를 털어 지역의 생활이 어렵고 궁핍한 백성을 구제한다.
1794	50	은퇴하고 가업을 상남 가게타카景敬에게 물려준다.
1795	51	에도에 가서 막부 천문방 다카하시 요시토키高橋至時에게 역학 천문을 배운다.
1800	56	제1차 측량: 오슈 가도奥州街道 - 에조치 태평양연안蝦夷地太平洋岸 - 오슈 가도(180일간).
1801	57	제2차 측량: 미우라三浦 반도 - 이즈伊豆 반도 - 보소房総 반도 - 동북 태평양 연안 - 쓰가루津軽 반도 - 오슈 가도(230일간).

1802	58	제3차 측량: 오슈 가도 - 야마가타山形 - 아키타秋田 - 쓰가루 반도 - 동북 일본해 연안 - 나오에쓰直江津 - 나가노長野 - 나카센도中山道(132일간).
1803	59	제4차 측량: 도카이도東海道 - 누마즈沼津 - 태평양연안 - 나고야名古屋 - 쓰루가 - 호쿠리쿠北陸 연안 - 사도佐渡 - 나가오카長岡 - 나카센도(219 일간).
1805	61	제5차 측량: 막부직할사업으로 추진. 도카이도 - 기이紀伊 반도 - 오사카大阪 - 비와코琵琶湖 - 세토나이카이瀨戸内海 연안 - 시모노세키下関 - 산인山陰 연안 - 오키隠岐 - 쓰루가 - 비와코 - 도카이도.
1808	64	제6차 측량: 도카이도 - 오사카 - 나루토鳴門 - 고치高知 - 마쓰야마松山 - 다카마쓰高松 - 아와지시마淡路島 - 오사카 - 요시노吉野 - 이세伊勢 - 도카이도.
1809	65	제7차 측량: 나카센도 - 기후岐阜 - 오쓰大津 - 산요도山陽道 - 고쿠라小倉 - 규슈九州 동해안 - 가고시마鹿児島 - 아마쿠사天草 - 구마모토熊本 - 오이타大分 - 고쿠라 - 하기萩 - 쥬고쿠中国 내륙부 - 나고야名古屋 - 고슈 가도甲州街道.
1811	67	제8차 측량: 고후甲府 - 고쿠라小倉 - 가고시마 - 야쿠시마屋久島 - 다네가시마種子島 - 규슈 내륙 - 나가사키長崎 - 이키壱岐 - 쓰시마対馬 - 고토五島 - 쥬고쿠 내륙부 - 교토京都 - 다카야마高山 - 이야마飯山 - 가와고에川越(913일간).
1815	71	제9차 측량: 다다타카 불참. 도카이도 - 미시마三島 - 시모다下田 - 하치죠지마八丈島 - 미쿠라지마御蔵島 - 미야케지마三宅島 - 고즈시마神津島 - 니이지마新島 - 도시마利島 - 오시마大島 - 이즈 반도 동해안 - 하치오지八王子 - 구마야熊谷 - 에도江戸.
1816	72	제10차 측량: 에도부 내.
1818	74	사망. 장례를 감추고 지도 제작 속행.
1821	사후	《대일본연해여지전도大日本沿海輿地全図》완성. 3개월 후 장례 공표.
1883		메이지 정부가 다다타카 생전의 공적을 인정하여 사후 4위의 서훈贈正四位을 내림.

일본을 측량한 사나이

이노 다다타카

초판 1쇄 인쇄 2021년 10월 20일
초판 1쇄 발행 2021년 10월 30일

지은이 도몬 후유지
옮긴이 이용화

펴낸곳 논형
펴낸이 소재두
등록번호 제2003-000019호
등록일자 2003년 3월 5일
주소 서울시 영등포구 당산로 29길 5-1 502호
전화 02-887-3561
팩스 02-887-6690
ISBN 978-89-6357-252-9 03910
값 19,000원